메이커 교육 대백과

김근재_ 메이커 교육과 인공지능 활용 교육을 통해 학습자 중심 수업을 연구, 설계하며 미래교육을 실천하고 나누는 교사. 피지컬 컴퓨팅 도구를 활용한 메이커 교육 수업 모형 개발로 서울대학교 교육학과에서 석사 학위를 받았다. 교육부와 한국교육학술정보원의 온라인 콘텐츠 활용 교과서 선도학교 교사지원단, 서울특별시교육청의 학교소프트웨어 교육 지원단, 온라인수업지원단, 혁신미래학교지원단, 서울특별시교육청과 세종특별자치시교육청에서 메이커 교육과 SW 교육 강사, 전문적학습공동체인 참쌤스쿨 정회원, 마이크로소프트 혁신교사전문가(MIEE)로 활발하게 활동하고 있다.

권혜성_ 학습자의 미래역량 향상을 위한 수업을 연구하고 실천하는 교사. 융합교육을 위한 참여적 수업 설계 모형 개발로 서울대학교 교육학과에서 석사 학위를 받았다. 인공지능 및 미래학교 설계에 대한 연구를 계속하고 있으며 지역교육청 및 한국교육개발원 정보영재 선발시험 출제위원, 원격교육지원단으로 활동하고 있다. 교육 현장에서는 소프트웨어 선도학교 주무 및 과학정보 부장을 담당하며 원격수업 등 다양한 상황에서의 효과적인 수업 설계를 고민하고 있다. 소프트웨어, 메이커 교육에 대한 강연과 워크숍 활동도 하고 있다.

김유나_ 다양한 학습자 중심 수업과 이로 인한 학습자의 경험에 관심을 가지고 교육 현장에서 지속적으로 공부하고 실천하는 교사. 플립러닝을 위한 모바일 학습에서 학습자의 교육적 경험과 인식에 관한 연구로 서울대학교 교육학과에서 석사 학위를 받았다. 교육지원청 융합정보영역 영재교육원 학생들을 대상으로 소프트웨어 교육, 코딩 교육, 피지컬 컴퓨팅, 로봇 교육 등을 지도하고 있으며, 교육 현장에서 인공지능과 사물 인터넷을 활용한 교육 프로그램의 개발 및 적용에 참여하고 있다.

성진규_ 현실과 가상현실에서의 메이커 교육을 통해 학생들의 의미 있는 배움을 실천하는 교사. 서울대 교육학과에서 메이커 교육 공간의 확장으로서 가상현실 활용에 대한 가능성 탐색 연구로 석사 학위를 받았다. 현재 창의-메이커 동아리인 체인지 메이커(CM)를 운영하면서 메이커 교육, 디자인 사고, 가상현실 등을 활용해 다양한 문제를 해결하는 프로젝트 수업을 학생들과 함께 실천하고 있다.

초판 1쇄 발행 2020년 12월 15일
지은이 김근재 · 권혜성 · 김유나 · 성진규
펴낸이 이형세
펴낸곳 테크빌교육㈜
책임편집 이윤희 | **편집** 옥귀희 | **디자인** 어수미 | **제작** 제이오엘앤피
테크빌교육 출판 서울시 강남구 언주로 551, 5층 | **전화** (02)3442-7783 (142)

ISBN 979-11-6346-106-7 03370
책값은 뒤표지에 있습니다.

테크빌교육 채널에서 교육 정보와 다양한 영상 자료, 이벤트를 만나세요!

블로그 blog.naver.com/njoyschoolbooks   **페이스북** facebook.com/teacherville
티처빌 teacherville.co.kr   **티처몰** shop.teacherville.co.kr
쌤동네 ssam.teacherville.co.kr   **키즈티처빌** kids.teacherville.co.kr

메이커 교육 대백과

MAKER Education

지은이 **김근재 · 권혜성 · 김유나 · 성진규**

테크빌교육

메이커 교육과 수업 설계

2020년 현재 우리 교육의 화두는 어쩔 수 없이 코비드 19가 가져온 비대면 교육 혹은 원격 교육을 어떻게 이끌어갈 것인가다. 사실 비대면 수업 상황은 일종의 긴급 사태에 대한 대응이다. 비대면 수업을 포함한 다양한 혼합형 수업(blended instruction)을 새로운 노멀로 간주하는 향후 교육을 어떻게 이끌어갈 것인가의 과제가 주어져 있다. 이 시점에 뜻하지 않은 훌륭한 선물을 받았다. 정신을 추스르면서 새로운 교육 방향을 고민할 무렵에 김근재, 권혜성, 성진규, 김유나 선생이 『메이커 교육 대백과』를 출간한 것이다.

이들은 모두 다 초등학교 현직 교사로서 보다 나은 교육을 운영하기 위해 최선의 노력을 다하는 훌륭한 교사다. 몇 년 전 모두 대학원에서 교육공학 분야를 공부하면서 석사 학위를 받은 후 현직에 복귀하여 열심히 교육 활동을 하고 있다. 그러면서 이처럼 귀한 책을 만든 것이다. 특히나 비대면 교육, 인공지능 교육 등으로 온통 관심이 새로운 문제와 도전 거리로 옮겨지는 시점에서, 다시 한번 메이커 교육의 가능성을 우리에게 보여주고 있어서 반갑기 그지 없다.

메이커 교육은 무엇인가를 하거나 만드는 것이 교육에 있어서 매우 중요한 방법이라는 점을 강조한다. 살아있는 지식, 체화된 지식을 얻기 위해서는 무엇보다도 적용해보고 시도해보고 만들어보는 경험, 체험이 중요하다. 그러나 우리 교육은 지난 수십 년간 전통적인 교과 형태의 지식 중심 교육이 맹위를 떨쳐왔다. 지식을 이해하는 과정에 초점이 맞추어져 있었다. 때문에 여러 교과를 통합하여 적용하면서 새로운 문제를 해결하는 역량은 상대적으로 덜 주목을 받아온 것이 사실이다.

메이커 교육은 바로 이런 상황을 문제 삼고 여러 가지 대안을 찾는 과정에서 떠오른 결과로 매우 중요한 기폭제가 될 수 있다. 물론 메이커 교육의 가능성에 대한 관심 이면에는 3D 프린터와 레이저 커터와 같은 장비들을 비교적 손쉽게 구입할 수 있는 변화가 있었던 것도 부인할 수 없다. 그러나 이 책의 저자들은 메이커 교육을 위한 도구나 공간이 있어도 수업 설계로 연결되지 않으면 그 빛을 제대로 보일 수 없다는 것에 주목한다. 왜 메이커 교육을 해야 하고, 어떻게 메이커 교육을 해야 하는가를 수업 설계 측면에서 매우 구체적으로 풀어가고 있다. 창의적 문제해결 능력과 연결하는 수업 설계 노력은 그중 하나다.

미래 사회의 상징인 제4차 산업혁명을 주도하는 미국의 힘이 어디에서 나왔는가에 대해서 여러 가지 답이 있을 수 있다. 그러나 필자의 머릿속에 인상적으로 남아있는 것은 바로 애플이 창업자 스티브 잡스의 자동차 주차 공간 혹은 창고(garage)와 같은 곳에서 시작되었다는 사실이다. 창고에 있는 다양한 도구와 장비를 활용하여 무엇인가를 만들어가는 경험과 노력이 발전하여 창의적인 제품과 서비스 개발로 이어진 것이다. 현재 우리 교육의 방향을 재설정하는 데 중요한 기폭제가 될 수 있는 메이커 교육의 단서를 이러한 공간과 개발 경험의 중요성에서 찾아보게 된다.

메이커 교육의 가능성은 무궁무진하다. 메이커 교육은 일종의 유행처럼 잠시 주목받다가 사라지는 교육 방법이 아니다. 우리 교육의 중요한 블로서 자리 잡고 거기에서 다양한 교육적 도전과 실험이 이루어져야 한다. 이 과정에서 『메이커 교육 대백과』는 매우 훌륭한 마중물 역할을 할 것으로 보인다. 벌써부터 시리즈 2를 기대하게 된다.

임철일, 서울대학교 교육학과 교수

메이커 교육이 어렵고 두려운
선생님을 위한 안내서

2019년 메이커 교육이 교육 현장에 소개된 후 이를 어떻게 실천해야 할지 고민이 깊어질 무렵, 저는 책과 연수를 통해 메이커 교육이 학생들이 주체가 되어 무언가를 만들어내는 교육이라는 것을 알게 되었습니다. 그리고 어디서 그런 용기가 났는지 무작정 메이커 교육을 시작했습니다.

메이커 수업에서 아이들이 무언가를 만들 때 꼭 필요한 재료와 도구를 학급비와 사비로 구매하고 하나씩 하나씩 메이킹 산출물을 만들어내는 동안 저는 어느새 한 걸음씩 앞으로 나아가고 있었습니다. 아이들도, 저도 처음 경험하는 수업이라 길을 잃고 헤매기도 했고 실수도 많았습니다. 하지만 점점 더 적극적으로 참여하는 아이들의 모습을 보면서 '아이들의 흥미와 관심을 유발하는 수업인 것은 분명하구나!'라고 느낄 수 있었습니다. 그리고 저는 한 걸음 더 나아가 메이커 교육이 진정으로 아이들을 변화시킨다는 것을 깨닫게 되었습니다. 그 깨달음의 시작은 작은 사건이었습니다.

6학년 아이들과 학급에서 한 학기 동안 수행할 프로젝트로 '학교 공간 재구성'을 주제로 교실 공간을 새롭게 만들기로 했습니다. 수업과 공부만 하는 딱딱한 교실이 아니라 편하게 쉬고 생활할 수 있는 교실로 탈바꿈시키기 위해 저와 학생들은 다양한 아이디어를 냈고, 꼭 필요한 물건은 집에서 가져오거나 직접 만들어 공간을 새롭게 만들었습니다. 그 결과 우리 교실에는 편하게 쉬거나 친구들과 얘기할 수 있는 텐트가 있는 휴식공간, 재미있는 여러 가지 보드게임과 만화책이 있는 놀이공간이 생겼습니다. 변화된 교실에서 생활하는 순간순간 저도 학생들도 무척 뿌듯했습니다.

하지만 두세 달 정도 지났을까? 휴식공간, 놀이공간에 쓰였던 물건들이 하나둘 망가지기 시작했습니다. 개인의 소유가 아니라 학급 구성원 모두의 것이 되니까 소중하게 여기지 않았던 것이지요. 특히 텐트는 아이들이 쉬거나 이야기를 나눌 수 있어서 대부분이 좋아하는 공간이었지만 마구잡이로 사용한 결과 출입문은 찢어지고 폴대는 휘어져 망가지고 말았습니다. 저는 망가진 텐트를 보며 어떻게 하면 좋을까 무척 고민이 많았습니다. 그런데 며칠 후 저를 깜짝 놀라게 만든 일이 벌어졌습니다. 남자아이들 몇 명이 텐트 옆에 붙어 앉아서 뭔가 열심히 하고 있더군요. 놀랍게도 아이들은 텐트의 찢어진 부분을 바늘과 실로 꿰매고 휘어진 폴대를 바로잡아 테이프와 찰흙으로 지지대를 고정하고 있었습니다. 그동안의 메이커 교육이 빛을 발하는 순간이었습니다. 아이들이 실제 생활에서 발생한 문제를 해결하기 위해 무언가를 고치고 만들어내고 있었으니까요.

저는 놀란 마음을 가라앉히며 아이들에게 "어떻게 텐트를 고칠 생각을 했어?" 하고 물었습니다. "우리가 열심히 만든 휴식공간에 망가진 텐트가 버려진 것처럼 보이니까 마음이 좋지 않았어요. 거기서 친구들이랑 재밌는 얘기도 나누고 점심시간에 밥도 먹고 잠깐 누워 있기도 하고, 나름의 추억이 많았거든요. 그리고 우리가 스스로 만든 교실 공간이니까 망가뜨린 것이 있다면 우리 스스로 고치고 다시 만들어야 한다고 생각했어요." 한 아이가 이렇게 답하더군요. 저는 뒤통수를 한 대 얻어맞은 기분이었습니다. 처음 경험하는 어설프고 실수도 많은 메이커 수업이었는데도 아이들이 무언가를 배우고 변화했다는 것이 놀라웠기 때문입니다. 아이들은 자발적으로 텐트를 원상복구시켰다는 사실에 큰 자부심을 느끼며 다시 예전처럼 그곳에서 이야기꽃을 피우게 되었습니다.

이 사건을 겪으며 제 머릿속에 떠오른 생각은 '아이들 스스로 필요한 무언가를 만들어내고 그 과정에서 자연스럽게 배움이 일어나 최종적으로 자신이 배운 지식과 기능을 실제 생활에서 발생하는 문제를 해결하는 데 적용하는 것이야말로 메이커 교육이 지닌 강점이자 모든 교육이 궁극적으로 지향하는 바가 아닐까' 하는 것이었습니다. 그래서 제가 먼저 경험한 아이들을 새롭게 변화시킬 수 있는 메이커 교육을 교육 현장에 널리 알려야겠다는 결론에 이르렀습니다.

저는 저와 같은 생각을 가지고 현장에서 열심히 메이커 교육을 실천하고 있는 선생님들과 뜻을 모아 책을 쓰기로 했습니다. 책을 쓰면서 메이커 교육을 처음 시작할 때 겪었던 시행착오, 수업이 어렵고 두렵게 느껴졌던 이유를 곱씹었습니다. 그리고 이러한 경험을 바탕으로 현장의 선생님들이 가장 필요로 하는 내용이 무엇일까 끊임없이 고민하면서 함께 책을 쓰는 선생님들과 이야기를 나누었습니다. 이 책은 그 고민과 의논의 결과로, 메이커 교육은 무엇이고 왜 필요한지, 메이커 교육을 위해 어떤 재료와 도구를 구비해야 하는지, 구체적으로 어떤 학습활동을 하고 어떻게 수업을 설계하면 좋은지와 같이 궁금하지만 어디에서도 속 시원한 답을 얻을 수 없었던 내용을 담아 냈습니다.

『메이커 교육 대백과』는 메이커 교육을 시작하려는 선생님에게는 쉽고 친절한 안내서로, 메이커 교육에 대한 나름의 노하우를 가지고 계신 선생님에게는 보다 심화된 종합 안내서로 제 역할을 할 수 있도록 내용을 구성하였습니다. 메이커 교육은 무엇이고 왜 필요한지 살펴보는 '메이커 교육의 필요성', 메이커 교육을 실천하는 공간인 메이커 스페이스를 어떻게 만들고 구성하면 좋을지 살펴보는 '메이커 스페이스 구축', 메이커 교육에 필요한 장비와 도구에는 어떤 것이 있는지 살펴보는 '메이커 교육에 필요한 장비와 도구', 실제 메이커 교육 수업은 어떻게 설계하고 어떤 사례가 있는지 살펴보는 '메이커 교육의 수업 설계', 마지막으로 선생님들과 학생들이 참고할 수 있는 메이커 교육 학습 리소스를 알려주는 '메이커 교육 학습 리소스', 이렇게 5장으로 구성되어 있습니다. 처음부터 차근차근 읽어 나가도 좋고 필요한 부분만 찾아 읽어도 좋습니다. 선생님들이 메이커 수업을 하다가 막히는 순간, 자연스레 찾게 되는 책이 되길 희망합니다.

그리고 책을 읽으신 모든 선생님들에게 '메이커 교육이 생각보다 어렵지 않구나', '우리 반 아이들을 데리고 당장 시작해보자', '동료 선생님들과 메이커 교육을 실천해보면 좋겠다!!'라는 생각이 샘솟기를 기대해봅니다.

2020년 12월

김근재, 권혜성, 김유나, 성진규

차 례

PART 2.

메이커 스페이스 구축 49

메이커 교육의 수업 설계 135

메이커 교육 학습 리소스 293

PART 5.

Part

1

메이커 교육의
필요성

왜 메이커 교육이
필요할까요?

1. 메이커 교육의 정의

메이커 교육이란 학생들이 주제, 활용 도구 및 테크놀로지, 재료, 결과물을 주도적으로 선택하여 만들기 활동을 수행하고 그 과정에서 다양한 능력 및 역량을 함양하는 교육을 의미합니다. 학생들은 결과물을 평가받지 않기 때문에 활동 자체에 몰입할 수 있습니다. 따라서 구성주의[1] 를 특징으로 하는 대표적인 학습자 중심, 과정 중심의 교육이라고 할 수 있습니다. 또한 만드는 과정을 반복적으로 수행하면서 다른 사람과의 협업, 공유의 과정을 거침으로써 학생들이 자연스럽게 지식, 기술을 체계화하고 문제해결을 경험합니다. 이렇게 학생들이 무엇인가를 만들고 활동하

---

1) 구성주의는 학습을 외부의 지식 전달이 아닌 학습자의 개인적 경험과 상호작용에 기초해 외부 세계를 해석하는 과정으로 보았다. 메이커 교육과 결을 같이하는 학습 사조라고 할 수 있다.

는 과정에서 학습이 이루어지기 때문에 Learning by Doing(경험, 실천을 통한 학습), Making to Learn(만들면서 학습), Hands-on Learning(직접 체험을 통한 학습)으로 표현될 수 있습니다.

2. 메이커 교육의 특징

메이커 교육은 자기 주도성, 융복합적 프로젝트 수행 및 실생활 문제 활용, 공유성과 개방성, 흥미와 관심을 바탕으로 하는 순환성과 반복성 4가지 키워드로 특징을 살펴볼 수 있습니다.

첫째, 학생이 자기 주도적으로 다양한 도구, 재료 및 테크놀로지를 결정 및 활용하여 실제적 문제를 해결하는 메이킹 활동을 수행합니다. 메이킹 활동에 필요한 도구, 재료를 교수자가 안내할 수도 있지만 학생이

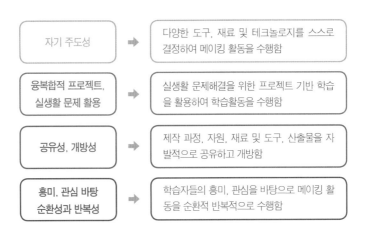

메이커 교육의 특징

개인적, 사회적으로 유의미한 산출물을 만들기 위해서는 아이디어 선정, 프로토타입 제작 등 초기 단계부터 필요한 정보 및 자료검색을 학생이 주도적으로 진행하는 것이 바람직합니다. 이때 이미 제작된 산출물과 비슷한 프로토타입을 제작해볼 수도 있고, 이를 기반으로 자신의 아이디어와 지식, 참고자료에서 찾아낸 새로운 지식과 기술을 첨가하며 아이디어를 정교화해나갈 수 있습니다. 이는 기존의 교육이 교사에 의해서 배울 내용을 가르치는 것(teaching)에 집중해왔던 것에서 벗어나 학생들이 활동을 통해 스스로 배우는 것(learning)에 초점을 맞추는 것을 의미합니다.

둘째, 실제적 문제를 해결해야 하기 때문에 융합적, 복합적 주제를 바탕으로 프로젝트 기반 학습(Project-Based Learning, PBL), 문제 중심 학습(Problem-Based Learning, PBL)의 방식으로 학습활동이 진행될 수 있습니다. 학생이 학교 및 사회에서 마주하는 실제적인 문제를 찾아 이를 해결하는 과정에서 필요한 지식과 기술을 습득하는 것입니다. 따라서 문제해결을 위한 아이디어를 메이킹 활동을 통한 산출물로 구현하는 과정에서 재료 및 도구의 선정 등을 주도적으로 수행할 수 있도록 학생 주도의 학습 환경이 제공되어야 합니다. 또한 학습주제 선정부터 자료 및 정보의 검색, 문제해결 방법 아이디어 설계, 제작 결과물 발표 및 공유의 과정 수행에 있어 동료 학습자와 교수자, 전문가가 조력자 역할을 해야 합니다.

셋째, 산출물뿐만 아니라 제작 과정, 인적 자원, 재료 및 도구, 자료 등 학습 결과물과 학습 과정 전체가 자발적으로 공유, 개방됩니다. 메이킹 활동 결과로 나타난 산출물과 제작 과정에 관련된 정보를 온라인 커뮤니티 혹은 메이커 페어에서 네트워크를 구성하여 공유하는 방법도 있습니다. 특히 아이디어 및 재료의 선정 단계부터 제작 과정에서 겪었던 실패담, 팁, 도움을 받은 사람이나 메이커 스페이스 등 인적, 물적 자원을 공유하면 타인의 시행착오 과정을 줄여주고 협력적 메이커 문화를 구축할 수 있습니다.

넷째, 학생들의 흥미와 관심을 바탕으로 메이킹 활동을 일회성으로 끝내지 않고 순환적, 반복적으로 수행합니다. 산출물뿐만 아니라 제작 과정, 인적 자원, 재료 및 도구, 자료 등 학습 결과물과 학습 과정 전체가 자발적으로 공유되고 개방되기 때문에 다른 학생, 교수자의 피드백을 실시간으로 받아볼 수 있습니다. 이는 초기에 제작한 프로토타입의 문제점을 파악하고 문제해결에 적합하도록 개선하는 데 필요한 정보를 효과적으로 수집할 수 있음을 의미합니다. 따라서 학생이 피드백 내용을 선택적으로 반영하여 산출물을 개선하는 과정을 통해 메이킹 활동이 순환적, 반복적으로 이루어집니다.

3. 학교 현장에서 메이커 교육을 준비해야 하는 이유:
고차적 사고능력과 핵심역량 함양

무엇인가를 만드는 과정을 강조하는 메이커 운동은 이제까지는 박물관, 도서관 등 학교 밖 무형식 교육 맥락에서 진행됐습니다. 그렇다면 지금 학교에서의 메이커 교육이 점점 주목받는 이유는 무엇일까요? 이는 학교에서의 메이커 교육을 통해 학생들이 기를 수 있는 역량을 살펴보는 것을 통해 해답을 찾을 수 있습니다.

메이커 교육은 학생이 디자인과 공학적 실천, 특히 과학, 기술, 공학,

수학의 융합적 실천(STEM)을 경험할 기회를 증가시켜줍니다. 또한 학교 교육의 초점을 기존의 "학생이 배운 것에 대해 어떻게 시험을 볼 수 있지?"에서 "학생이 배운 것을 통해 무엇을 할 수 있지?"로 바꿀 수 있습니다. 무엇인가를 만드는 활동과 그 결과로 생겨난 산출물은 학생이 지식의 전이 과정을 거쳤다는 것에 대한 증거일 수 있습니다. 전통적인 학습과는 다르게 메이커 교육은 보다 학습자 참여적이기 때문에 학생이 실제적인 능력과 기술을 다양한 상황에서 창의적으로 적용할 수 있도록 도와줍니다. 메이킹 활동은 학교에서 배운 내용을 바탕으로 학생들의 핵심 역량이 얼마나 숙달됐는지 시연하는 기회의 장으로 활용될 수 있습니다. 때문에 메이킹 활동의 학교 기반 접근은 얼마든지 가능합니다.

또한 자기 주도성, 개방성, 즐거움, 성장 지향 마음, 실패에 대해 긍정적인 마음, 협력적 태도, 문제해결 능력, 지속성, 의사소통 능력 등의 메이커 정신을 함양할 수 있습니다. 이는 '2015 개정 교육과정'에서 천명하고 있는 자기관리, 지식정보처리, 창의적 사고, 의사소통, 공동체, 심미적 감성의 6가지 핵심역량[2]과 미래 인재가 갖추어야 할 4C로 대표되는 창의성, 비판적 사고능력, 협력 그리고 의사소통 능력의 21세기 핵심역량, 고차적 사고능력과도 밀접한 연관성을 갖습니다. 따라서 미래 사회를 준비하는 핵심 인재를 길러내기 위한 방법 중 하나로 메이커 교육이 효과적으로 활용될 수 있기 때문에 교사와 학생은 학교 현장에서의 메이커 교육을 체계적으로 준비해야 합니다.

---

2) 교과와 창의적 체험활동. 그리고 학교생활 전반에 걸쳐 길러야 할 능력을 의미한다.

메이커 교육
용어 대백과

1. 메이커

메이커 운동과 메이커 교육의 주체인 메이커(Maker)는 다양한 도구 및 재료를 활용하여 자발적으로 무엇인가를 만들고 적용하는 사람입니다. 그들은 메이킹 과정에서 사물의 작동원리를 탐구하고, 매일 부딪히거나 직면하는 일상의 문제들에 대한 해결책을 모색합니다. 또한 자신이 만든 결과물과 그 제작 과정을 공유함으로써 자연스럽게 도출된 결과물을 더욱 정교화하고 발전시키는 한편, 사회와 연결된 커뮤니티를 만들기도 합니다.

2. 메이킹 활동

메이킹(Making) 활동은 다양한 수준의 기술과 도구를 활용하여 재료에 대한 디자인, 제작, 테스트, 수정의 과정을 거치면서 예술, 과학, 공학,

수학의 원리들을 통합하여 무엇인가를 만들어내는 작업입니다. 이는 3D 프린터, 아두이노 같은 피지컬 컴퓨팅 도구, 로봇, 레이저 커터 등 높은 수준의 기술, 도구를 사용하는 것뿐 아니라, 목공, 바느질과 같은 전통적 도구들을 사용하는 것 그리고 나아가 글쓰기, 춤추기, 영화 만들기, 사진 찍기 등 세상에 없는 것을 만들어내는 모든 것을 의미합니다.

일반적으로 실과 교과를 통해 초등학교에서 이루어졌던 노작, 만들기 수업과 비교해보면 공통점은 새로운 결과물을 만들어낸다는 것입니다. 하지만 기존의 노작, 만들기 활동이 교사가 어떤 재료와 도구를 사용해서 무엇을 만들지 정하는 것이었던 데 반해 메이킹 활동은 학생이 어떤 재료와 도구를 사용해 어떤 결과물을 만들지 스스로 정한다는 것이 큰 차이점입니다.

따라서 메이킹 활동에는 수학, 미술, 과학, 컴퓨터 프로그래밍, 공학 등 다양한 분야가 포함될 수 있고 학생들은 메이킹 활동을 통해서 다양한 분야를 폭넓게 배울 수 있습니다.

장비와 도구를 마련할 때 주의할 점은?

어떤 장비와 도구를 활용할지를 먼저 생각하지 말고, 학생이 어떤 성취기준, 어떤 학습목표를 달성해야 할지를 먼저 생각합니다. 학생의 성취기준과 학습목표를 중심에 두고 생각하면 장비와 도구 마련의 기준이 생겨 보다 수월하게 메이커 교육을 준비할 수 있습니다.

3. 메이커 교육

메이커 교육(Maker Education)은 학생들이 주제, 활용 도구 및 테크놀로지, 재료, 결과물을 선택하여 수행하는 만들기 활동으로 산출물에 대한 평가를 실시하지 않아 활동 자체에 몰입하여 결과물을 만들 수 있는 학습자 중심, 과정 중심의 교육입니다. 이는 만드는 과정을 반복적으로 수행하면서 학생이 자연스럽게 지식, 기술을 체계화하고 문제해결을 경험하게 합니다. 이렇게 학생이 무엇인가를 만들고 활동하는 과정에서 학습이 이루어지기 때문에 경험과 실천을 통한 학습, 만들기를 통한 학습, 직접 체험을 통한 학습으로 특징지어질 수 있습니다. 또한 제작과 공유의 단계에서 다른 사람들과 자연스럽게 협업하는 과정을 경험하고 동시에 동료로부터 인정받는 경험을 갖게 됩니다. 나아가 이를 통해 자발적으로 사회와 연계된 커뮤니티를 만들어내기도 합니다.

4. 메이커 운동

메이커 운동(Maker Movement)을 시작한 데일 도허티(Dale Dougherty)는 이를 '스스로 필요한 것들을 만드는 사람들인 메이커가 만드는 법을 공유하고 발전시키는 운동'으로 정의했습니다. 즉, 다양한 도구 및 재료를 활용하여 필요한 산출물을 직접 제작하고 그 결과를 사람들과 공유하는 흐름을 의미합니다. 특히 최근 3D 프린터, 레이저 커터, 피지컬 컴퓨팅, 로봇공학(Robotics) 등 테크놀로지와 디지털 도구가 비약적으로 발전하면서, 전통적인 목공 활동, 텍스타일 공예부터 전기전자, 로봇공학까지 보다 넓은 개념을 포괄하게 됐습니다.

메이커 운동이 널리 보급된 것은 20세기 중반 미국에서 DIY 문화의 보급과 함께 기존에 일반인들이 접하기 어려웠던 높은 수준의 디지털 도구들에 대한 알고리즘, 체계 등이 오픈소스(Open source)로 공개가 되면서 진입장벽이 낮아졌기 때문입니다. 디지털 도구는 메이커가 실제 상황에서 문제해결을 위해 생산자, 창조자, 발명가 등이 되어 자기 주도적으로 메이킹 활동에 참여할 수 있도록 만들어주었습니다.

5. 메이커 페어

메이커 페어(Maker Faire)는 메이킹 활동을 통해 만든 산출물, 제작 과정에서의 경험, 지식 및 기술을 적극적으로 공유하는 축제의 장입니다. 이러한 공유는 온라인, 오

메이커 페어에 전시된 업사이클링 작품들

프라인 둘 다에서 이루어질 수 있으며 사람들의 자발성을 바탕으로 합니다. 이를 통해서 메이킹 활동이 가지는 의미와 결과물이 가지는 기능 및 가치를 개인적 차원에서 사회, 문화적 차원으로 확산시킬 수 있습니다.

6. 팅커링

팅커링(Tinkering)은 '만지작거리기' 또는 '땜질하여 두드리기'라는 뜻을 지닌 영단어 'tinker'에 근거한 말로 특정한 목표나 결과를 염두에 두지

메이커 페어가 궁금하다면?

2006년 미국 메이커 미디어에서 시작한 메이커들의 축제는 2018년 기준으로 전 세계 45개국, 221개소에서 개최됐습니다. 국내에서는 메이커 미디어와의 독점 라이선스로 2012년 '제1회 메이커 페어 서울'이 처음으로 열린 이후 매해 발전을 거듭하고 있습니다.

2019년 10월 19, 20일 이틀간 열린 '제8회 메이커 페어 서울'에는 전시자는 메이커 154팀(699명), 관람객은 1만 6,712명이 참여했습니다. 주요 행사는 카트 어드벤처, 동키카 레이싱 리그, 메이키 로봇 전시 등이 있었습니다. 2020년에는 제9회 메이커 페어 서울이 10월 17, 18일 국립과천과학관에서 진행될 예정이었으나 코로나 19로 인해 취소됐습니다.

'제9회 메이커 페어 서울' 포스터

그리고 서울특별시교육청에서는 '서울 학생 메이커 괴짜 축제'를 2018년부터 메이커 교육에 관심 있는 교사와 학생, 학부모들을 위하여 개최하고 있습니다. 2020년에는 코로나 19로 인하여 온라인에서 메이킹 작품을 만들고 공유하는 행사로 진행하였습니다.

메이커 수업에 관심 있는 사람이라면 향후 '메이커 페어 서울'이나 '서울 학생 메이커 괴짜 축제'를 직접 경험해볼 것을 추천합니다.

않고 흥미와 호기심을 바탕으로 재료와 도구를 탐색하는 활동입니다. 이때 성공과 실패를 생각하지 않고 반복적으로 여러 재료와 도구를 조립, 분해하면서 그것의 특성을 파악함으로써 지속적인 만들기 활동으로 결과물을 개선해가는 과정이 이뤄집니다. 팅커링 활동은 학생의 자율성을 허용, 계획을 세우거나 즉흥적으로 만드는 과정을 모두 포함하기 때문에 자신만의 최적의 방법을 찾도록 도와줍니다.

팅커링을 위한 7가지 대원칙[3]은 다음과 같습니다. 첫째, 과정을 중심에 두어야 합니다. 학생들이 반복적으로 재료 및 도구의 특성을 탐색하고 만드는 과정에서 실패를 경험해도 계속해서 만들기 활동을 이어갈 수 있도록 결과보다는 과정에 집중하도록 이끌어야 합니다. 둘째, 주제를 학생 스스로 정하도록 학생에게 충분한 자율성을 보장해야 합니다. 셋째, 적절한 예제들을 다양하게 제시해야 합니다. 다양하고 강력한 예제 활동을 충분히 제공함으로써 창의적 생각을 이끌어야 합니다. 넷째, 메이커 교육을 수행하는 공간 자체를 팅커링하여 구성하면 좋습니다. 재료의 특성을 생각해보고 가구와 기물의 배치를 고민하면 창의성 신장에 도움이 됩니다. 작업 공간과 아이디어를 구상하는 공간을 마련할 때 동선이나 학생의 의견 등을 고려하여 배치를 정하고 수정하는 과정을 거쳐도 좋습니다. 다섯째, 사람들끼리 협업과 대화를 충분히 하여 교류가 활발하게 이루어지도록 합니다. 여섯째, 충분한 질문을 던짐으로써 학생이

---

3) 서울특별시교육청 과학전시관. 「메이커 교육의 이해와 활용 원격직무연수」, 2019

끊임없이 호기심과 관심을 가지고 흥미로운 현상을 관찰하고 발견할 수 있도록 장려해야 합니다. 일곱째, 활동을 수행할 때는 집중하고 활동을 마친 후에는 한 걸음 물러나서 전체 과정을 되돌아봐야 합니다.

7. 피지컬 컴퓨팅 도구

피지컬 컴퓨팅(Physical Computing) 도구는 디지털, 아날로그 방식을 활용하여 외부에서 물리적 형태의 정보를 입력받은 뒤 처리한 결과를 물리적 형태로 출력하는 것으로, 인간과 환경의 상호작용을 돕는 장치를 의미합니다. 쉽게 말해서 컴퓨터를 통해 구현한 코드를 현실 세계에 구현하여 상호작용할 수 있도록 도와주는 장치라고 할 수 있습니다.

 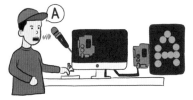

피지컬 컴퓨팅   피지컬 컴퓨팅의 원리

피지컬 컴퓨팅 도구는 신호의 감지 및 입력을 담당하는 센서(sensor), 액추에이터(actuator), 이를 제어하는 트랜스듀서(transducer) 등으로 이루어져 있습니다. 이는 별도의 회로 구성 여부와 사용 편이성을 기준으로 높은 레벨, 중간 레벨, 낮은 레벨로 구분할 수 있습니다. 초등학교에서는 높은 레벨의 피지컬 컴퓨팅 도구를 주로 사용하는데, 학생이 원하는 결과물을 빠른 시간 안에 도출할 수 있고 제작 및 수정이 용이하기 때문입니다. 또한 교육용 프로그래밍 언어(Educational Programming Language, EPL)를 활용하여 학생이 주변 사물에 상호작용성을 추가하고 문제를 해결할 수 있도록 메이킹 활동을 진행하는 경우도 많은데, 현장에서는 마이크로비트(Microbit), 메이키 메이키(Makey Makey), 아두이노 우노(Arduino Uno), 비트 브릭(Bit Brick), 레고 마인드스톰(Lego Mindstorm) 등이 주로 사용됩니다.

8. 메이커 정신

메이커 정신(Maker Mindset)은 메이커 교육을 통해 기를 수 있는 고차적 사고능력과 태도를 의미합니다. 메이킹 활동을 통한 즐거움(playful), 자

메이커 정신

산 및 성장 지향 마음(asset, growth-oriented), 실패에 대한 긍정적인 마음(failure-positive), 협력적 마음(collaborative), 문제해결 능력, 지속성(persistence), 의사소통 능력 등을 포함합니다. 2016년 플로레스(Flores)가 제시한 메이커 정신을 평가하는 프레임 워크를 참고하면 이를 5가지 영역-인지적, 체험적, 감성적, 사회적, 실천적-으로 나눌 수 있습니다. 보다 자세히 살펴보면 인지적 영역(minds-on)은 자기 주도성, 탐구정신, 비판적 사고, 창의성을, 체험적 영역(hands-on)은 도구 및 재료 활용 능력과 기능성을, 감성적 영역(hearts-on)은 도전정신과 지속성, 만족감 및 자신감을, 사회적 영역(social-on)은 학습 리소스 검색능력, 협업, 공유, 공감능력을, 그리고 실천적 영역(acts-on)은 윤리적 책임감의 실천과 변화촉진자로서의 성찰을 포함합니다.

9. 메이커 스페이스

메이커 스페이스(Maker Space)는 메이커 교육이 이루어지는 물리적인 공

메이커 스페이스

간 및 장소입니다. 이는 다양한 학습목표를 위해 설계한 일련의 학습활
동을 수행할 수 있도록 다양한 재료와 도구가 갖추어진 최적의 공간을
의미하므로, 반드시 독립된 공간으로 구축할 필요는 없습니다. 따라서
메이커 교육과 메이킹 활동을 지원할 수 있는 공간이라면 교실, 박물관,
도서관, 집 등 다양한 형태의 공간을 포함할 수 있지요. 그뿐만 아니라
메이킹 활동을 수행할 수 있는 재료 및 도구를 싣고 이동하는 메이커 교
육 카트 또는 이동식 메이크 버스 같은 고정되지 않은 공간도 메이커 스
페이스로서 기능할 수 있습니다.

10. 프로토타입

메이커 교육에서 프로토타입(Prototype)은 최종적으로 완성된 메이킹 결

과물을 도출하기 전에 학생이 구상한 아이디어와 설계안을 바탕으로 빠르게 만든 초기 형태의 결과물입니다. 프로토타입은 학생들이 막연하게 떠올렸던 아이디어를 구체화하여 실제로 만들어봄으로써 아이디어의 실현가능성을 직접 확인할 수 있다는

프로토타입

점에서 의미를 가집니다. 프로토타입을 만드는 과정과 그 결과물을 공유하면 동료 학습자나 교사로부터 피드백을 받아 재료나 도구, 형태, 기능 등을 수정하고 보완하는 과정을 반복할 수 있고, 이를 통해 메이킹 결과물을 정교화하여 최종적으로 완성할 수 있습니다.

메이커 교육 수업 모형과
교사의 역할

3
Chapter

1. 메이커 교육 수업 모형

메이커 교육을 교육 현장에서 효과적으로 실천하는 데 있어서 교사가 겪게 되는 가장 큰 어려움은 어떤 절차와 단계에 따라 수업을 실천해야 하는지 알려주는 안내서나 참고할 수 있는 자원이 부족하다는 것입니다. 학급 또는 학교 단위에서 성공적인 메이커 교육이 이루어지기 위해서는 일반적으로 뒤에 제시한 표와 같은 단계를 거칩니다.

메이커 교육의 일반적인 단계에 이어지는 것은 수업 시 거쳐야 할 체계화된 절차 및 단계를 보여주는 6가지 수업 모형입니다. 이는 메이커 교육의 일반적인 단계를 보다 체계적으로 정리하고 실제 교육에서 교사가 겪을 수 있는 어려움을 해결하는 데 도움이 됩니다.

메이커 교육의 일반적인 단계

주요 과정	세부 내용
시작점 정하기	학생 개인의 흥미, 관심사를 바탕으로 어떤 것을 만들지 학생 스스로 정하도록 유도합니다.
도구, 재료, 활용 가능한 자원 안내 및 제공하기	학생의 수준을 고려하여 결과물을 만들 수 있는 도구와 재료를 제공하고 참고할 수 있는 서적, 인터넷 사이트 등 학습 자원도 안내합니다.
디자인 목표 세우기	학생이 무엇을 만들지 정했다면 구체적으로 어떤 목표를 달성하기 위한 메이킹 활동인지를 생각해봅니다. 이때 '이것을 왜 만드는가?', '누가 이것을 사용할 것인가?'를 생각하면 사람 중심의 디자인 목표를 세울 수 있고, '무엇을 만들 것인가?', '어떤 재료와 도구를 활용할 것인가?'를 고민하면 활용하는 기술 중심의 디자인 목표를 세울 수 있습니다.
디자인 과제 구조화하기	디자인 목표에 따라 어떤 것을 만들지 디자인 과제를 구조화합니다. 이때 문제에서 비롯된 충동이나 흥미, 또는 학생의 개인적 관심사에 따라 디자인 아이디어를 떠올리고 어떤 재료와 도구를 활용할지 정하는 과정을 거칩니다.
프로토타입 만들기, 정교화하기	구조화한 디자인을 따라 빠르게 프로토타입을 만들어봅니다. 이후 실패와 정교화 과정을 거치며 반복적인 수정 작업을 통해 메이킹 결과물을 도출해냅니다.
학습자에게 의미 있는 질문하기	메이킹 과정에서 학생들이 스스로 지식, 기술, 태도를 체계화할 수 있도록 유의미한 질문을 던집니다. 이때 재료나 도구의 특성에 대한 질문, 문제를 해결하기 위해서 어떤 것을 고려해야 하는지에 대한 질문, 자신이 만든 결과물이 어떤 가치를 지니는지에 대한 질문 등 다양한 범주에서 질문할 수 있습니다.
메이킹 결과물의 사회적 가치 찾기	메이킹 결과물이 보다 유의미해지기 위해서는 자신 혹은 주변의 흥미와 관심사에 의해 만들어진 것에 그치는 것이 아니라 학급, 학교 더 나아가 사회적으로 어떤 가치가 있는지 찾아보는 것이 도움이 됩니다.

1) 디자인 씽킹 모형

기존의 컴퓨터 프로그래머, 공학자, 디자이너 등 현장의 제작자들이 전

문제 상황 설정 시
학생의 자율성은 어느 정도까지 주어야 할까?

학생 개인의 흥미, 관심사를 바탕으로 어떤 것을 만들지 학생 스스로 정할 때
너무 범위가 광범위해지지 않을까 걱정될 수 있습니다. 특히 초등학생이라면
메이킹 활동에 익숙하지 않기 때문에 스스로 범위를 정하는 것이 어려울 수 있
지요. 따라서 일상생활 속 문제 상황 혹은 교실에서 친구들이 겪는 불편함을 조
건으로 제시해주면서 단순한 아이디어를 점차 실현 가능한 아이디어로 정교화
하도록 유도하는 것도 좋습니다.

통적으로 활용해온 디자인 씽킹 모형(design thinking model)은 아이디어
를 생성하고 실현하기 위한 공감하기(empathize)와 정의하기(define)를 포
함하는 계획 단계를 거쳐 필수조건을 확인하고 분석과 설계를 포함하는
구상하기(ideate) 단계, 실제 결과물을 실행, 실험해보는 프로토타입 만들
기(prototype) 단계, 개선점을 도출하는 평가하기(test) 단계를 거칩니다.
디자인 씽킹 모형은 메이커 교육에서 핵심이 되는 메이킹 활동이 거쳐야
할 단계를 체계적으로 제시해준다는 점에서 널리 활용되고 있습니다.

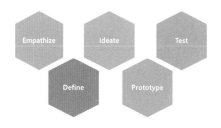

디자인 씽킹 모형

2) TMI 모형

TMI(Think–Make–Improve) 모형
은 실제 제작자들의 제작 과정을
메이커 교육에 활용할 수 있는 수

TMI 모형

업 모형으로 발전시킨 것입니다(Martinez & Stager, 2013). 총 3단계로 구
성되어 있는데, 먼저 생각하기(thinking) 단계에는 문제에 대한 정의 및
해결 방안에 대한 아이디어를 탐색하고 계획을 수립합니다. 다음의 만들
기(making) 단계에서는 계획을 통해 수립한 산출물을 제작하기 위해 재
료를 탐색하고 메이킹 활동을 진행합니다. 마지막 개선하기(improving)
단계에는 제작한 산출물의 문제점을 찾고 이를 개선하는 과정을 거칩니
다.

3) uTEC 모형

uTEC(Using–Tinkering–Experimenting–Creating) 모형은 활용하기, 만지
작거리기, 실험하기, 제작하기 4단계로 구성되어 있습니다. '활용하기'에
서는 기존의 산출물, 예시자료의 관찰과 활용을 통해 메이커 활동을 경
험합니다. 이후 '만지작거리기'에서는 기존에 있는 산출물이나 제품을 다
시 만들거나 원리, 기능을 탐구하는 활동을 합니다. '실험하기'에서는 실
제로 프로토타입을 만들어 이론을 실험해보고 수정하는 단계를 거치고,
마지막 '제작하기'에서는 자신이 만든 산출물을 실행 및 적용해보는 활동
을 진행합니다.

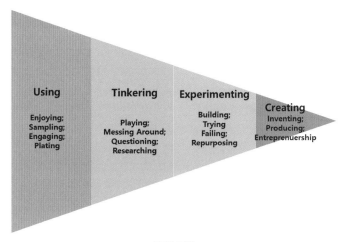

uTEC 모형

4) 메이커 교육의 단계

메이커 교육의 단계는 복제하기(copy), 발전시키기(advance), 꾸미기
(embellish), 수정하기(modify), 제작하기(create) 총 5단계입니다(Gerstein,
2016). '복제하기'는 다른 사람이 이미 만들어놓은 산출물과 거의 똑같은
복제물을 만드는 과정입니다. 학생들은 DIY 자원, 튜토리얼, 유튜브 영
상을 참고하여 메이킹 활동에 대한 기초적인 지식, 기술을 습득합니다.
'발전시키기'에서는 비슷하지만 좀더 발전된 프로젝트를 수행하면서 발
전된 지식과 기술을 습득합니다. '꾸미기'는 학생들이 앞에서 수행한 복
제된 프로젝트에 자신의 독창적 아이디어를 추가하여 확장하는 과정입
니다. '수정하기'에서는 이전에 다른 사람에 의해 만들어진 산출물의 요
소를 가지고 와서 자신의 산출물을 수정합니다. 마지막으로 '제작하기'에
서는 이전에 제작됐던 산출물과는 다른 새롭고 특별한 산출물을 직접 제
작합니다. 기존 장난감의 일부분을 활용해 완전히 새로운 종류의 장난감

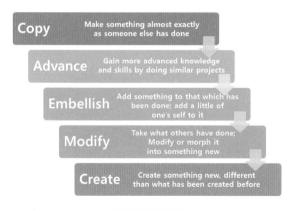

메이커 교육의 단계

을 만들거나 3D 프린터를 이용하여 보철용 의수를 만드는 것이 대표적인 예가 될 수 있습니다.

5) TMSI 모형

TMSI(Tinkering-Making-Sharing-Improving) 모형은 도구, 재료의 특성 및 사용법을 알아보는 '팅커링'부터 아이디어를 직접 결과물로 제작하는 '만들기', 제작 과정과 결과물을 공유하는 '공유하기', 그리고 제작한 결과물을 개선하는 '개선하기'까지 총 4단계로 구성되어 있습니다. TMSI 모형은 메이커 교육의 단계를 순차적으로 제시함과 동시에 만들기, 공유하기, 개선하기 단계가 순환적으로 이루어지도록 구성하여 선형성을 극복하려고 한 것이 큰 특징입니다.

이상의 모형들은 메이킹 활동을 수행하거나 일반적인 메이커 교육 수업을 진행할 때 참고할 수 있는 모형들로 일반화된 형태의 단계로 구성되어 있습니다.

메이커 교육 주요 수업 모형의 단계

주요 과정	디자인 씽킹 모형	TMI 모형	uTEC 모형	메이커 교육의 단계	TMSI 모형
분석	공감하기 정의하기	생각하기	–	–	–
설계	구상하기	–	활용하기 만지작거리기 실험하기	복제하기 발전시키기	팅커링
개발	프로토타입 만들기	만들기	제작하기	꾸미기 수정하기 제작하기	만들기
실행 및 평가	평가하기	개선하기	–	–	공유하기 개선하기

메이커 교육에 대한 평가는 어떻게 할까?

메이커 교육은 융복합적인 문제와 프로젝트를 해결하는 데 중심을 두는 교육 방법입니다. 따라서 과정 중심 평가, 학습자 중심 평가가 가능합니다.

만드는 과정에서는 자기 평가 및 체크리스트 평가를, 협력하는 과정과 상호 피드백 과정에서는 동료 평가를 활용할 수 있습니다. 또한 최종 산출물을 평가하는 산출물 평가, 만들기의 사고 과정을 글로 표현하는 논술형 평가, 일련의 과정을 모두 수집하는 포트폴리오 평가 등 모든 형태의 평가 방법을 교사가 활용할 수 있는 것은 장점입니다.

6) 피지컬 컴퓨팅 도구 활용 메이커 교육 수업 모형

최근 메이커 교육에서는 디지털 제작 도구 중 하나인 피지컬 컴퓨팅 도구를 활발하게 사용하는 추세입니다. 피지컬 컴퓨팅 도구은 알고리즘 설계 및 코딩 과정을 반드시 거쳐야 하기 때문에 해당 도구에 특화된 피지컬 컴퓨팅 도구를 활용한 메이커 교육 수업 모형을 활용할 수 있습니다. 이 수업 모형은 ① 공감하기, ② 메이킹 문제 정의하기, ③ 재료 및 도구 특성 파악하기, ④ 리믹스를 활용한 알고리즘 설계 및 코딩하기, ⑤ 컴퓨팅 산출물 조립하기, ⑥ 컴퓨팅 산출물 창의적 구성하기, ⑦ 알고리즘 및 컴퓨팅 산출물 수정, 개선하기, ⑧ 공유하기, ⑨ 성찰하기, ⑩ 종합하기의 총 10개의 단계를 거칩니다. 그리고 이는 다시 '메이킹 전 과정', '메이킹 중 과정', '메이킹 후 과정'의 세 단계로 분류할 수 있습니다. 교사는 학생들의 메이커 교육 경험 및 코딩 역량을 파악하여 수준에 따라 시작하는 단계를 조정할 수 있습니다.

초급, 중급 수준의 학생들은 '메이킹 전 과정'에서는 실생활 문제를 관찰하고 면담하는 것을 통해 문제 상황에 공감하도록 이끄는 활동을 합니다. '메이킹 중 과정'은 이 모형에서 중점을 두는 부분으로 메이킹 문제를 정의하고 재료 및 도구의 특성을 파악한 뒤 공통의 문제에 대하여 안내된 메이킹 과정으로서 컴퓨팅 산출물 조립하기를 수행합니다. 이후 리믹스(remix)를 활용하여 알고리즘 설계와 코딩을 한 뒤 창의적으로 컴퓨팅 산출물을 구성하고 이후 반복적으로 컴퓨팅 산출물을 개선하는 과정을 순환, 반복적으로 거칩니다. 또한 동시에 제작 과정과 산출물에 대하여 공유와 성찰 활동이 이루어집니다. 마지막으로 '메이킹 후 과정'에서

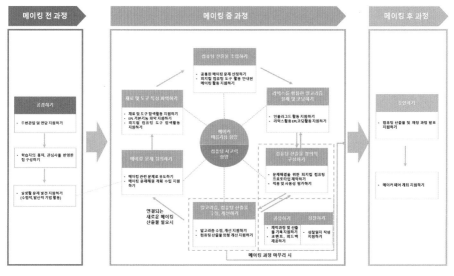

※ 초급, 중급 과정 : 1)-2)-3)-4)-5)-6)-7)-8)-9)-10) 전 단계 수행
  고급 과정 : 4) 생략 가능

피지컬 컴퓨팅 도구를 활용한 메이커 교육 수업 모형

는 메이킹 활동 종료 시 학생의 메이킹 산출물, 제작 과정을 발표하고 메이커 페어 개최를 지원하여 종합적으로 마무리하는 활동을 합니다.

고급 수준의 학생들은 '컴퓨팅 산출물 조립하기'를 생략하는 대신 '리믹스를 활용한 알고리즘 설계 및 코딩하기', '컴퓨팅 산출물 창의적 구성하기'에 집중하도록 조정합니다.

2. 메이커 교육에서 교사의 역할

학교에서 메이커 교육이 효과적으로 이루어지기 위해서는 교사의 역할이 매우 중요합니다. 교사는 내용 전문가, 수업 설계자, 동료 학습자, 촉진자 그리고 학습 자원 및 정보 제공자 등 다양한 역할을 담당해야 합니다.

1) 내용 전문가

교사는 메이커 교육에서 사용되는 각종 도구 및 재료에 대한 사용법과 주의사항을 숙지한 뒤 학습활동 중에 사용 가능한 재료 및 도구를 안내해야 합니다. 또한 교과별로 다양한 아이디어를 융합하고 구체화할 때, 프로토타입을 제작하고 결과물을 완성할 때 학생이 조언을 구할 수 있어야 합니다.

메이커 교육에서 교사의 역할

즉 학생이 수업 중에 신뢰할 수 있는 메이커로서 적절한 지식과 기술, 태도를 갖추고 있어야 합니다.

2) 동료 학습자

메이커 교육에서 교사는 학생과 함께 배우는 동료 학습자의 역할도 수행해야 합니다. 교사 역시 모든 도구 및 재료에 대해서 숙지하고 있는 것이 아니기 때문에 학생들과 함께 메이킹 활동과 프로젝트를 수행하면서 그와 관련된 지식, 기술, 태도를 배우고 체계화하는 과정을 거치면서 자연스레 이 역할을 수행할 수 있습니다. 또한 교사와 학생이 함께 반복적으로 프로토타입을 만들고 오픈소스를 검색하며 만드는 방법을 찾는 과정을 통해 모두 지식 습득은 물론 경험의 장도 확대할 수 있습니다.

3) 촉진자

메이커 교육에서 다양한 활동을 안내하고 촉진하는 촉진자로서의 역할 역시 중요합니다. 이는 학습자와 학습 과정과 메타인지를 공유하면서 메이킹 과정 속에서 함께 배우며 모델링의 대상이 되는 동료 학습자이자 내용 전문가로서 적절한 학습 안내를 제공하는 역할을 의미합니다. 또한 학생의 사고를 자극하는 다양한 질문의 제시나 적절한 재료 및 도구에 대한 안내를 수행하는 한편, 스케치를 통해서 학생이 구상한 아이디어를 시각화하여 표현할 수 있도록 유도합니다.

4) 학습 자원 및 정보 제공자

메이커 교육은 학생이 스스로 재료와 도구를 탐구하고 순환적, 반복적인 과정을 통해서 무엇인가를 만들어가는 과정이기 때문에, 교사는 학생에게 풍부한 학습 자원과 정보를 제공해주는 역할을 수행해야 합니다. 따라서 끊임없이 재료 및 도구를 탐색하여 반복적으로 제작하는 팅커링, 탐색, 공유, 토론 과정을 진행하는 동안 풍부한 상호작용을 할 수 있거나 학습자가 직접 조작을 통해 의미를 이해할 수 있는 학습 자원을 제공하고 온라인 튜토리얼과 같은 자원이 풍부한 환경과 연결시켜야 합니다. 특히 다양한 DIY 오픈소스를 제공하여 자신만의 주제를 찾도록 도움을 주어야 합니다.

5) 수업 설계자

메이커 교육은 자칫하면 흥미 위주의 활동으로 끝나버려 매우 비효율적이고 비생산적인 활동이 될 수도 있습니다. 때문에 교사에 의한 정교한 수업 설계 및 활동 구성이 중요합니다. 특히 활동을 설계할 때는 학생의 수준을 고려한 과제를 제시하고 재료 및 도구의 기능을 탐색하는 단순한 형태부터 보다 정교하고 복잡한 형태의 활용까지 체계적으로 활동을 재구성할 필요가 있습니다.

학교에서 효과적인 메이커 교육이 이루어지기 위해서는 교사가 내용 전문가, 동료 학습자, 수업 설계자, 촉진자, 학습 자원 및 정보 제공자라는 5가지 역할을 명확하게 인지하고 수행해야 합니다. 그래야만 학습자 중심 활동 특성을 보여주는 메이커 교육이 성공적으로 이뤄져 메이커 정신 등 학생에게 유의미한 학습이 가능하게 됩니다.

교육 현장에서의
메이커 교육 실천 현황

일상에서 창의적으로 만들기를 실천하고 자신의 경험과 지식을 나누고 공유하는 것을 적극 장려하는 메이커 운동은 학습자 중심 교육 패러다임과 구성주의가 다시금 주목받으면서 교육 분야에 적극적으로 소개되기 시작했습니다. 이에 학습 내용으로서 학습활동을 설계할 때 필요한 메이킹 활동의 이해, 학습 환경으로서 메이커 스페이스를 어떻게 구축해야 하는지에 대한 탐구, 그리고 학생으로서 만들기의 주체가 되는 메이커에 대한 탐구 등 크게 3가지 카테고리를 중심으로 메이커 운동에서 학교 교육 맥락인 메이커 교육으로 변화가 나타나기 시작했습니다.

1. 서울형 메이커 교육:
상상하고 만들고 공유하기

사회적 변화와 요구가 교육 현장에 반영되길 원하는 목소리가 커지면서 전 세계적으로 학생이 스스로 재료 및 도구를 선택한 뒤 유의미한 산출물을 제작하고 과정과 결과물을 공유하는 것을 강조하는 메이커 교육에 대한 관심이 크게 증가하고 있습니다. 우리나라 역시 교육 현장에서 메이커 교육을 실천해야 한다는 움직임이 나타나고 있지요. 학습자 중심 교육과 구성주의적 접근에 기반한 메이커 교육은 다양한 수준의 테크놀로지를 활용하여 개인적, 사회적으로 유의미한 산출물을 만들고, 해당 산출물과 더불어 제작 과정에서 축적된 경험을 온라인, 오프라인을 통해 공유하는 교육입니다. 이때 학생은 성공, 실패에 대한 걱정 없이 산출물

서울형 메이커 교육의 개요

을 반복적으로 제작하고 정교화하는 과정을 통해 새로운 지식, 기술을 체계화하고 문제 해결 경험을 얻게 됩니다.

서울 학생 메이커 괴짜 축제

이러한 흐름에 발맞추어 서울특별시교육청에서는 서울미래교육의 새로운 패러다임 정립과 창의, 융합의 미래역량 함양을 위하여 2018년부터 2022년까지 '서울형 메이커 교육 중장기 발전계획'을 발표했습니다. 상상하고 만들고 공유하는 것을 강조하는 서울형 메이커 교육은 학생들이 상상하거나 생각한 것을 디지털 기기 및 다양한 도구를 활용하여 직접 제작하고 그 과정에서 지식과 경험을 획득하고 공유하도록 유도하는 과정 중심의 프로젝트 교육이라고 정의하고 있습니다[4].

또한 서울시교육청에서는 2018년부터 '학생 메이커 괴짜 축제'를 개최하여 초중고 각 학교에서 학생들이 메이커 교육을 통해 만들어낸 산출물과 제작 과정을 공유할 수 있는 활발한 교류의 장을 제공하고 있습니다. 그리고 축제 참가 대상을 일반인까지 확대하여 공교육에서의 메이커 교육 확산에 힘쓰고 교육에서의 혁신, 더 나아가 사회적 변화를 꾀하고 있습니다.

---

4) 서울특별시교육청, 「서울형 메이커 교육(미래공방교육) 중장기('18~'22) 발전계획」, 2017

2. 부산형 메이커 교육:
창의융합교육

부산광역시교육청 역시 4차 산업혁명 시대를 대비하고 창의, 융합을 근간으로 하는 도전정신을 갖춘 인재 양성을 위하여 '메이커 교육 기반의 창의융합교육 5개년 추진계획'을 발표했습니다. 이는 재미, 나눔, 성장을 비전으로 과학기술 및 예술문화를 융합하여 자율성, 공유, 협력에 기초한 제품의 기획, 제작, 완성까지 모든 과정을 학생 스스로 판단하여 이끄는 프로젝트 교육입니다. [5]

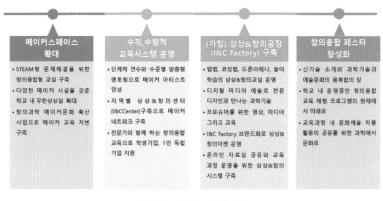

부산형 메이커 교육의 개요

---

5) 부산광역시교육청, 「Make? Make!」, 2018

Part 2

메이커
스페이스 구축

메이커 스페이스
구축 방법

학교 내에 메이커 스페이스를 구축할 때는 메이커 교육에서 활용할 수 있는 인적, 물적 자원, 유휴 교실, 재원 마련 등을 고려하여야 합니다. 메이커 스페이스 구축 단계에서는 학교에서 추구하는 메이커 교육의 목표와 전통적 메이킹, 디지털 메이킹과 같은 범주를 확정하여야 합니다. 이때 이미 구축되어 있는 메이커 스페이스의 사례를 참고할 수 있으며 건축 초기 단계에서 개념도를 작성하거나 필요 요소를 도출할 때 교실 모델을 참고할 수 있습니다. 지금부터는 개발된 메이커 스페이스 모델과 그 사례를 차례로 살펴봅니다.

1. 교육부의 메이커 스페이스 기반 창의융합형 교실 모델

2018년 교육부에서는 메이커 스페이스 기반 창의융합형 교실 모델을 제시했습니다. 메이커 교육과 주제 중심, 프로젝트 중심 융합형 수업의 특성을 고려하여 설계됐으며, 미래 사회에서 요구하는 핵심역량 및 고차원적 사고능력 함양을 위하여 다양한 교수·학습활동을 지원할 수 있는 공간 구성 및 테크놀로지 활용이 가능한 모델입니다. 학교를 새로 신설하는 경우에 적용 가능하며, 기존 학교를 개축하거나 보수할 때 건축 초기 단계의 개념도 작성 및 필요 요소 도출에도 활용할 수 있습니다.

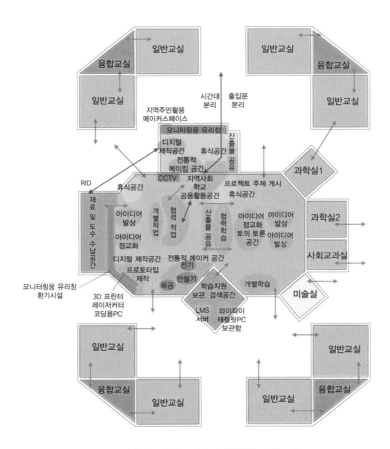

메이커 스페이스 기반 창의융합형 교실 모델

1) 메이커 스페이스 기반 창의융합형 교실 모델의 공간적 특징

메이킹을 통해 실제적 과제를 다루는 메이커 교육이 이루어질 수 있는 메이커 스페이스를 구축합니다.

– 메이커 교육의 특성을 고려한 공간의 구획화

메이커 교육에 따른 활동이 이루어질 수 있도록 아이디어 발상을 위한 공간, 아이디어 정교화를 위한 토의 · 토론 공간, 프로토타입 제작실, 개별 작업 공간과 협력 작업 공간, 학습 자료를 찾아볼 수 있는 검색 공간으로 구획화했습니다. 또한 메이킹 활동 자체에만 초점을 둔 것이 아니라 메이킹 활동 이후의 공유 및 확산까지 고려함으로써 학생 간의 정보교류, 협력이 효과적으로 이루어질 수 있습니다.

– 공간 사이의 연계성 강화

메이커 스페이스를 별도의 폐쇄된 공간으로 구성하지 않고 교과 교실, 학년별 일반 교실에 가까이 배치함으로써 효율적인 공간 활용이 가능합니다.

– 여러 교실이 연관되는 복도에 메이커 스페이스 구성

학생들이 언제든지 출입할 수 있는 복도에 공간을 배치함으로써 관련 교과의 메이커 스페이스 활용은 물론 교과별 융합, 연계를 통한 메이커 프로젝트 수행이 원활하게 이루어질 수 있습니다.

2) 메이커 스페이스 기반 창의융합형 교실 모델의 기자재

– 전통적 메이킹 관련

메이커 스페이스 내에 목공, 전기, 공작 활동에 필요한 재료, 장비를 구축했고, 이를 구획화하여 각각의 활동이 동시에 이루어지도록 했습니다.

– 디지털 메이킹 관련

무선 인터넷 활용 인프라 구축, 3D 프린터, 레이저 커터, 코딩을 위한 컴퓨터, 태블릿 PC 등을 구비하여 다양한 산출물을 만들고 공유할 수 있는 학습 환경을 조성했습니다.

2. 학교에서 메이커 스페이스를 구축하는 방법

메이커 스페이스는 학교를 신축할 때 함께 구축하는 경우도 있지만, 기존 교실의 용도를 변경하거나 유휴 교실을 활용하여 구축하는 경우도 있습니다. 혹은 학교에 메이커 스페이스를 구축하기 어려운 상황이라면 지역 사회의 메이커 자원을 활용하거나 이동식으로 구성할 수도 있습니다. 학교에서 메이커 스페이스를 구축하는 방법을 4가지로 나누어 소개하면 다음과 같습니다.

완전히 새롭게 공간을 설계, 시공하여 메이커 스페이스를 신축하는 경우: 학교 공간을 신축하거나 개보수하는 경우 고려할 수 있는 방법으로 메이커 스페이스의 특징에 부합하는 공간 시공이 가능합니다.

기존 공간을 용도 변경하거나 기존의 공간에 더해 메이커 스페이스를 구축하는 경우: 교과 실습실 중에는 다양한 도구를 갖추고 실습 공간으로 활용됐던 기술실을 고려할 수 있으며, 메이킹 활동 이후의 공유 활동이나 소통, 정보의 접근성, 그리고 소프트웨어 교육과 연계한 메이킹 활동을 고려한다면 컴퓨터실도 좋은 안이 될 수 있습니다.

이동형 메이커 스페이스를 구축하는 경우: 농어촌 및 메이커 스페이스 구축이 여의치 않은 학교는 트레일러와 같은 이동형 트럭에 필요한 장비를 설치하여 여러 학교에 제공할 수 있습니다. 또한 학교 내에 별도의 공간 구축이 어렵다면 소규모의 이동형 메이커 스페이스를 구축하여 교실 내에서 메이킹 활동을 시행할 수도 있습니다.

지역 사회의 메이커 자원을 활용하는 경우: 학교 내에 메이커 스페이스 구축이 여의치 않다면 지역 사회 내에 구축된 메이커 스페이스를 활용하여 교육 프로그램을 진행합니다.

1) 완전히 새롭게 공간을 설계, 시공하여 메이커 스페이스 신축

– 인천 D 초등학교

인천 소재 D 초등학교는 메이커 스페이스를 특징별, 사용 연령별로 세 교실로 구분했습니다. 첫 번째는 간단한 목공, 공작과 같이 전통적 메이킹에 초점을 둔 저학년을 위한 교실입니다. 이곳에는 다양한 공작 활동에 사용할 수 있는 재료를 보관할 선반과 공구가 넉넉히 갖추어져 있습니다. 교실 표지판 아래에는 안전 및 관리 담당교사의 이름이 명시되어

D 초등학교 첫 번째 메이커 스페이스
(교실 표지판, 재료 선반, 레이저 커터기와 목재 선반, 스테인리스 책상)

있고, 책상은 공작 활동에 적합한 스테인리스 상판입니다. 사용 시 분진과 연기가 발생하는 레이저 커터기는 창문 가까이 배치했으며 교사의 지도하에 사용하도록 했습니다.

두 번째 교실은 고학년 활동에 초점을 둔 메이커 교실입니다. 3D 프린터는 물론 목공 활동에 필요한 보다 정교한 전동공구인 테이블 쏘, 오비탈 샌더도 비치되어 있습니다. 메이커 스페이스 문 앞에는 전동공구마다 착용해야 하는 안전장치를 정리한 표를 만들어 붙여두었습니다. 다만 테이블 쏘는 교사와 공동으로만 사용할 수 있습니다.

세 번째 교실은 가마를 갖춘 도예 교실입니다. 교실은 여러 학급이 동시에 수업을 진행할 수 있도록 중간을 슬라이딩 도어로 구분하고 있습니

D 초등학교 두 번째 메이커 스페이스
(3D 프린터, 테이블 쏘와 오비탈 샌더, 메이커 관련 정보 게시판, 공구별 안전장치 표)

D 초등학교 세 번째 메이커 스페이스(슬라이딩 도어를 활용한 공간 분리, 준비실에 위치한 가마)

다. 준비실에는 학생의 도예 작품을 구울 수 있는 가마가 비치되어 있습니다.

– 제주시 소재 S 초등학교

제주시 소재 S 초등학교 메이커 스페이스는 여러 재료의 수납을 위한 공간을 갖추고 있습니다. 그리고 별도로 이동 가능한 재료 카트도 있어 각 교실에서도 메이킹 활동을 진행할 수 있습니다. 테크놀로지보다는 전통적 공작 활동에 초점을 맞추고 있으며 메이킹 활동을 위한 교구를 교실 내에 비치해두었습니다.

– 서울 소재 H 초등학교 메이커 스페이스(서울형 메이커 스페이스)

1997년부터 발명교육센터를 운영하고 있으며, 현재 445.1㎡ 발명교육센터 중 173.5㎡를 메이커 스페이스로 운영 중입니다. 이곳에는 목공 도

S 초등학교 메이커 스페이스(재료 선반, 활동 전략 게시물, 재료 수납장, 작업 책상)

구가 중점적으로 갖추어져 있으며, 그외에도 다양한 기자재를 갖추고 있습니다.

– 서울 소재 N 초등학교 메이커 스페이스

서울형 메이커 스페이스 거점센터 중 하나로, 기존에 운영되던 발명교실과 연계하여 새롭게 공간을 구축했습니다. 학생들의 창의력, 상상력을 자유로운 메이킹 활동으로 연결시킬 수 있는 다양한 교육 프로그램뿐만 아니라 담당 교원들의 전문성 신장 및 역량 강화를 위하여 연수 프로그램도 기획, 운영하고 있습니다. 목공, 바느질 등 전통적 메이킹 도구 및 기자재는 물론 3D 프린터, 피지컬 컴퓨팅 도구 등 디지털 메이킹에 활용

N 초등학교 메이커 스페이스
(3D 프린터(밀폐형), 3D 프린터(오픈형), 이동식 재료 수납 카트, 메이킹 공간)

할 수 있는 다양한 기자재 및 도구까지 갖추고 있습니다.

2) 기존에 있던 교실을 활용한 메이커 스페이스 구축

– 대전 소재 H 중학교의 기술실을 활용한 메이커 스페이스

대전 소재의 H 중학교는 기술실과 유휴 교실을 혼합하여 메이커 스페이스를 구축했습니다. 분절된 공간은 학생의 참여와 소통을 제한하기 때문에 제작이 이루어지는 공간과 협업 및 토론, 발표가 이루어지는 공간을 연결하여 구성한 점이 좋습니다. H 중학교에서는 기술실을 중심으로 디지털 클래스, 모둠학습실을 추가로 구성하여 메이커 스페이스를 구축했습니다

– 부산 소재 N 초등학교의 컴퓨터실을 활용한 메이커 스페이스

부산 소재 N 초등학교는 메이커 스페이스를 기존의 스마트실을 리모델링해 구축했습니다. 그리고 3D 프린터, 3D 펜, 컴퓨터, 노트북, 스마트패드, 빔프로젝터 등을 설치했습니다.

이후 SW&메이커 동아리를 구성하는 등 다양한 체험활동을 운영 중입니다. 또한 모델링, 레이저 커터 디자인, 코딩 등의 분야에서 정해진 등급을 이수할 경우 '메이커 스페이스 인증서'를 부여하여 메

N 초등학교 메이커 스페이스

이킹 활동의 동기를 진작시키고 있습니다.

3) 이동형 메이커 스페이스 구성과 활용

– 서울시교육청이 운영하는 '찾아가는 메이커 체험 교육'

서울시교육청에서는 서울형 메이
커 교육 중장기 발전계획의 하나
로 '찾아가는 메이커 체험 교육'을
지원합니다. 그중 메이크 버스는
메이킹 활동 강사가 기자재와 함
께 학교를 직접 방문하여 일일 체
험형 메이커 교육을 진행합니다.

서울시교육청에서 운영하는 메이크 버스

– 카트를 활용한 움직이는 메이커 스페이스

학교 내 공간이 협소하여 유휴 교실이 없는
경우 메이커 기자재를 각 교실로 옮겨 메이
커 교육을 진행할 수 있습니다. 이는 재료와
도구를 갖춘 이동 가능한 카트를 사용하면
가능합니다.

카트는 용도에 맞게 주제별로 구성할 수 있
습니다. 예를 들어 목공 카트, SW 교육을
위한 카트 등을 구성할 수 있습니다. 목공을

움직이는 메이커 스페이스

위해서는 수공구용 마그네틱 렉을 측면에 구성하고 여러 선반에 다양한 재료를 보관합니다. 3D 프린터나 디지털 작업을 위한 카트라면 상단에 워크스테이션을 마련할 수 있습니다. 메이커 카트는 각 학교에서 중점을 두는 프로그램에 맞게 구성하는 것이 활용도 면에서 좋습니다. 주제에 맞는 카트 구성의 예는 다음과 같습니다.

3D 프린터와
워크스테이션이 결합된 카트

주제에 맞는 카트 구성

목공용 카트	피지컬 컴퓨팅 카트	3D 전용 카트	전통적 메이킹 카트
못, 경첩, 타카 핀	아두이노 기반 보드 마이크로비트, 메이키 메이키, 라즈베리 파이 등	사포	바느질 세트
		니퍼	
		핸드피스, 줄	테이프
		마카, 도색 용구	색칠 용구
		3D 펜	쇠자
			우드록
			우드록 커터
다양한 측정 도구 (연귀자, 쇠자, 직각자 등)		필라멘트	다양한 종이들 (골판지, 크라프트지, 백상지 등)
전동드라이버 등의 전동공구	건전지, 소켓	3D 프린터 노즐 세트	글루건, 인두기
	전선, 멀티탭	3D 프린터 청소용 브러쉬	마카

타카	USB 선, 젠더	멀티탭	가위, 풀
수공구 세트	다양한 센서		
	레고		
이동식 집진기	블루투스 키보드, 스피커	3D 프린터	아트 커터
	태블릿 PC, 노트북		

움직이는 메이커 스페이스 어떻게 구성할까?

1. 카트의 이동 범위를 고려하여 카트의 크기를 결정하는 것이 좋습니다. 한 학년에서만 사용한다면 카트가 크고 무거워도 괜찮지만, 여러 학년에서 사용한다면 소형 카트 여러 개로 나누어 구성하는 것이 좋습니다.

2. 카트 내에 피지컬 컴퓨팅 도구, 교육용 로봇 등 고가의 장비를 보관해야 한다면 잠금장치가 있는 것을 선택하는 것이 좋습니다.

3. 옆에 간단한 공구를 매달 수 있는 렉이 있는 카트를 선택하면 보다 사용이 편리합니다.

4. 수납장이 여럿인 것을 선택하여 분리 수납하고, 수납장마다 라벨을 붙이면 필요한 재료와 도구를 쉽게 찾을 수 있습니다.

5. 카트가 넘어지지 않도록 무거운 공구 및 재료는 카트의 아래쪽에 보관합니다.

6. 메이커 카트는 해외 사이트(https://teachergeek.com)를 통해서 구매할 수 있습니다.

– 교실 내 미니 메이커 스페이스

교실 내에 미니 메이커 스페이스를 구성하여 정해진 시간에만 메이킹 활동을 하는 것이 아니라 쉬는 시간, 점심시간 등 아이들이 원하는 시간에 언제든지 원하는 것을 만들어보며 창의력을 발휘하도록 지원할 수 있습니다.

교실 내 미니 메이커 스페이스   교실에 설치된 소형 3D 프린터

교실 내 메이커 스페이스 어떻게 구성할까?

1. 일반 학습 공간과 메이커 공간이 함께 있기 때문에 정해진 시간에 안전하게 사용하도록 규칙을 정해두어야 합니다.
2. 3D 펜이나 3D 프린터 등 냄새나 분진이 생기는 도구와 재료는 환기가 잘되는 곳에 비치하고 사용 후 꼭 환기해야 합니다.
3. 교실 내에 여분의 책상을 두어 메이킹 활동을 위한 자리를 구성할 수 있습니다.
4. 학생들이 안전에 유의하여야 하는 도구는 교사가 메이킹 공간이 아닌 안전한 곳에 별도로 보관하는 것이 좋습니다.
5. 추천 품목 : 전통적 메이킹 도구(가위, 풀, 바느질 세트, 종이, 페이퍼 크래프트 용품), 피지컬 컴퓨팅 활동을 위한 도구(마이크로비트, 아두이노, 센서 등)

4) 지역 사회 메이커 자원 활용

– 지역 사회 메이커 스페이스 탐색

메이크올 홈페이지에서는 지역별, 장비별 메이커 스페이스의 검색과 예약을 지원하고 있습니다. 현재 공공 부문에서는 무한상상실, 아이디어 팩토리, K–ICT 디바이스랩과 같은 메이커 스페이스를 운영하고 있고, 민간 부문의 운영 시설도 지속적으로 증가하고 있습니다. 학교 주위의 메이커 스페이스를 검색하여 이용하면 해당 시설에서 진행하는 프로그램 정보도 얻을 수 있습니다.

메이크올 홈페이지를 활용한 지역 사회 메이커 스페이스 검색

학교 내 메이커 스페이스
공간 구성 방법 : 참여적 설계

1. 참여적 설계

참여적 설계는 모든 이해관계자가 설계 과정에 참여 또는 개입하는 방법입니다. 교육 시설과 같이 사용자들의 의견이 존중되어야 하는 장소의 설계 시 공동체의 가치와 의견을 반영할 수 있는 참여적 설계는 적절한 방법입니다.

2. 참여적 설계를 통한 교실 공간 재구성

1) 광주광역시교육청의 아.智.트

광주광역시교육청은 '아.智.트' 사업을 추진하고 있습니다. 공간 혁신 프로젝트로 학생 중심 교육의 실현을 위하여 학생이 참여하여 학생 공간을 구성하는 것입니다. 학교 공간은 사용자인 학생의 욕구를 반영하여야 하며 학생이 주도적으로 결정 및 변화시킬 수 있어야 합니다. 학생은 학교 공간 혁신 과정에 참여함으로써 학교 공간에 대한 권리와 책임 의식을 가져 학교 문화의 변화를 이끌 수 있습니다. 또한 참여적 설계에 참여하는 과정은 민주시민 교육을 가능하게 합니다. 해당 사업에 지원하기 위해서는 공간 재구성 TF팀 구성 시 교직원의 자발적인 참여를 전제하며 학교 구성원의 요구 반영을 위하여 교과수업, 프로젝트 수업과 연계한 공간혁신 계획을 제출하도록 되어 있습니다.

〈2018년 아.智.트 사업 결과〉

① 광주광역시 소재 A 초등학교는 학생 중심 학교 공간 재구성 사업에 지원하여 학생들이 스스로 공간 사용에 대한 규칙을 정하고 교실을 꾸밀 수 있도록 했습니다. 학교 공간 혁신을 위해 학생, 학부모, 교직원, 공간 전문가

A 초등학교의 복합공간 (출처: 광주광역시교육청)

가 함께하는 학교공간위원회를 구성하여 체계적인 학교 공간 재구성을 위한 프로젝트를 진행했습니다. 이를 통하여 다양한 동아리 활동과 메이킹, 전시 등이 가능한 복합공간을 구성했습니다.

② 광주광역시 소재 M 초등학교는 본 사업을 통해 메이커 교실인 엉뚱공작소를 구성했습니다. 학교 내의 유휴 공간을 교과수업과 연계하여 여

러 메이커 활동을 진행할 수 있는 메이커 스페이스로 변화시킨 것입니다. 엉뚱공작소라고 불리는 메이커 스페이스는 소형 망치부터 톱과 같은 소형 공구와 테이블 쏘, 드릴 등의 전동공구로 가득합니다. 학생들은 점심시간이나 방과

M 초등학교의 엉뚱공작소(출처: 드레멜)

후에 이곳에서 스스로 만들고 싶은 것을 만들고, 수업시간에는 실과와 같은 교과수업과 연계하여 메이킹 수업을 진행합니다.

2) 서울시교육청의 꿈담교실 사업

서울시교육청이 진행하는 '꿈을 담은 교실 만들기 사업'도 교사와 학생 등 사용자가 학교 공간 설계에 참여하는 사용자 참여 디자인 방식을 택하고 있습니다.

학생의 생활 공간인 교실의 리모델링 시에는 학생, 교사, 학부모가 참여하는 워크숍을 개최하여 그 결과를 바탕으로 공간 구성 아이디어를 도출합니다. 다만 학생들은 원하는 공간을 구체적으로 요구하거나 프로토타입을 구현하는 것을 어려워하므로 '학교에서 좋았던 시간'이나 '내가 원하는 학교'와 같은 프로젝트를 통하여 아이디어가 도출될 수 있도록 합니다. 이후 건축가는 이러한 아이디어를 교실 공간에 구현할 수 있는 방안을 찾습니다.

〈꿈담교실 사업 결과〉

① 서울 소재 M 초등학교는 '어떤 교실에서 수업을 듣고 싶은가'라는 주제를 활용하여 건축 수업을 진행하고, 학생들의 시선에서 제시한 사항을 구체화하여 공간 리모델링에 활용했습니다. 또한 학생들이 통행하는 데만 사용했

M 초등학교의 휴식 및 자기표현 공간(출처 : 교육부)

던 복도를 휴식 및 자기표현의 공간으로 재구성했습니다.

② 서울 소재 H 초등학교는 교사동 전체를 꿈담교실로 설계했습니다. 20명의 꿈담 건축가, 학생, 교사 등이 설계 단계부터 참여적 설계를 통한 '사용자 참여 디자인'으로 학생들의 성장, 발달 수준을 고려하여 교실을 만들었습니다.

H 초등학교의 만남과 놀이 공간(출처 : 교육부)

3학년은 안정과 놀이 중심 교실, 4~5학년은 협력을 배울 수 있는 사회적 교실, 6학년은 개별성과 자율성이 존중되는 민주적 교실을 테마로 하여 설계됐습니다. 복도 공간 또한 단순히 통로의 개념이 아닌, 각 반 학생들이 모이는 만남의 공간, 놀이 공간으로 구성되었습니다.

이처럼 사용자 참여 디자인은 사용자의 요구사항을 설계 초기 단계에 파악할 수 있어 높은 질의 결과물을 산출할 수 있으며 사용자는 디자인 결정에 참여했다는 만족감을 느낄 수 있습니다. 또한 공간 구성 시 사용자의 설계 과정에 적극적인 참여는 공간에 대한 만족도와 지속성을 높이는데 효과가 있습니다.

3. 참여적 설계 방법

1) 참여적 설계의 단계
참여적 설계는 5단계로 구별할 수 있습니다.

– 1단계 : 이해
주변 상황과 문제를 이해하여 만들고자 하는 설계 영역 및 기존 시스템 및 공간의 문제점을 파악하는 단계입니다. 설계를 시작하기 전 설계할 범위를 명확히 하고 목표를 설정합니다. 목표는 추상적이어도 좋으나 어떤 공간을 구현해나갈지가 반영되어야 합니다. "어떤 공간을 만들고 싶나요?" 또는 "생활하면서 불편했던 점에 대해 말해볼까요?"와 같은 질문

참여적 설계 5단계

을 던질 수 있습니다.

– 2단계 : 관찰

직접적이고 실제적인 조사를 통하여 충족되지 못한 요구를 파악하는 단계입니다. 이해 단계에서 추상적인 목표를 정했다면 관찰 단계에서는 목표에 도달하기 위해 현재 공간이 구체적으로 어떻게 변화해야 하는지가 도출되어야 합니다. 앞 단계보다는 좀 더 세밀하게 관찰하도록 합니다.

– 3단계 : 분석

이전 단계에서 얻은 데이터를 분류, 종합, 정리하여 분석하는 과정입니다. 각 단계에서 도출된 결과를 공간별, 주제별로 세분화하고 정리합니다. 여기서는 각 공간별로 어떤 모습을 갖추어야 하는지가 나타나게 되며 실행 가능한 아이디어를 중심으로 종합하는 과정을 거칩니다.

– 4단계 : 발상

도출된 아이디어, 설계 원칙 등을 고려하여 실제적인 아이디어를 도출하고 평가하는 단계입니다. 분석 단계에서 나타난 아이디어를 살펴보며 우선순위 기법, PMI 기법 등을 통하여 실행 가능한 아이디어를 선정합니다.

– 5단계 : 제작

여러 아이디어 중 가치 있는 것을 선별하여 대안을 제시하고 피드백을 반복하여 디자인을 발전시키는 단계입니다. 최적의 안이 선정될 때까지 사용자들의 반복적인 피드백 과정을 수행합니다.

  여기서는 참여적 설계를 5단계로 제시했지만, 사실 사용자 참여 디자인 프로세스는 정형화된 단계를 갖추고 있지 않으므로 상황과 사용자에 따라 과정의 추가 및 생략이 가능합니다.

2) 참여적 설계를 위한 정보

– 참여자의 공감 단계 구성

설계 과정에 참여도를 높이고 높은 질의 결과물을 보장하기 위하여 참여적 설계 초기에 공감 단계를 포함하는 것이 좋습니다. 참여적 설계의 일정과 참여 방법을 안내하고 의견이 향후 반영될 것임을 알려줍니다.

– 퍼실리테이터의 활용

사용자 참여 디자인이 효율적으로 운영되기 위해서는 퍼실리테이터의 역할이 중요합니다. 퍼실리테이터는 일정 관리, 계획, 워크숍 진행 등을 담당하여 사용자가 적극적으로 설계에 참여할 수 있도록 합니다. 사용자 참여 디자인은 대개 사용자들의 요구 및 아이디어 도출을 위해 참여 워크숍 과정을 포함하는데, 이는 사용자 그룹과 전문가 그룹으로 구분하여 운영할 수도 있습니다. 사용자 워크숍에는 사용자의 의견을 실체화하고 피드백을 주기 위해 전문가도 참석할 수 있으며, 다양한 아이디어가 산출되고 수렴될 수 있도록 발산과 수렴 사고기법을 활용합니다.

– 사용자 아이디어 구체화 전략의 활용

학교 공간 구성 시 주 사용자인 학생의 의견을 반영하는 것은 매우 중요합니다. 다만 전문적 지식이나 건축에 참여해본 경험이 없는 학생의 아이디어를 구체화하기 위한 다양한 방법의 활용이 필요합니다.

공간 선호도 조사하기	다양한 공간의 모습을 보여준 후 우선순위를 통해 선호도를 조사하고, 선호하는 이유를 들어보며 원하는 공간 도출하기
이미지화하기	원하는 교실, 휴식 공간의 모습을 그리며 아이디어 도출하기 모형 가구를 배치하며 선호하는 공간 만들어보기

학생들의 아이디어를 공간 설계에 바로 반영하기는 어렵지만 건축가와 퍼실리테이터가 정교화 과정을 통해 아이디어를 구체화시키면 실제 교실을 구축하는 데 반영할 수 있습니다. 교사와 건축가는 퍼실리테이터로서 학생 워크숍에 참여, 발문을 통하여 아이디어 발상을 돕고 도출된 학생의 아이디어를 사용할 수 있는 디자인 해결안으로 발전시켜야 합니다.

– 창의적 문제해결 방법의 활용

다양한 창의적 아이디어 산출을 위해서는 창의적 문제해결(Creative Problem Solving, CPS) 방법을 활용해야 합니다. 창의적 문제해결이란 비구조화된 문제를 이해하고 아이디어를 생성한 후 이의 실행을 계획하는 것으로, 발산적 사고를 통해 여러 아이디어를 도출하고 수렴적 사고를 통해 실행 가능한 아이디어를 추리면서 새로운 해결 방안, 산출물을 만드는 것을 의미합니다. 창의적 문제해결 모형에서는 실생활과 유사한 여러 요

사고 유형	사고 도구	목적 및 내용
발산적 사고	Brainstorming	대표적인 발산적 사고 도구로서 다양한 시각에서 아이디어를 생성하고자 할 때 사용함
수렴적 사고	HIT	여러 가지 대안들 가운데서 가장 최적의 아이디어 앞에 체크(✓) 표시를 하는 것으로 좁혀가야 할 대안의 수가 많을 때 사용함
	PMI (Plus, Minus, and Interesting)	– 하나의 아이디어의 분석 및 주의 집중하는 도구로 문제에 대한 대안을 확인하는 데 사용함 – P는 Plus로 제시된 아이디어의 좋은 점을, M은 Minus로 나쁜 점을, I는 Interesting으로 흥미로운 점을 니타냄
	평가 행렬표 (Evaluation Matrix)	여러 가지 아이디어를 평가 기준에 따라 각각의 강점과 약점을 파악하여 선택하는 데 사용함

창의적 문제해결을 위한 스마트 지원 시스템 사고 도구

소들이 포함된 복잡한 문제를 해결하는 능력을 키우기 위해 다양한 아이디어의 발산 및 수렴이 이루어집니다. 발산과 수렴 단계를 반복해 시행하다 보면 최종적으로 실천 가능성이 높은 해결 방안을 개발할 수 있습니다. 발산과 수렴 단계에서는 위의 표와 같은 방법을 사용할 수 있습니다.

4. 개별 학교에서 공간을 리모델링하거나 개축·보수할 때 참고 가능한 프로세스

1) 1단계
개축·보수의 필요성을 확인하고 참여적 설계를 위한 집단을 선정합니다. 이때 퍼실리테이터의 역할을 담당할 교사를 중심으로 한 TF팀의 구성이 필요합니다.

– TF팀의 구성(교사, 학생, 학부모, 건축가, 지원청 담당, 관리자)

– 프로젝트 예산 확정

– 용역 지침서 작성

– 유지 관리 및 하자 발생 분쟁에 대한 검토 및 계약

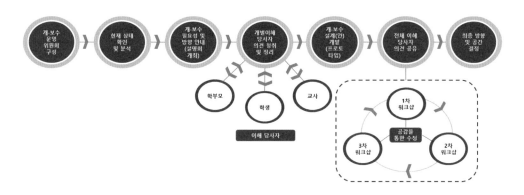

개별 학교에서의 공간 리모델링, 개축·보수 절차

2) 2단계

TF팀을 중심으로 현재 학교 시설의 상태를 확인하고 분석을 진행합니다.

– 설계 범위, 기간 확정(학사 일정을 고려하여 공사 기간을 산정)

– 학교 현황 조사 및 결과 분석

– 개선해야 할 주요 문제 파악(설문조사, 워크숍을 통한 사용자 의견 청취)

3) 3단계

향후 개축·보수 진행 방향에 대한 설명회를 개최합니다. 여기에는 학교 시설 사용자뿐 아니라 지역 주민을 비롯한 다양한 이해 당사자가 참석합니다.

– 해결할 문제점과 요구사항 청취
– 문제점과 요구사항 검토하여 구성원 간에 공유

4) 4단계

개축·보수 설계를 위해 학부모, 학생, 교사와 같은 이해 당사자의 의견을 청취합니다. 이때 이해 당사자 및 사용자는 설계와 관련해 전문가가 아니기 때문에 효과적으로 의견을 수렴할 수 있는 여러 도구와 방법을 사용해야 합니다. 사용자가 아동일 경우 콘셉트를 도출하기 위해 이미지와 같은 도구를 사용하는 것이 좋으며, 세부 공간 구성 시 구체적 사례를 참고자료로 사용하는 것도 바람직합니다.

– 워크숍 진행 인원 결정
– 워크숍 프로그램, 시간, 방법 결정(학생은 교과연계로 진행할 수 있음)
– 창의적 문제해결 방법을 활용한 아이디어 도출

5) 5단계

개축·보수 방향에 대한 의견을 수합, 정리하고, 이를 바탕으로 프로토타입을 구성합니다. 프로토타입은 반복적인 워크숍을 통하여 점차 그 형태를 정교화할 수 있습니다. 그리고 건축가는 도출된 비전문가의 의견을 구체화하여 반영합니다.

– 공사 일정 계획 검토

– 디자인 적용된 자재의 검토, 승인

– 구매 일정 체크

– 예산 범위 내에서 설계 진행

– 학교시설안전관리 기준에 맞도록 지속적인 설계 관리

메이커 스페이스 공간 구축 시
고려해야 할 사항

3
Chapter

1. 안전을 고려한 메이커 스페이스의 공간 설계

메이커 스페이스는 시설과 관련해 기기를 위한 기본적 시설, 소음, 환기, 온도, 습도 등 다양한 고려가 필요합니다. 특히 기기별로 사용법과 주의할 점을 패널로 만들어 한눈에 보이도록 게시하여 학생의 안전을 도모해야 합니다. 메이커 스페이스의 안전 수칙은 다음과 같습니다.

메이커 스페이스 내
주의사항 패널

메이커 스페이스 내
드릴 프레스 사용법과 주의점

1) 안전관리 책임자와 안전점검일 지정

학교 내 다른 교실과 마찬가지로 메이커 스페이스에 대한 안전관리 책임자를 정보부장교사, 행정실무사, 정보담당교사로 지정하여 안전관리 책임 소재를 명확히 합니다. 각 교실별 안전점검일에 맞추어 점검합니다.

2) 안전관리 체크리스트 작성

메이커 스페이스 내에서 점검해야 할 안전관리 체크리스트를 만들고, 주별, 월별 등 정기적 일정에 따라 체크리스트를 통해 체계적인 안전관리를 실행해야 합니다. 다음은 안전관리 체크리스트의 예입니다.

확인 사항	점검 결과	특이 사항
공간 내부에 출입구, 비상구가 표시되어 있으며 암전 시에도 잘 보이는가?		
전체 공간 구성도에 작업 범위, 작업 공간별 기계, 안전구역, 위험 물질 등이 표시되어 있는가?		
기계나 기구를 사용하기 위해서 학생들이 안전교육을 이수했는가?		
기계나 목공의 특성과 작업에 적절한 복장을 착용했는가?		
메이커 스페이스 내부의 조명은 충분히 밝게 유지되어 안전성을 높이고 있는가?		
기계나 기구 주변에 안전 매뉴얼이 배치되어 있는가?		
기계나 기구에서 파편, 부스러기 등 작업 폐기물을 주기적으로 청소하여 화재의 위험을 방지하고 있는가?		

기계나 기구가 고장 났을 때는 고장 표시를 하고, 청소/점검/수리 등을 할 때도 해당 내용을 표시하는가?		
메이커 스페이스 내에 소화기가 적절한 위치에 비치되어 있는가? (소화기 날짜를 확인하고 눈에 잘 띄는 위치에 있는지를 점검합니다.)		
메이커 스페이스 이용자와 방문자는 비상구와 탈출구의 위치를 숙지하고 있는가?		
주기적으로 메이커 스페이스 내부를 환기하고 있는가?		
전열기구 및 전기기구 사용 후 전원이 차단되어 있는가?		

(출처 : 메이크올)

3) 안전 표식과 잠금장치 부착

학생들이 혼자 다루기 어려운 도구나 기기들(드릴 프레스, 테이블 쏘, 레이저 커터, 타카 등)에는 안전 표식, 환기가 필요한 기기들(3D 프린터, 레이저 커터, 샌더 등)에는 환기 표식을 부착합니다. 그리고 미끄러움, 손 다침, 낙상 등 안전사고가 예견되는 곳에도 잘 보이도록 안전 표식을 부착합니다. 더불어 기계나 기구 주변에 매뉴얼과 비상시 대처 방법도 잘 보이는 곳에 비치합니다. 또한 교사의 임장지도 없이 사용하면 안 되는 톱, 레이저 커터기와 같은 위험한 도구는 잠글 수 있는 수납장에 따로 보관하고 위험성을 명시해둡니다.

다음은 메이커 스페이스 안전 수칙의 예입니다.

메이커 스페이스 안전수칙

〈일반 수칙〉
- 모든 공구과 기계는 반드시 안전교육을 이수한 후 사용합니다.
- 모든 공구와 기계는 사용 방법과 특성을 숙지한 후 지도교사의 허락을 받고 사용합니다.
- 복장은 기계나 기구의 특성과 작업에 적절해야 하고 바른 자세로 작업합니다.
- 기계를 사용할 때는 안전을 위하여 정신을 집중해야 하며, 절대 장난을 치거나 산만하게 행동하지 않습니다.
- 기계나 기구의 주요 작동 부분을 함부로 만지지 않습니다.
- 작업자의 주위는 항상 정리정돈이 잘되어 있어야 하며 청결해야 합니다.
- 공작기계 사용 중 작동에 이상이 있으면 기계를 즉시 정지시키고 지도교사에게 보고하여 적절한 조치를 취한 후 사용합니다.
- 기계의 성능 및 특성 등을 무시한 무리한 작업을 하지 않도록 하며, 다른 용도로 기계를 개조하거나 변경하여 사용하지 않습니다.
- 공작기계 및 공구를 사용한 후에는 다음 사용자에게 불편함이 없도록 반드시 처음 상태대로 정해진 위치에 정리 정돈하여 분실을 방지합니다.
- 작업이 끝나면 사용한 기계 및 주변을 반드시 깨끗하게 청소하여 기계의 청결을 유지합니다.
- 메이커 스페이스의 사용이 끝나면 기계의 전원 코드를 빼고, 공간 내의 모든 전원을 차단합니다.
- 기계의 유지보수 및 A/S는 기계를 공급한 전문업체에 의뢰합니다.

〈목공 활동 시〉
- 목공 작업을 할 때는 옷이나 장신구 등이 기계에 끼지 않도록 안전한 옷차림을 하고 보안경과 앞치마를 착용합니다.
- 날카로운 공구를 사용한 뒤에는 헝겊으로 싸서 위험 표식이 부착된 곳에 보관합니다.
- 목공 활동에 따른 톱밥, 나무 조각은 폐기하여 화재의 위험을 방지합니다.

〈전동기구 작업 시〉
- 전기기구를 다룰 때는 젖은 손이나 맨발로 접촉하지 않습니다.
- 전기기구를 사용할 때는 코드가 콘센트가 잘 꽂혀 있는지 확인하고 지정된 순서에 따라 작업합니다.
- 사용을 마친 후에는 반드시 스위치를 내려 전원을 차단합니다.

4) 조명 관리

공간 내부의 조명은 밝게 유지하여 작업장의 안전성을 높이고, 조명 스위치에는 해당 조명의 위치를 정확하게 기재하여 작업 중 조명이 꺼지지 않도록 방지합니다.

5) 메이커 스페이스 위치 선정

메이커 스페이스에서 공작 활동을 하다 보면 화학물질이나 연기가 발생할 수 있으므로 꼭 통풍이 잘되는 곳에 위치해야 합니다. 또한 소음이나 분진이 발생할 수도 있으므로 사무공간과 구분하여야 합니다. 이것이 여의치 않다면 집진기를 설치하여 발생한 먼지를 제거해야 합니다.

6) 메이커 스페이스 공간 구성도

메이커 스페이스의 공간 구성도를 작성합니다. 공간 구성도에는 위험물질, 안전구역, 작업 범위 등을 명시하고 비상 탈출용 물품, 비상구 등이 잘 보이도록 하고, 이를 통해 안전사고를 방지하고 안전사고가 일어났을 때 잘 대처할 수 있도록 합니다.

7) 안전교육 실시

메이커 스페이스 사용 전 학생을 대상으로 반드시 안전교육을 실시하여야 하며 입장 후에는 교사의 지시에 따르도록 교육합니다. 메이커 스페이스 관련 안전교육은 교육과정에 포함시켜 분기별로 진행합니다.

2. 메이커 스페이스 내 공간의 구획화

메이커 스페이스를 지저분한 공간과 깨끗한 공간으로 구분하여 각각에 들어갈 기기를 구분하는 것이 좋습니다. 가령 목공 작업 중 발생한 먼지와 분진이 레이저 장비의 레이저 튜브나 3D 프린터와 같은 장비에 들어갈 수 있기 때문에 두 공간은 분리하여 조성해야 합니다.

또한 메이커 스페이스에 전통적 메이킹과 디지털 메이킹을 함께 조성한다면 이 또한 공간을 구획화하여 다양한 활동이 동시에 이루어질 수 있도록 합니다.

3. 그 외 활용 정보

장비별 전력, 전기 사용량을 확인해야 합니다. 학교에서는 한 곳에서 많은 전기를 끌어다 쓰면 전체 전기가 나가는 일이 발생할 수도 있습니다. 예를 들어 집진기는 240v의 전력이 필요하므로, 메이커 스페이스를 구성하는 초기에 충분한 전력을 끌어와야 합니다.

또한 이동성을 고려한 가구 배치가 필요합니다. 메이커 스페이스 내 다양한 곳에서 활용될 수 있는 장비는 이동식 작업대나 카트를 만들어 사용하는 것이 좋습니다.

메이커 교육에 필요한
도구와 장비

메이커 교육에 활용할 수 있는 재료는 무궁무진합니다. 메이커 재료는 학생의 아이디어를 실제로 구현하도록 도와주는 수단으로, 아두이노와 같은 피지컬 컴퓨팅 도구, 3D 프린터부터 목재, 종이까지 다양한 것을 포함합니다. 따라서 메이커 도구는 초기에 대표적으로 이용되는 것을 갖추어 두고 교육과정에 따른 학습활동이나 학생의 필요에 따라 수시로 구입하는 것이 좋습니다.

이제부터 일선 학교와 메이커 교육 프로그램 속에서 폭넓게 사용되는 메이커 장비와 도구를 전통적 메이킹, 디지털 메이킹의 카테고리로 분류해 제시합니다. 전통적 메이킹에는 목공, 직물 등 예전부터 만들기의 영역에 포함되었던 활동을, 디지털 메이킹에는 3D 프린터, 피지컬 컴퓨팅 도구, 3D 펜 등 디지털 제작 도구와 테크놀로지를 활용한 활동을 포함합니다.

전통적 메이킹 관련
도구와 장비

1

Chapter

1. 목공 관련 도구

1) 수공구 세트

나사 등을 조일 때 사용하는 스패너와 드라이버 소켓, 육각 랜치, 드라이버 못 등의 물체를 잡거나 고정할 때 사용하는 바이어스 플라이어, 망치와 톱 등 보편적으로 활용되는 수공구로 구성되어 있습니다. 수공구들은 용도, 크기에 따라 많은 종류가 있기 때문에 프로그램과 연계하여 적절한 것을 구입해야 합니다. 가정용 공구 세트는 필요한 공구들을 제각각 따로 구입하지 않아도 된다는 점과 교실에서 메이킹 수업을 진행할 때 편리하게 이동할 수 있다는 장점이 있습니다.

메이커 교육에서 수공구를 활용할 때 주의할 점은 교사가 도구 사용 방법에 대해 충분한 설명과 시연을 보여주어야 한다는 것입니다. 학생들

목공 활동을 위해 꼭 구입해야 할 것들

1. 수공구 세트 : 구입 전에 내용물을 살펴보고 망치, 펜치, 줄자, 드라이버가 포함된 모델을 고르는 것이 좋습니다.

2. 쇠 자와 연귀자 : 목공 활동에는 치수를 재는 일이 기본입니다. 플라스틱 자는 눈금이 쉽게 없어지곤 하므로 쇠 자를 구입하는 것이 좋습니다. 그리고 간단한 활동에도 수직인지 확인할 일이 자주 있으므로 연귀자나 수직자도 구입합니다.

3. 유니멧 : 구멍 뚫기, 사포질, 톱질 등 한 세트로 여러 활동을 수행할 수 있습니다. 특히 톱날에 손을 다치지 않도록 설계되어 있어 안전합니다. 각 조마다 하나씩 비치하면 전동공구가 필요한 활동을 보다 쉽게 진행할 수 있습니다.

은 망치, 톱, 드라이버 같은 도구들도 정확한 사용법을 모르는 경우가 많기 때문에 2차시 이상의 사용법을 탐색하는 시간이 필요합니다.

모델명	보쉬 수공구 세트	브리사 가정용 공구 세트
가격	40,000~50,000원	15,000~20,000원
특징	기본적인 목공 작업을 수행할 때 필요한 도구인 스패너, 줄자, 망치, 육각랜치, 핸드톱 등으로 구성되어 있습니다.	몽키스패너, 펜치, 망치, 드라이버 등 간단한 목공 작업을 위한 공구로 구성되어 있습니다.

수공구 세트를 사용하는 수업의 안전수칙과 팁

1. 수공구 작업 중에는 반드시 안전을 위한 장갑, 보안경 등의 복장을 갖춥니다.

2. 톱, 사포와 같이 목재를 다듬고 자르는 공구를 사용할 때는 마스크를 끼고, 복도, 운동장, 메이커 스페이스 등 넓은 공간에서 작업합니다.

3. 교사와 함께 공구를 다루면서 사용법 및 주의점을 알아보는 시간을 충분히 확보합니다. 절대 처음부터 학생 혼자 공구를 다루지 않도록 합니다. 직접 공구를 사용할 때 참고할 수 있도록 그 내용을 교실 뒤에 게시합니다.

4. 5~6학년 실과의 선반 만들기, 정리함 만들기 등의 활동에 활용합니다. 수공구 세트에 없는 공구는 별도로 구입합니다.

2) 망치

못을 박거나 목재를 끼워 맞추는 활동에 사용되는 망치는 다양한 재질과 길이가 있습니다. 양쪽 모두 못을 박을 수 있는 평평한 모양인 것을 망치라고 하며, 한쪽은 평평하고 한쪽은 못을 뺄 수 있도록 끝이 V자 모양으로 벌어진 것을 장도리라고 합니다. 망치와 장도리는 메이커 활동에서 가장 보편적으로 활용되는 도구입니다. 하지만 학생들은 손잡이의 어디를 잡아야 효과적인지, 망치를 내리칠 때 각도를 어떻게 하고 힘을 언제 주는 것이 좋은지에 대해서 잘 모릅니다. 특히 못을 박거나 뺄 때 실수로 손가락을 찧거나 못이 자신의 얼굴이나 친구들에게 튀는 일이 있으므로, 이러한 사고가 일어나지 않도록 주의해서 사용하는 법을 알려주는 것이 중요합니다.

고무망치	장도리

고무망치는 양쪽이 모두 두드리는 작업을 위하여 평평한 모양인 도구입니다. 주로 목재 조립 작업에 많이 활용됩니다.	장도리는 한쪽은 못을 뺄 수 있도록 V자 모양으로 벌어져 있고, 다른 한쪽은 못을 박을 수 있도록 평평한 모양인 도구입니다.

망치와 장도리를 사용하는 수업의 안전수칙과 팁

1. 망치를 사용할 때는 손잡이의 절반이 되는 지점을 꽉 잡아야 미끄러지지 않습니다. 저학년 학생은 길이가 짧은 망치를 사용하는 것이 좋습니다.

2. 못을 박을 때는 쇠망치를, 목재를 조립할 때는 고무망치를 사용합니다. 내리칠 때는 물체와 망치가 평행하도록 위치시킨 뒤 수직이 되도록 내리쳐야 하며, 손가락을 다치지 않도록 주의합니다.

3. 망치를 사용할 때는 학생들 간 안전거리를 충분히 확보할 수 있도록 넓은 공간에서 작업합니다.

4. 장도리로 못을 뺄 때는 지렛대 역할을 하는 손잡이 부분의 3분의 2 지점을 잡는 것이 좋은데, 못이 자신의 얼굴이나 친구들에게 튀지 않도록 주의해야 합니다.

3) 톱

목재를 자르거나 켜는 데 사용하는 공구로 초등학생이 사용할 때는 각별한 주의가 필요합니다. 따라서 목공 기초 활동 시에는 사전가공된 재료로 구성된 키트를 주문하여 활용하는 것도 좋습니다.

저학년이라면 교사가 사전에 미리 잘라두는 방법을 선택할 수도 있습니다. 이후 고학년에 되어 톱 사용이 가능해진다면 창의적인 제품 만들기를 할 때 목재를 직접 구입하여 교사의 임장지도 하에 사용하도록 합니다. 톱을 사용할 때는 손이나 발, 밴드클램프 등을 사용하여 목재를 단단하게 고정하는 방법, 톱을 켤 때 진행 방향에 자신의 신체나 다른 사람이 있지 않은지 확인해야 함을 먼저 교육합니다.

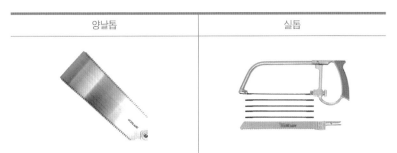

양날톱	실톱
한쪽은 켜는 날, 다른 쪽은 자르는 날로 되어 있습니다. 켜는 날은 나무결과 같은 방향일 때 사용하고 나무결과 다른 방향으로 자를 때는 자르는 날을 사용합니다	얇은 목재를 정밀하게 가공할 때 많이 사용하며 곡선으로 오려 낼 때 사용합니다. 보통 나사를 풀어 톱날을 교체할 수 있습니다.

톱을 사용하는 수업의 안전수칙과 팁

1. 톱질을 시작하기 전 진행 방향에 자신의 신체나 다른 사람이 있지 않은지 확인합니다.
2. 손이나 발, 밴드클램프를 활용하여 자르고자 하는 재료를 단단히 고정하고, 톱으로 자르기 전에 흔들어 확인합니다.
3. 톱을 사용하기 전 날과 손잡이의 결합이 단단한지 점검합니다.
4. 손을 다치지 않도록 개발된 전동 실톱 유니멧을 이용해도 좋습니다.
5. 톱날이 튀는 것을 방지하기 위해 톱은 천천히 켜도록 하고 아래로 톱을 내릴 때만 힘을 줍니다.
6. 톱은 목재와 수직이 되도록 켜고, 톱밥이나 목재 부스러기가 멀리까지 튀지 않도록 잘리는 부분 주위에 마대자루나 천 등을 깔거나 집진기를 배치합니다.

4) 타카

핀을 이용하여 목재 등을 결합하는 도구로, 방아쇠를 당기면 타카 핀이 빠른 속도로 발사됩니다. 사용하고자 하는 자재의 강도에 따라 어떤 종류의 타카를 사용할지 선택합니다. 타카는 안전핀을 눌러야만 사용할 수 있도록 안전장치가 되어 있는 것을 구입하는 것이 좋습니다. 특히 타카 핀은 관통력이 좋기 때문에 손가락이나 신체 일부에 장난으로 쏘지 않도록 지도해야 하고 작업 시 반드시 안전 장갑을 끼도록 합니다. 그리고 타카를 일정한 간격으로 박는 것이 고정력을 높이는 방법이므로, 미리 박을 부분을 연필 등으로 표시해놓는 것이 좋습니다.

이름	핸드 타카	에어 타카
가격	15,000~30,000원	100,000~150,000원
특징	6~12mm 크기의 타카 핀을 사용하는데, 사용법은 스테이플러와 비슷합니다. 위로 올라가 있는 손잡이를 누르면 작은 힘으로도 타카핀을 박아 물체를 고정시킬 수 있습니다. 두께가 얇거나 강도가 약한 자재에 사용하기 적합합니다.	에어컴프레서에 연결하여 사용하는 타카로 공기의 압력으로 타카 핀을 발사합니다. 주로 머리가 없는 못인 일자 핀을 사용합니다. 에어 타카는 핸드 타카보다 힘이 세기 때문에 철재, 콘크리트 벽에도 시공이 가능하므로 안전사고에 더욱 주의해야 합니다. 오발방지를 위한 안전장치가 있는 것을 선택하는 것이 좋습니다.

타카를 사용하는 수업의 안전수칙과 팁

1. 자재의 특성에 맞게 핸드 타카, 에어 타카를 선택하여 사용합니다. 에어 타카는 힘이 센 만큼 안전상의 주의가 요구됩니다.

2. 자재의 특성에 따라 타카가 박히는 강도를 조절하여 사용합니다.

3. 발사되는 부분이 사람을 향하지 않도록 하고, 사용하지 않을 때는 손잡이가 눌리지 않도록 안전장치를 해두어야 합니다.

5) 다양한 측정 도구

목재를 활용하여 다양한 결과물을 만들어내기 위해서는 목재를 원하는 크기대로 측정하고 가공하는 과정이 꼭 필요합니다. 이때 사용하는 측정 도구에는 단위별 눈금이 새겨져 있는데 보통 여러 면에 새겨져 있는 경우가 많기 때문에 정확한 측정을 위해서 눈금을 읽는 방법을 학습할 필요가 있습니다. 또한 자신의 생각대로 정확한 모양을 만들기 위해서는 측정한 위치를 칼 등으로 표시하는 것이 중요하다는 것을 알려줘야 합니다. 활용되는 측정 도구 대부분이 철제로 되어 있기 때문에 끝이 날카로운 경우가 많습니다. 따라서 작업 시 장갑을 껴야 하고 장난으로 측정 도구를 휘두르거나 사용 시 긁히지 않도록 주의해야 한다는 점을 미리 안내합니다.

	이름	특징	가격(원)
	쇠 자	길이를 재거나 칼 선을 만들기 위해 금을 긋는 등 다양한 곳에 활용됩니다. 연마를 방지하기 위해 플라스틱보다는 쇠로 된 것을 사용하는 것이 일반적입니다. 용도에 맞게 다양한 길이를 구비하면 좋습니다.	50cm : 5,000~ 10,000 1m: 10,000~ 20,000
	연귀자	자의 한쪽 끝은 45도로, 다른 끝은 90도로 되어 있어 각도에 맞추어 선을 긋거나 각도를 확인할 때 사용합니다. 연귀자를 활용해 금을 그어 자를 부분을 표시하거나 칼 선을 넣어 길을 낸 후 톱질을 하면 보다 편리합니다.	10,000~ 20,000

	마킹 나이프	톱으로 자르기 전 정확한 가공을 위해 칼선이나 가이드를 만드는 데 사용되는 도구입니다. 직각자나 연귀자를 대고 마킹 나이프를 이용하여 선을 긋습니다. 사용하다 무뎌질 경우 연마 작업이 필요합니다.	7,000~ 10,000
	버니어 캘리퍼스	일반적인 자로 측정이 어렵거나 정확한 길이와 지름의 측정이 필요할 때 사용하는 공구로 바깥쪽, 안쪽, 깊이, 높이 차이 등을 측정할 수 있습니다. 디지털식과 아날로그식이 있으며 디지털식은 0.01mm까지 측정이 가능하여 세밀한 작업에 도움이 됩니다. 어미자와 아들자라 불리는 2개의 자로 구성되어 있으며, 아들자를 벌려서 측정하고자 하는 두께 부분에 댄 후 어미자와 아들자의 눈금을 읽어 측정합니다. 어미자와 아들자의 눈금이 일직선이 되는 위치를 파악한 후, 눈금을 읽습니다. 예를 들어서 어미자의 눈금이 16.00mm이고 아들자의 눈금이 0.15mm라면 측정값은 이를 더한 16.15mm가 됩니다.	아날로그 : 5,000~ 30,000 디지털 : 10,000~ 70,000

측정 도구를 사용하는 수업의 안전수칙과 팁

1. 목재에 선 긋기를 할 때 간단한 작업은 펜으로 표시하고, 연귀자를 이용하여 홈을 낼 때는 손을 다칠 수 있으므로 교사의 감독하에 사용합니다.

2. 목장갑을 착용하며 절단의 위험이 있는 경우 절단 방지 장갑을 착용합니다.

3. 도구의 진행 방향에 신체가 있지 않도록 각별히 주의합니다.

4. 다양한 면에 새겨져 있는 측정 도구의 눈금을 정확히 읽을 수 있도록, 사전에 눈금 읽는 법과 측정 단위에 대해 교육합니다.

2. 목공 관련 공구

목공 관련 공구는 매우 많으므로 다방면으로 활용될 수 있는 공구를 중심으로 구입하는 것이 좋습니다. 그리고 전동공구를 구입할 때 산업용이 아닌 취미용, 교육용으로 개발된 것을 선택하는 것이 좋습니다. 산업용은 세기나 강도가 강력하여 보다 높은 안전상의 주의가 요구되고 다칠 확률이 높기 때문입니다. 공구를 사용하기 전에는 반드시 사용법과 주의사항에 대해서 충분히 시연, 설명하고 학생이 사용법을 탐색하는 시간을 충분히 갖도록 합니다. 적어도 2차시 이상의 시간을 확보하여 교사의 임장지도 아래 전동공구 보관 방법 및 사용 위치, 사용할 때 주의사항 등을 교육하고, 나아가 내용을 정리해 게시해놓는 것이 좋습니다.

	이름	특징	가격(원)
	유니멧	다양한 형태로 변경 가능한 공구로 한 대를 여러 기능으로 변형하여 사용할 수 있습니다(톱, 샌딩, 드릴, 선반 등). 스카시 톱은 목재와 금속은 잘리지만 손은 가져다 대도 잘리지 않아 안전성이 높습니다.	1,200,000 ~
	로터리 툴	다용도 조각기이자 만능 툴이라고 불리는 로터리 툴은 앞부분을 교체하여 구멍 뚫기, 목재 다듬기, 그리기 등 다양한 작업에 활용할 수 있습니다. 날을 연결하여 컷팅 작업도 할 수 있으나 사용에 각별한 주의가 필요합니다. 앞부분 도구 중 위험한 것은 별도로 보관해야 합니다.	120,000 ~200,000
	드릴 프레스	탁상에 작업물을 올리고 고정시킨 뒤 수직으로 구멍을 뚫는 공구입니다. 깊이 조절 레버가 있어 일정한 깊이로 구멍을 뚫을 때 편리합니다. 경첩을 박을 때 많이 사용됩니다.	600,000 ~

	전동 드라 이버	나사를 박거나 뺄 때 사용하는 도구입니다. 재료의 강도에 맞춰 회전력과 속도를 조절 할 수 있습니다. 속도는 1분 최대 회전수인 rpm을 조절하여 사용하고, 스위치로 회전 방향을 조절하여 나사를 박고 뺄 때 모두 사용할 수 있습니다. 스크루 드라이버로는 풀거나 조일 수 없는 고장력의 볼트나 나사 를 사용할 경우에는 임팩트 드라이버를 사 용합니다.	30,000 ~
	샌더	목재를 부분적으로 갈아내거나 표면을 매끄 럽게 만들 때 사용하는 도구로, 앞쪽에 사 포면을 붙여 사용합니다. 사포를 사용하여 수작업으로 할 수도 있지만 샌더를 사용하 면 더욱 효율적인 작업이 가능합니다. 샌더 는 페인트칠을 벗기거나 녹을 제거할 때도 사용합니다. 사용 시 많은 분진이 발생하기 때문에 집진 주머니가 달린 샌더를 구입하는 것이 좋으 며 환기가 잘 되고 집진기가 설치된 공간에 서 사용하여야 합니다.	80,000 ~
	테이블 쏘	책상 중앙에 톱날이 올라와 있는 형태로, 나무를 손으로 밀어 자를 수 있는 공구입니 다. 주로 긴 목재를 절단하는 데 사용하는 공구인데, 날을 올리거나 내려 목재의 두께 에 맞춰 자를 수 있습니다. 톱날에 의해 부 상당하지 않도록 안전장치가 있는 것을 구 입하는 것이 좋습니다. 또한 목재를 자를 때 분진이 발생하므로 집진 기능이 있는 것 을 선택하면 좋습니다.	300,000 ~
	레이저 커팅기	테이블 쏘나 실톱이 직접 나무를 자르는 공 구라면 레이저 커팅기는 프로그램을 활용해 도안을 제작하여 자르는 공구입니다. 하지 만 이는 3D 프린터처럼 입체적인 결과물을 만들 수는 없어서 입체적인 작품을 만들려 면 평면을 여러 가지 형태로 가공한 후 직 접 조립하여 입체로 만들어야 합니다.	2,000,000 ~

목공 관련 공구를 사용하는 수업의 안전수칙과 팁

1. 샌더, 테이블 쏘 등은 사용할 때 분진, 냄새, 연기가 발생합니다. 따라서 환기가 잘 되는 장소에서 사용해야 합니다.

2. 목공용 전동공구는 학생 혼자서는 절대 사용하지 못하도록 합니다. 공구 주변에는 사용법, 안전수칙과 함께 사용할 때 필요한 안전장치도 함께 게시하여둡니다. 예를 들어 테이블 쏘 곁에는 보안경, 앞치마, 절단 방지 장갑의 이미지를 게시합니다.

3. 목공용 전동공구를 작동하는 중에는 작업 공간에 절대 신체가 들어가지 않아야 합니다. 특히 작업 방향에 신체가 위치하지 않도록 주의합니다.

4. 목공공구 활용 시 작업용 장갑과 보안경을 반드시 착용합니다.

5. 전동공구를 사용할 때는 학생들 사이의 간격을 평소보다 넓히는 것이 좋습니다.

6. 전동공구는 사용 후에 반드시 콘센트를 뽑아 보관합니다.

3. 집진장치

메이커 스페이스에 설치할 이동식 집진기로는 저렴한 40,000원대의 제품부터 200,000~700,000원대의 제품까지 괜찮습니다. 일반 진공청소기로 대량의 먼지를 흡입할 경

이동식 집진기 (저가형)

이동식 집진기 (고가형)

우 필터가 막히거나 모터가 손상될 수 있으므로 집진기를 사용하는 것이 적절합니다. 저가형 집진기는 가정용 진공청소기와 연결하여 사용하는 방식으로 공기 속의 먼지나 금속 물질을 모을 수 있습니다. 한편 고가형은 진공청소기와 연결하지 않고 사용할 수 있으며, 소음이 크지 않고 바퀴가 달려 있어 이동이 용이합니다.

4. 레이저 커팅기

레이저 커팅기는 레이저로 재료를 자르거나 각인하는 공구입니다. 도안을 제작하여 프린트하는 방식으로 많은 도안이 오픈소스로 공개되어 있습니다(핀터레스트(www.pinterest.co.kr), 싱기버스(www.thingivers.com) 등). 학생은 처음부터 도안을 제작하기보다 오픈소스를 활용하여 자신의 필요에 맞게 변형하여 사용하는 것이 좋습니다. 일반적인 레이저 커팅기는 목재, 종이, 판지와 같은 재료를 자를 수 있고, 강력한 레이저 커팅기는 금속 재료까지 자를 수 있습니다.

1) 레이저 커팅기 안전수칙 및 수업 활용 팁

- 레이저 커팅기 사용 시 커팅을 시작할 위치와 출력물의 사이즈를 정한 뒤 레이저가 작동하는지 확인하는 과정을 거쳐야 합니다.
- 레이저 커팅기를 사용하기 전 먼저 레이저 튜브의 온도를 낮추기 위한 냉각장치에 충분한 물이 순환되는지 확인해야 합니다(냉각수 순환을 위해 5분 정도 대기).
- 레이저 커팅기의 작업이 시작되면 뚜껑을 닫아 분진이나 연기가 밖으

로 나오는 것을 막아야 합니다. 또한 집진기와 환풍 기구가 제대로 작동하는지 확인합니다.

– 레이저 커팅기를 사용하여 출력할 수 있는 재료인지 반드시 확인해야 합니다. 예를 들어 PVC 재질은 염산과 같은 가스가 나올 수 있어 출력하면 안 됩니다.

– 출력 후에는 연기가 빠져나가도록 30초 정도 뚜껑을 열고 기다린 후 출력물을 꺼내야 합니다.

– 커팅 설정 시 재료의 강도에 비해 파워를 너무 세게 하면 화재의 위험이 있으므로 적절하게 조정합니다.

2) 출력 과정

– 출력을 위해서는 벡터 방식의 이미지가 필요합니다. 레이저 커팅기에서 커팅 경로를 지정하려면 이미지가 좌표 기반의 것이어야 하기 때문이지요. 하지만 우리가 흔히 사용하는 이미지는 여러 픽셀의 집합으로 구현되는 픽셀 방식이므로 프로그램을 활용하여 벡터 방식의 이미지로 변환해야 합니다.

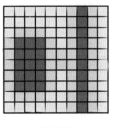
픽셀 방식

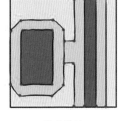
벡터 방식

– 벡터 그래픽을 지원하는 프로그램으로 제작하거나 다운받은 도안은 인쇄할 수 있습니다. 잉크스케이프(https://inkscape.org)는 오픈소스가 많이 제공되는 곳으로 무료로 사용할 수 있습니다

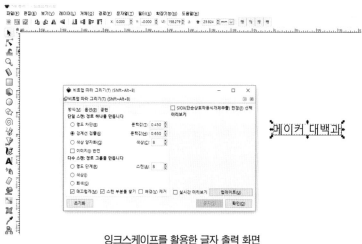

잉크스케이프를 활용한 글자 출력 화면

– 출력 프로그램에서 제작한 도안을 불러온 후 출력을 위한 다양한 값을
설정합니다. 일단 자르는 부분(cut)과 각인할 부분(sacn)을 설정합니다.
보통 색깔로 구분하므로 자르는 라인과 각인하는 범위를 다른 색을 이

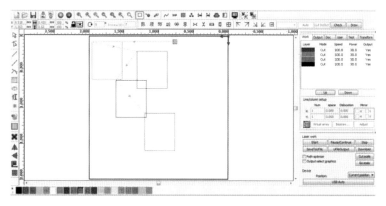

레이저 커터 출력 프로그램에서 자르는 부분과 각인할 부분을 설정하는 화면

용해 도면에 표시합니다. 자르는 속도를 다르게 하고 싶을 때도 색깔을 통해 설정할 수 있습니다. 그리고 시뮬레이션 버튼을 통해 레이저 커팅기로 어떻게 출력되는지 미리 확인할 수 있습니다.

– 레이저 커팅기로 파일을 보내 출력합니다. 출력 시에는 origin 키를 눌러 시작점을 새롭게 설정합니다. Frame 버튼을 눌러 현재 삽입한 도면의 작업 반경을 원점 값에서 체크하여 원하는 부분에 출력이 가능한지 확인합니다. 그리고 start 버튼으로 레이저 커팅 작업을 시작합니다.

3) 레이저 커팅기 활용 사례

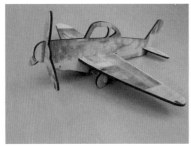

커팅을 통해 만든 비행기, 각인을 통해 만든 열쇠고리(출처: thunderlaser)

5. 그 외 전통적 메이킹 공구

1) 패브릭 활용 공구

패브릭을 활용한 아이디어 창작물 제작으로 손쉽게 메이커 활동을 경험할 수 있습니다. 메이킹 결과물을 생활제품으로 활용할 수 있어 메이커 문화 확산 및 실생활 연계에 효과적입니다. 최근에는 패브릭 메이커 랩이나 패션봉제 설비 공간 등 패브릭 활용을 주제로 한 메이커 스페이스와 관련 프로그램을 갖추는 곳이 늘고 있습니다.

	이름	특징	가격(원)
	컴퓨터 자수기	프로그램 내에서 자수를 제작하고 자동으로 출력하는 기계입니다. 고가이다보니 학교 내 설치는 어려우니 저가형 모델을 구입하거나 렌탈을 활용합니다(월 30만 원 정도). 혹은 지역 사회의 메이커 스페이스를 활용하는 방법도 있습니다.	7,000,000 ~
	재봉틀	재봉틀을 활용하여 의류, 다양한 액세서리를 만들 수 있습니다. 전도성 실을 활용하고 여러 피지컬 컴퓨팅 도구와 결합해 LED 팔찌 등을 만드는 활동도 계획할 수 있습니다.	100,000~

패브릭 공구 사용 시 안전수칙과 팁

1. 사용하지 않을 때는 항상 전원을 끕니다.
2. 실밥 먼지, 자투리 옷감이 재봉틀 주변에 쌓이지 않도록 사용 후에 부드러운 붓이나 천을 이용하여 청소합니다.
3. 재봉틀이 책상에 단단히 고정됐는지 확인하고 기울어지거나 평평하지 않은 장소에는 재봉틀을 설치하지 않습니다.
4. 재봉틀 사용 전 바늘이 휘어지거나 손상되지 않았는지 점검합니다.
5. 바늘이 움직이는 부분에 손이 닿지 않도록 주의하고 천천히 재봉질을 합니다.

2) 공작 도구

공작 활동을 위한 도구는 주로 재료를 붙이거나 원하는 모양으로 자르는 데 사용합니다. 여기서 제시하는 도구는 열을 활용하는 것이 많아서 사용 중에 손에 화상을 입는 경우가 적지 않습니다. 따라서 장갑을 끼고 사용하며 노즐 부분에 손을 대거나 다른 사람의 몸에 닿지 않도록 주의해야 합니다.

	이름	특징	가격(원)
	글루건	열에 잘 녹는 플라스틱을 200도 이상의 온도로 가열하여 녹인 후 물체를 접착할 때 사용하는 도구입니다. 글루건 앞쪽은 굉장히 뜨겁기 때문에 절대 만지지 않습니다. 저학년은 크기가 작은 글루건을 사용하는 것이 좋습니다. 폼보드, 스타일로폼, 우드록 등에 글루건을 사용하면 녹을 수 있으니 사용하지 않습니다.	5,000~
펜형 U자형	우드록 (열선) 커터기	펜형과 U자형으로 구분됩니다. 열선을 가열한 후 열을 이용해서 우드록을 자릅니다. 열선을 손으로 만지지 않도록 주의해야 하며 자를 때 냄새와 연기가 날 수 있으므로 환기가 잘 되는 공간에서 사용합니다.	15,000~
	인두기	납땜할 때 사용하는 도구로 납을 사용해 2개의 금속 표면을 이어 붙이는 도구입니다. 금속 제품을 만들거나 수리할 때 사용합니다. 글루건과 마찬가지로 앞이 매우 뜨거우므로 만지지 않도록 합니다.	20,000~

공작 도구 사용 시 안전수칙과 팁

1. 노즐 부분은 매우 뜨거우므로 절대 손을 대지 않습니다.

2. 콘센트에 도구를 연결할 때 다른 사람의 작업 반경과 겹치지 않도록 배열합니다. 긴 길이의 멀티탭을 활용해 사용자끼리 겹치지 않도록 하면 안전하고 작업도 편리합니다.

3) 페이퍼 크래프트를 위한 도구

	이름	특징	가격(원)
	종이	일반적인 A4 복사용지는 단단하지 않아 페이퍼 크래프트를 하기에 적합하지 않습니다. 작품에 맞게 다양한 두께의 종이를 선택하되, 도안을 인쇄해야 한다면 학교 내에 비치된 프린터로 인쇄가 가능한지 확인한 후 주문합니다.	100장 단위로 5,000~
	아트 커터	가위나 커터 칼을 이용할 수도 있지만 세밀한 표현이 필요한 경우에는 아트커터를 사용하는 것이 좋습니다. 칼날이 무뎌질 경우 칼날을 교체할 수 있는 제품으로 구입합니다.	5,000~ 10,000
	목공풀	종이를 붙일 때는 주로 목공풀을 사용합니다. 목공풀은 양쪽의 풀이 나오는 부분이 하나는 좁고 하나는 넓으니 접착 면의 크기에 따라 어느 쪽을 사용할지 정합니다. 목공풀보다 강한 접착력을 요구하는 작품이라면 강력접착제를 사용합니다.	500~

페이퍼 크래프트 활용 수업의 안전수칙과 팁

1. 강력접착제를 사용할 때 접착제용 주사기를 사용하며 세밀한 부분까지도 붙일 수 있습니다.

2. 강력접착제가 손에 묻으면 화상을 입을 수도 있으니 유의하여 작업하도록 안내합니다.

3. 아트커터를 사용할 때 손을 다치지 않도록 주의하고, 밑에는 고무판이나 유리를 깔아 책상에 흠집이 나지 않도록 합니다.

디지털 메이킹 관련
도구와 장비

1. 노트북, 태블릿 PC

노트북, 태블릿 PC는 뒤에서 안내될 피지컬 컴퓨팅 도구를 활용한 코딩 뿐만 아니라 영상이나 사진 촬영 및 편집 등에도 사용할 수 있는 도구입니다. 학습의 주체인 요즘 학생들은 스마트폰으로 대표되는 모바일 도구를 다루는 역량은 뛰어나지만, 의외로 노트북이나 태블릿 PC는 어려워하는 경우가 많습니다. 따라서 기본적인 인터페이스와 사용법, 주의사항에 대한 설명을 충분히 해주고 탐색하는 시간을 갖도록 합니다. 또한 기기의 사양에 맞고 학생들이 직관적으로 사용할 수 있는 쉬운 조작법을 가진 프로그램을 활용하는 것이 좋습니다. 메이킹 활동에 사용하는 것 이외에 유튜브나 게임 등의 다른 애플리케이션을 사용하는 학생이 있을 수 있으므로 학급 단위에서 활용하지 않는 애플리케이션은 꺼두고 교사의 설명 및 시연을 잘 듣기로 약속을 정하는 것이 중요합니다.

1) 태블릿 PC 소개

	모델명	특징	가격(원)
10.1	갤럭시 탭A10.1 (2019년 5월 출시)	운영체제 : 안드로이드/화면크기 : 10.1인치 램 : 3GB/저장용량 : 내장 32GB 태블릿 통신 : LTE+ WIFI 지원 카메라 : 후면 800만, 전면 500만 화소 전용 펜, 전용 키보드 별도 구매 사용시간 최대 13시간/무게 470g 안드로이드 기반 태블릿으로 PC와의 연동을 통해 다양한 환경에서 탄력적인 작업을 지원합니다. 안드로이드 기반이므로 PC 프로그램을 사용하는 데는 제약이 있을 수 있으나 무게가 가볍고 가격이 저렴합니다.	250,000~
	갤럭시 북 플렉스 알파 13인치 (2020년 6월 출시)	갤럭시 북 플랙스 알파 13인치 NT750QCR-A38A) CPU: 코어 i5-10216U (i5 10세대, 코멧레이크) 운영체제 : 윈도 10 Home 추가 시 15만 원 내외 추가 화면크기 : 13인치/램 : 16GB SSD: 256GB/카메라: 720p HD 카메라, 터치스크린, QLED 디스플레이, 블루투스 5.0 지원 배터리:54Wh, 무게 1.19kg 윈도 기반 태블릿으로 일반 컴퓨터와 유사하며, 터치와 펜 입력이 되는 노트북이라고 볼 수 있습니다. 컴퓨터와 같은 환경으로 포토샵, 기타 PC 프로그램 모두 사용이 가능합니다. 사용 시간 또한 대용량 배터리를 사용해 18.5시간 내외여서 충전만 해놓으면 활동이 원활합니다. 다만 무게가 일반 안드로이드 기반 태블릿에 비해 무겁고 가격이 비싸다는 단점이 있습니다.	150만 원 내외
		CPU: 인텔 펜티엄 골드 4425Y 운영체제(OS): 윈도 10 Home 화면 크기: 10.5인치/램: 8GB 또는 4GB 배터리 사용 시간: 최대 10시간 - 타이핑 커버(15만 원 내외) - 서피스펜 (12만 원 내외),	

마이크로소프트 서피스 고2 64GB wifi (2020년 7월 출시)	- 서피스 마우스(5만 원 내외) 무게: 544g 윈도 OS를 사용하는 마이크로소프트의 보급형 태블릿입니다(LTE 버전도 있음). 굉장히 가벼운 무게로 휴대성에 중점을 둔 제품입니다. 노트북 성능을 기대할 순 없지만, 윈도 OS를 활용하니 문서 작성 등에 효과적입니다. 오피스 제품을 따로 사용해야 하나 교육청에서 무료로 지원해주기 때문에 등록하여 교육용 오피스를 사용하면 됩니다.	70만 원 - (본체55 + 키보드 커버 15 패키지 기준)
 ASUS 크롬북 플립 C214	CPU : 셀러론N-4000 운영체제 : 구글 크롬 OS/ 메모리 : 4GB 저장공간 : 64GB / 배터리 : 최대 12시간 무게 : 1.29kg 일반 노트북과 외형, 기능이 유사하지만 크롬 OS 전용 컴퓨터로 플래시 타입 메모리, 하드디스크가 없어 발열이 적습니다. 구글 교육 클라우드(G-suite for Education)에 최적화된 기기로 학교 계정으로 앱 설치, 통제 등의 관리자 기능을 활용하여 크롬북을 동시에 컨트롤 할 수 있고, 구글 플레이 앱을 사용할 수 있어 연동성이 좋습니다. 또, 360도 회전이 가능하고 터치 스크린과 스타일러스 펜을 지원하여 다양한 형태의 수업이 가능합니다. 다만 윈도와 같은 타사플랫폼을 사용할 수 없고, 학교 계정을 구축해야 큰 시너지를 볼 수 있다는 단점이 있습니다.	60만 원 내외

태블릿 PC 활용 수업의 안전수칙과 팁

1. 피지컬 컴퓨팅 도구 등 다른 도구와 연결하여 사용할 때 과부하가 걸리지 않도록 전원의 출력 전압을 확인하고 연결합니다.

2. 영상이나 사진 편집을 위해 컴퓨터 사양에 맞는 무료 애플리케이션이나 프로그램을 사용하려면 터치 등 쉬운 조작을 통해 작업할 수 있는 프로그램

(QUIK, VLLO, Video Cropper, Kinemaster 등)을 선택하는 것이 좋습니다.

3. 스마트 교실을 구축하여 그곳에서만 사용하면 기기의 보관 및 관리 측면에서 좋습니다. 기기를 자주 이동하면 유실되거나 파손될 가능성이 높아집니다.

4. 사용 전 학생들에게 기기를 소중히 다루겠다는 서약서를 쓰게 하거나 기기에 번호를 부착해 정해진 기기만 사용하도록 하면 책임감을 가지고 기기를 다루는 효과를 얻을 수 있습니다.

5. 충전 USB가 망가지는 일이 잦으므로 여분의 USB 선을 구매해둡니다.

6. 충전함을 구입하여 동시에 여러 기기의 충전을 가능하게 함으로써 관리를 용이하게 합니다. 충전함의 열쇠는 담당교사가 보관하며 평소에는 잠가둡니다.

7. 애플리케이션을 설치하여 활동을 진행해야 할 경우 저학년은 교사가 사전에 설치해두는 편이 좋습니다.

2) 갤럭시 북2를 활용한 교육

– 메이커 페어에 출품할 작품 만들기

학생은 메이커 페어까지 1차로 만든 프로토타입을 끊임없이 개선하는 과정을 거칩니다. 학교 여건상 매번 컴퓨터실을 이용할 수 없는 상황에서도 갤럭시 북2를 활용하면 메이커 활동을 계속할 수 있습니다.

특히 메이커 페어에서는 교실이나 특별실 등의 공간을 오픈된 형태로 꾸며놓고, 보통 4모둠 이상의 작품을 체험할 수 있도록 구성합니다. 따라서 여러 작품을 학생들이 쉽게 체험할 수 있도록 갤럭시 북을 연결하는 것이 효과적입니다. 갤럭시 탭은 코딩 작업은 원활하게 할 수 있으나 갤럭시 북과 다르게 메이키 메이키 등의 피지컬 컴퓨팅 도구와의 호환이 어렵다는 단점이 있습니다. 갤럭시 북은 usb를 바로 꽂을 수 없기 때문에 C케이블

갤럭시 북2를 이용한 메이킹 활동

과 연결 가능한 USB-C 타입 젠더나 허브를 준비해야 피지컬 컴퓨팅 도구와의 연결이 가능합니다.

2. 피지컬 컴퓨팅 도구

피지컬 컴퓨팅 도구는 센서 등을 사용하여 물리적 형태의 정보를 입력받아 이를 컴퓨터를 활용해 처리, 그 결과를 물리적 형태로 출력하는 과정을 통해 인간과 환경의 상호작용을 돕는 도구입니다. 피지컬 컴퓨팅 도구는 형태에 따라 로봇형, 모듈형, 보드형 등으로 분류할 수 있습니다.

로봇형은 움직임, 소리 등의 물리적 출력장치를 강화한 것으로 컴퓨터 프로그래밍을 통해 로봇을 제어하는 것이 특징입니다. 피지컬 컴퓨팅 도구는 기본적으로 코딩을 할 수 있어야 활용할 수 있기 때문에 교육용 프로그래밍 언어 중 블록으로 조립하는 형태인 스크래치, 엔트리 등을 활용하는 것이 좋습니다. 이때 기본적인 예제, 참고할 수 있는 코드 등을 교사와 함께 실행해보는 시간을 꼭 가져야 합니다. 또한 피지컬 센서들

과 연결하여 보다 확장된 기능을 구현할 수 있는데, 학생들의 수준을 고려하여 직관적으로 이해할 수 있는 빛 센서, 소리 센서, 모터 등부터 시작하는 것이 좋습니다.

1) 피지컬 컴퓨팅 도구 소개

	이름	특징	가격(원)
아두이노 스타터 입문 키트	아두이노 [보드형]	아두이노는 보드 형태의 피지컬 컴퓨팅 도구로 마이크로 컨트롤러가 쉽게 작동되도록 결합하는 역할을 합니다. 업로드가 쉽고 다양한 센서가 있으며 여러 회로도가 오픈 소스 형태로 많이 공개되어 있어 활용도가 높고 하드웨어 확장성이 더 큽니다.	30,000~
	라즈베리 파이 [보드형]	라즈베리 파이는 리눅스 기반의 운영체제를 가진 작은 형태의 컴퓨터입니다. 파이선을 기반으로 하기 때문에 소프트웨어 교육과 연계하여 활용할 수 있습니다. 센서와 도구를 결합하여 모듈화시켜 활용할 수 있습니다.	50,000~
	마이크로 비트 [보드형]	입력장치, 출력장치, 마이크로 컨트롤러가 포함되어 있고 별도의 회로 구성없이 교육용 프로그래밍 언어를 활용해 제어할 수 있는 센서 보드의 특징을 지니고 있습니다. 25개의 디스플레이가 내장되어 있어 코딩을 통해 앞부분에 이모티콘, 글씨 등을 표현할 수 있습니다. 여러 센서와 호환하여 사용할 수 있어서 지니어스 키트, iot 키트를 활용한 화분 센서 제작이 가능합니다.	30,000~
	메이키 메이키 [보드형]	전도성을 가진 물체와 컴퓨터를 손쉽게 연결할 수 있도록 구성된 보드 형태의 피지컬 컴퓨팅 도구입니다. 별도의 프로그램 설치 없이 이용 가능합니다.	20,000~

112

	네오봇 [로봇형]	완성형 로봇이 아닌 블록을 활용한 방식으로 로봇을 직접 만들고 다양한 창작이 가능하도록 구성되어 있습니다. 학교 현장에서 널리 활용하고 있는 엔트리와 호환되어 블록형 코딩을 통해 제어할 수 있습니다	100,000 ~

2) 피지컬 컴퓨팅 도구 안전수칙 및 수업 활용 팁

– 안전수칙

① 센서를 연결할 때 양극이 구분되어 있다면 +극과 −극을 구분하여 연결하고, 전선의 색깔이 정해져 있다면 확장보드 단자의 색깔을 일치시켜 연결합니다.

② 센서가 작동하지 않을 경우, 배터리의 출력 전압과 피지컬 컴퓨팅 도구와 연결된 센서의 전압이 일치하는지 확인합니다.

– 수업 활용 팁

① 학생들에게 피지컬 컴퓨팅 도구는 다소 생소할 수 있습니다. 그러므로 교사가 피지컬 컴퓨팅 도구의 기본 구성과 기능, 용도, 코딩 방법, 컴퓨터와 연결하는 방법 등을 친절하게 알려주어야 합니다. 이후 교사가 제시한 쉬운 과제를 학생들이 직접 코딩하도록 하는 등의 피지컬 컴퓨팅 도구에 친숙해지는 과정이 필요합니다.

② 마이크로비트 등 피지컬 컴퓨팅 도구를 활용하여 학생들이 원하는 기능을 구현하려면 프로그래밍(코딩)이 이루어져야 합니다. 하지만 학생

들이 처음부터 완벽하게 프로그래밍을 하기란 불가능합니다. 따라서 교사는 기본과 뼈대가 되는 코드를 제공하고 이를 창의적으로 재구성하는 리믹스 활동을 통해 메이킹 활동의 기초를 지원해야 합니다.

③ 팅커캐드(www.tinkercad.com)에서는 센서를 연결하기 전에 회로 구성과 동작 과정을 테스트해볼 수 있는 아두이노 시뮬레이터를 제공하며 블록, 텍스트 기반 코딩도 모두 지원합니다. 여러 센서를 실제로 연결하기 전에 시뮬레이션을 해보면 과전류 현상 등으로 인한 전자 부품의 고장을 예방할 수 있습니다.

3) 피지컬 컴퓨팅 도구 활용 교육

– 메이키 메이키를 이용하여 나만의 악기 만들기
피지컬 컴퓨팅 도구인 메이키 메이키를 활용하여 나만의 악기를 만들고 간단한 음악을 직접 연주해보는 활동입니다. 엔트리에서 코딩한 것을 메이키 메이키로 출력하여 곡을 연주할 수 있습니다.

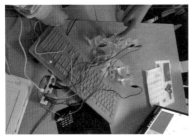

학생들이 제작한 악기들

- 마이크로비트를 활용하여 일상의 문제 해결하기

나와 우리 주변의 일상생활 속 문제를 발견하고 메이킹으로 문제를 해결하는 활동입니다. 학생들은 리믹스 활동을 통해 알고리즘을 설계하고 메이킹 단계에 따라 컴퓨팅 결과물을 제작해나갑니다.

마이크로비트를 활용한 최종 메이킹 작품 목록(①.타이머, ②.자동수분공급장치, ③.소음감지 알람기계, ④.⑤.알람시계, ⑥.온도감지 선풍기, ⑦.미세먼지 측정기, ⑧.모둠 발표 도우미 기계)

- 아두이노를 활용하여 무선 조종 자동차 만들기

아두이노를 활용하여 스마트폰으로 무선 조종이 가능한 자동차를 만드는 활동입니다. 아두이노가 신호를 받으면 동작할 수

아두이노 자동차의 작동 모습

있도록 코딩하고, 스마트폰의 블루투스 컨트롤러 앱을 활용하여 아두이노 자동차를 작동시킵니다.

3. 3D 프린터

3D 프린터는 3차원의 물체를 고온의 열이나 레이저를 통해 출력하는 장비입니다. 글루건과 비슷한데 출력 재료인 필라멘트를 녹인 후 아래부터 한 층씩 층층이 쌓아나가는 방식입니다. 3D 프린터를 활용하면 기존 절삭가공 방식으로는 생산하기 어려운 제품도 생산할 수 있습니다. 현재 산업 현장에서도 많이 활용되고 있기 때문에 진로와 연계하여 교육하는 것도 좋습니다.

3D 프린터는 작동 방식에 따라 여러 가지로 분류할 수 있으나 학교에서는 가격이 저렴하고 활용도가 높은 FDM 방식을 많이 활용합니다. FDM 방식은 3D 프린터의 재료인 필라멘트를 녹여 아래부터 층층이 쌓아나가는 방식입니다. 이 외에 레이저를 쏘아 필요한 부분만 고체화시키는 방식의 3D 프린터도 있으나 고가여서 학교 현장에서 활용하기는 어렵습니다.

또한 3D 프린터는 밀폐형과 오픈형으로 나눌 수 있습니다. 밀폐형은 사방이 밀폐된 프린터 공간 내부에서 출력이 진행되어 밖으로 소음이 크게 들리지 않고 출력 중에 내부 온도가 유지되어 제품의 뒤틀림이 적다는 장점이 있습니다.

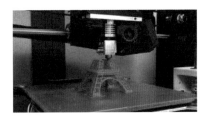

3D 프린터 출력 모습

하지만 오픈형에 비해 가격이 비싸다는 것은 단점입니다.

중고가의 3D 프린터는 오토레벨링 기능이 가능한데, 오토레벨링이란 3D 프린터가 노즐과 출력물이 적층되는 베드 사이의 간격, 수평 등을 자동으로 맞춰주는 것입니다. 이는 출력물의 품질을 결정하는 중요한 기능입니다.

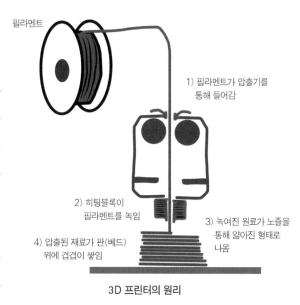

필라멘트

1) 필라멘트가 압출기를 통해 들어감

2) 히팅블록이 필라멘트를 녹임

3) 녹여진 원료가 노즐을 통해 얇아진 형태로 나옴

4) 압출된 재료가 판(베드) 위에 겹겹이 쌓임

3D 프린터의 원리

3D 프린터에 사용하는 필라멘트 역시 여러 종류가 있지만, PLA라는 옥수수 전분에서 추출한 원료로 만든 생분해 수지를 가장 많이 사용합니다. 가공성이 뛰어나고 균열, 수축 현상이 적어 안정적인 프린팅이 가능합니다. 적정온도는 190~220도 정도로 저온에서 압출되기 때문에 베드를 가열할 필요가 없습니다. 다음으로 많이 사용되는 필라멘트는 ABS 수지입니다. 흔히 보는 플라스틱 제품의 소재로 PLA 수지에 비해 후가공이 쉽고 내열성이 좋으며 가격이 저렴하지만, 수축이 심해서 출력 시 히팅베드가 있는 제품을 사용하여야 하고 냄새가 발생한다는 것은 단점입니다.

1) 3D 프린터 소개

모델명	니즈 손도리 Pico	신도리코 3DWOX DP200	Cubicon Single Plus
가격	100,000원	1,900,000원	3,520,000원
특징	 오픈형 조립식 프린터 - 밀폐형보다 가격이 저렴하나, 소음이 발생할 수 있고 외부 환경의 영향으로 결과물이 뒤틀릴 수 있다.	 밀폐형 프린터 - 오픈형에 비해 비싸지만 소음이 적고 냄새가 계속 배출되지 않으며 결과물이 뒤틀리지 않는다.	 밀폐형 프린터 - 오픈형에 비해 비싸지만 소음이 적고 냄새가 계속 배출되지 않으며 결과물이 뒤틀리지 않는다.
	PLA 수지 사용가능	PLA, ABS 수지 사용가능	PLA, ABS, TPU 수지 사용가능
	- 프린터의 크기가 작기 때문에 출력물의 크기도 작다(최대 100×100×100mm). - 조립 시 수직, 수평을 잘 맞추어야 한다. - 저가이고, 크기가 작기 때문에 학급 내에 메이커 스페이스를 구축하려는 경우에 적당하다.	- 오토레벨링과 Wifi 연결이 가능하고, 유지보수가 편리하다. - 전용 슬라이싱 SW 사용이 필요하며, 나라장터에 등록되어 있다.	- 오토레벨링이 가능하고, 노즐 키트 부분만 교체하여 사용할 수 있다. - 에어필터 장착으로 분진, 가스, 냄새를 차단할 수 있으며, 나라장터에 등록되어 있다.

2) 3D 프린터 안전수칙 및 수업 활용 팁

– 안전수칙

① 3D 프린터가 출력을 진행하고 있을 때, 구동부에는 절대 손을 대면 안 됩니다. 3D 프린터는 필라멘트를 고온의 열로 녹여 출력을 진행하기 때문에 화상의 위험이 있습니다.

② 필라멘트를 녹일 때 발생하는 증기와 가스를 배출할 수 있도록 환기 시설이 있는 곳에서 사용하며 출력 후 반드시 한 번 더 환기합니다.

③ 3D 프린터 출력물을 후가공할 때 날카로운 도구를 사용한다면 안전 장갑을 꼭 끼고 주의하여 작업합니다.

④ 3D 프린터는 한 층 한 층 쌓아 출력하는 방식이므로 출력까지 오랜 시간이 걸립니다. 그런데 출력 중 노즐이나 전기가 과열되어 화재가 발생할 가능성이 있으므로 작업 상황을 지속적으로 관찰할 사람이 없다면 출력을 중지해야 합니다.

– 수업 활용 팁

① 처음에는 공개된 모델을 따라 만들고, 조금 익숙해진 다음에는 학생이 자유롭게 만들 수 있는 기회를 주는 것이 좋습니다. 교사가 중간중간 개입하여 도움을 제공한다면 학생의 흥미와 문제해결력을 더욱 향상시킬 수 있습니다. 예를 들어 내가 좋아하는 동물이나 상상의 동물 만들기, 살고 싶은 집 만들기 등은 적당한 주제입니다.

② 수업 전에 미리 모델링 프로그램, 슬라이싱 프로그램을 설치합니다.

③ 출력 중 이리저리 작품이 돌아다
   닌다면 베드를 다시 고정합니다.
④ 출력 시 바닥 면이 들뜬다면 바닥
   온도를 살짝 올립니다. 프린터 출
   력물을 출력 후에 오래 방치해두었
   다면 베드의 온도를 올려 떼어내기
   쉽게 만듭니다. 다만 이것은 히팅
   베드가 있는 제품만 가능합니다.

출력물의 서포터 제거 전과 후

⑤ 공중에 뜬 형상을 출력할 때는 출력 중 무너지지 않도록 서포터를 활
   용합니다. 서포터는 출력 후에 떼어내면 됩니다.
⑥ 필라멘트가 들어가는 속도에 비해 출력이 빠르게 진행된다면 군데군
   데 구멍이 난 채로 출력되므로, 출력 속도를 낮추어 다시 시도합니다.
⑦ 출력이 끝난 후 출력물을 떼어낼 때는 스크래퍼나 끌을 사용합니다.
⑧ 층층이 쌓는 것이다보니 출력물이 매끈하지 않을 수 있으므로 사포를
   사용해서 다듬는 후가공 과정을 거쳐야 합니다.

3) 3D 프린터 관련 프로그램

- 3D 프린터 모델링을 위해 사용하는 프로그램에는 여러 가지가 있으
  나 팅커캐드(Tinkercad)를 가장 많이 사용합니다. 팅커캐드의 장점은
  따라해볼 수 있는 학습 과정이 있고 별도의 프로그램을 설치하지 않아
  도 된다는 점, 다양한 사용자들이 올려놓은 모델링 결과물을 다운로드
  하여 활용할 수 있다는 점입니다. 하지만 3D 프린터 제품에 따라서 별

도의 프로그램을 갖춘 경우도
있으므로 사용하는 제품과 호
환 여부를 먼저 확인해야 합니
다. 작품을 모두 만들었거나 골
랐다면 STL 파일을 다운받습
니다.

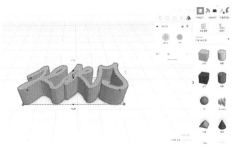

3D 프린팅을 위한 모델링 프로그램인 팅커캐드 화면

– 모델링 이후 3D 프린터로 출
력하려면 슬라이싱 단계를 거쳐야 합니다. 슬라이싱 프로그램은 층층
이 쌓아 올리는 3D 프린터가 인식할 수 있도록 작품을 여러 개의 얇
은 층으로 썰어주는 것입니다.
이때 보편적으로 많이 사용되는
프로그램이 큐라(CURA)입니
다. 슬라이싱 프로그램을 활용
하여 재료의 크기와 높이, 내부
채움 여부, 프린팅 속도 등의 변
수를 입력합니다. 출력 설정을
마치면 사용될 필라멘트의 양,
예상 무게, 출력 시간 등이 표시
됩니다.

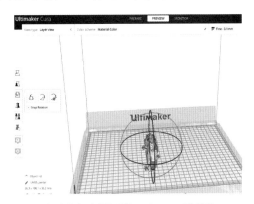

슬라이싱 과정을 위한 큐라 프로그램 화면

슬라이싱 프로그램을 통해 STL 파일을 3D 프린터가 인식할 수 있
는 형태인 G Code로 변환합니다. G Code로 저장하기를 눌렀다면
3D 프린터에서 출력할 수 있습니다. 출력 재료인 필라멘트를 3D 프

린터의 노즐에 연결하고 필라
멘트가 노즐로 계속 밀려 들어
갈 수 있도록 롤러를 고정시킵
니다. 필라멘트 연결 및 롤러
고정법은 3D 프린터 제품에
따라 다르므로 정확한 내용은
사용설명서를 참고합니다.

3D 프린터의 출력 중 화면

　작업한 G Code 파일을 선택한 다음 출력을 눌러주면 출력이 진행
됩니다. 출력 시간은 가로, 세로, 높이가 약 20cm인 안이 빈 작품이
24시간 정도 걸립니다.

– 출력 후에는 후가공 과정을 진행합니다. 후가공 과정의 첫 번째는 이
　물질 제거로 바닥 지지대나 서포터가 함께 출력된 경우 커터 칼, 니퍼
　등으로 잘라냅니다. 이후 사포질로 표면을 매끄럽게 합니다. 사포는
　숫자가 클수록 표면이 고운 사포이므로, 작은 숫자가 적힌 사포로 시

3D 프린터 출력물을 후가공하는 모습

작해 큰 숫자의 사포로 마무리하는 것이 좋습니다. 보통은 종이사포를 많이 사용하며 좁은 면적인 경우에는 다이아몬드 줄, 여러 작품의 가공이 필요한 경우에는 핸드피스를 사용합니다.

4) 3D 프린터 활용 교육

3D 프린터는 다양한 교과에서 활용할 수 있습니다. 특히 산출물을 만들어내는 차시가 있는 다양한 교과와 융합하여 활용하는 것이 좋습니다.

– 3D 프린터로 나만의 집 설계하기

3D 모델링을 통해 살고 싶은 집을 설계하고 3D 프린터를 활용해 출력하는 활동입니다.

– 생활 소품 디자인하기

생활 속에 적용된 발명과 문제해결 사례를 통해 발명에 대해 이해하고 일상생활에서 느낀 불편함, 개선 가능성을 탐구하여 창의적인 제품의 프로토타입을 제작하는 활동입니다.

3D 프린터로 출력한 마스크 지지대

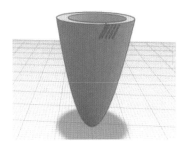

– 유물 복원하기

사회과와 융합하여 진행할 수 있는 활동으로, 시기별 유물, 유적을 통해 역사적 사실을 정리하고 3D 모델링으로 유물을 직접 만듭니다.

빗살무늬토기의 3D 모델링

5) 3D 스캐너

3D 스캐너는 사물의 형상을 3D 데이터로 변환하여 스캔하는, 즉 사물의 3D 데이터 획득을 위한 장비입니다. 인물을 스캔하여 피규어를 제작하거나 기본 3D 데이터를 활용하여 재설계할 수 있습니다. 갤럭시 노트를 비롯한 여러 스마트폰의 앱을 통해 3D 모델링이 가능하기 때문에 정교한 작업이 아닐 경우 앱을 활용할 수도 있습니다.

3D 스캐너

4. 3D 펜

3D 프린터와 흡사하나 전동장치 등의 보드를 제거하고 노즐과 모터만으로 작동하는 펜입니다. 별도의 PC나 프로그램 없이 사용자가 펜을 쥐고 바닥에 그려 결과물을 완성합니다. 3D 펜은 3D 프린터와 마찬가지로 필라멘트를 재료로 사용합니다. 3D 프린터에 비해 사용이 편리하고 가격이 저렴합니다.

처음 접하는 학생이라면 종이 형태로 된 무료 도안을 다운받아 그 위에 3D 펜을 덧입히는 방식으로 보다 수월하게 사용법을 익힐 수 있습니다. 다만 3D 프린터만큼의 정교한 작업은 어렵습니다. 3D 펜도 필라멘트를 녹이는 노즐 부분의 온도가 높으므로 화상을 입지 않도록 조심해서 사용해야 합니다. 그래서 활동을 시작하기 전에 노즐을 손으로 만지거나 노즐이 다른 사람의 신체에 닿지 않도록 해야 한다는 점, 반드시 장갑을 끼고 작업해야 한다는 점을 안내합니다. 최근 3D 펜을 활용하여 작품을 제작하는 유튜버의 인기가 높아지면서 자연스레 3D 펜에 대한 관심도 증가하고 있습니다.

1) 3D 펜 소개

모델명	JER 에듀케이션 RP800A	뉴 펜톡	da Vinci 3D Pen Cool
가격	40,000원(일반형)	90,000원	99,000원
특징	직경 1.75mm의 필라멘트를 사용하는데, 압출 속도를 조절할 수 있습니다. 친환경 수지 PLA와 합성 수지 ABS를 사용할 수 있습니다. 비교적 저렴한 가격대에 구입할 수 있습니다.	직경 1.75mm의 필라멘트를 사용하는데, 압출 속도를 조절할 수 있습니다. 3분 30초 동안 사용하지 않으면 절전모드로 바뀌기 때문에 안전합니다. 또한 보조배터리에 연결해서도 사용 가능합니다. 많은 콘센트를 사용하기 어려운 교실에서는 보조배터리 사용과 충전이 가능한 3D 펜을 사용하는 것이 좋습니다. PLA를 사용할 수 있습니다.	PLA 필라멘트는 녹는점이 40~70도 사이로 노즐 및 작업온도가 낮아서 화상의 위험 적은 것이 장점입니다. 또한 마이크로 USB로 충전이 가능합니다.

2) 3D 펜 안전수칙 및 수업 활용 팁

– 안전수칙

① 3D 펜의 펜촉은 200도에 이르는 높은 온도이므로 절대 손을 대지 않습니다. 3D 펜은 필라멘트를 고온의 열로 녹여 출력을 진행하기 때문에 화상의 위험이 있습니다.

② 3D 펜은 펜촉이 보이도록 연필을 사용하는 것처럼 잡고 사용합니다.

③ 고열로 재료를 녹이는 제품인 만큼 사용시간이 길어지면 모터에 무리가 갈 수 있습니다. 30분 정도 사용 후 10분 정도는 꼭 전원을 끄고 펜을 쉬도록 합니다.

④ 멀티탭을 사용하여 여러 개의 3D 펜을 연결하면 전압이 부족해지거나 화재의 위험도 있으므로 문어발식 연결은 지양해야 합니다.

⑤ 3D 펜 사용 후에는 펜촉을 깨끗이 닦아 보관해야 하는데, 이때 두꺼운 천 등을 사용하여 화상에 주의합니다.

– 수업 활용 팁

① 3D 펜에 익숙지 않다면 평면 도형을 먼저 만들어봅니다. 먼저 외곽선을 만든 후 안쪽을 채우도록 합니다. 도안을 코팅해서 주거나 도안 위에 OHP 필름을 깔고 연습합니다. 손을 움직이는 속도에 따라서 필라멘트의 굵기가 달라지므로 익숙해지도록 여러 번 선을 그어 연습합니다.

② 평면 도형을 만드는 것에 익숙해졌다면 평면 도형을 조립하여 입체로 만들거나, 입체 도안을 활용하여 입체 결과물을 만듭니다.

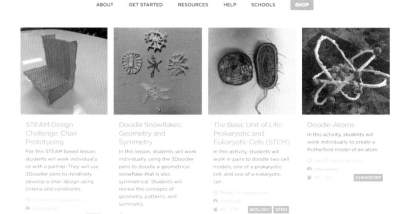

3D 펜 도안 사이트 3doodler

③ 3D 펜 재사용 시에 남아있던 필라멘트가 노즐을 막는 것을 방지하려면 3D 펜을 사용한 뒤 남은 필라멘트를 깨끗이 제거하고 보관해야 합니다.

④ 3D 펜을 교실에서 활용한다면 충전식이나 보조배터리의 사용이 가능한 휴대용을 구입합니다.

3) 3D 펜 활용 교육

– 미술 교과와 연계한 3D 펜으로 캐릭터 만들기

다양한 색깔의 필라멘트를 사용하여 평소 좋아하는 캐릭터를 만듭니다.

3D 펜으로 만든 캐릭터

– 실과, 미술 교과와 연계한 생활 소
품 만들기

3D 펜으로 크리스마스트리, 반
지 등 입체의 생활 소품을 만듭니
다.

3D 펜으로 만든 크리스마스트리

– 피지컬 컴퓨팅 도구와 연계한 상상의 도시 만들기

마이크로비트, 메이키 메이키 등의 도구와 연계한 상상의 도시 만들기
활동입니다. 도시의 외관을 3D 펜으로 작업하고 조도 센서 등을 활용하
여 어두워지면 불이 켜지는 등의 동작을 하도록 만들었습니다.

피지컬 컴퓨팅 도구와 3D 펜으로 만든 상상의 도시

5. 페이퍼 커터

컴퓨터로 그린 모양대로 종이를 잘라주는 장치입니다. 커터기 제조사에서 제공하는 프로그램을 사용하여 도면을 그려 출력합니다. 출력 소재별로 다양한 깊이의 칼날 중 선택하여 사용합니다. 밑에 까는 커팅 매트에는 종이가 움직이지 않도록 접착력이 있습니다.

1) 페이퍼 커터 안전수칙 및 수업 활용 팁

– 칼날 교체 시나 커팅 매트에서 출력물을 떼어내기 위해 날카로운 도구를 사용할 때 손을 다치지 않도록 주의합니다.

– 커팅 매트는 사용하지 않을 때는 보호용 필름을 붙여 보관해야 접착력이 오래 지속됩니다.

– 커팅 매트는 출력 시 함께 잘려 손상되는 경우가 많으므로 동일한 파일을 여러 개 출력할 때에는 위치를 조금씩 바꾸어 출력하는 것이 손상을 줄이는 방법입니다.

– 학생들이 스마트폰으로 찍은 사진도 프로그램의 외곽선 그리기 및 투사 기능을 활용하여 출력할 수 있습니다.

2) 출력 과정

– 출력할 이미지 파일은 외곽선이 뚜렷해야 출력 시 결과물이 좋습니다. 외곽선이 흐릿할 경우에는 프로그램에서 진하게 외곽선을 그릴 수 있습니다. 페이퍼 커터로 출력하기 전 일반 프린터로 인쇄하여 이미지 파일이 용지 내에 들어가는지를 먼저 확인하는 것이 좋습니다.

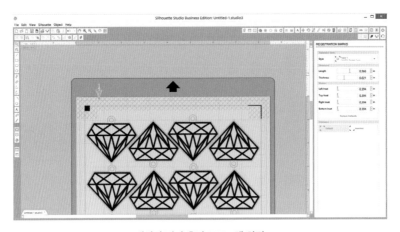

페이퍼 커터 출력 프로그램 화면

- 출력 전 출력하고자 하는 소재에 적합한 깊이의 칼날을 선택해 세팅합
  니다. A4 용지는 깊이 3 정도의 칼날을 사용하나 프린터 제조사별로
  조금씩 다르니 칼날을 바꾸어가며 조정할 것을 권장합니다. 출력 속도
  는 빠를수록 완성도가 떨어지므로 적절한 속도를 찾아 설정합니다.

- 출력을 위해 까는 커
  팅 매트에는 종이를 고
  정시키기 위한 접착력
  이 있습니다. 그래서
  출력 후 커팅 매트에서
  종이를 떼어낼 때 찢어
  지는 경우가 종종 있는
  데, 이때 스페츌라와

페이퍼 커터의 출력 모습

같은 도구를 사용하면 보다 쉽게 분리할 수 있습니다.

– 페이퍼 커터 제조사의 프로그램 중에는 3D 도형을 만들면 2D 이미지로 변환시켜 커팅해주는 것도 있습니다. 전개도를 공부할 때 유용하며, 건축물 만들기, 입체 도형 만들기 활동 등에 활용할 수 있습니다.

3) 페이퍼 커터 활용 교육

– 나만의 도시 디자인하기

3D 모델링 과정을 통해 출력한 전개도를 조립하여 나만의 도시를 구상하는 활동입니다.

– 카드 만들기

다양한 주제에 맞게 카드를 디자인하여 출력한 후 활용하는 활동입니다.

– 교실 이름 디자인하기

교실 이름이나 자신의 이름을 디자인하여 출력한 후 활용하는 활동입니다.

교실 이름 디자인 출력 결과물

6. 영상 콘텐츠 작업 도구

메이킹 활동 과정을 공유하여 다양한 아이디어를 바탕으로 결과물을 발전시키는 것은 메이커 교육에서 매우 중요한 과정입니다. 다양한 콘텐츠를 생산하여 전 세계적으로 공유하는 것은 개인의 아이디어를 실현시킬 수 있는 창작 활동으로 메이킹 활동의 일환이라 볼 수 있습니다. 영상 촬영 및 편집 활동은 크리에이터와 같은 진로 활동과 연계하여 진행할 수 있습니다.

1) 영상 콘텐츠 작업 도구 소개

	모델명	특징	가격(원)
	원핸드 짐벌	짐벌은 촬영 시 흔들림을 최소화하기 위해 사용되는 장치입니다. 브이로그라고 불리는 개인의 일상을 찍는 영상물을 촬영하는 데 많이 쓰입니다.	200,000~
	페이유 브이로그 포켓 스마트폰 3축 짐벌	스마트폰을 활용한 짐벌 카메라입니다. 3개의 축으로 구성되어 각각의 축을 중심으로 회전해 수평을 맞추어줍니다. 피사체가 움직이는 방향을 따라 자동으로 추적하는 페이스 트래킹 기능도 갖추고 있습니다.	85,000~
	고프로 히어로7 블랙	라이브 스트리밍 기능을 지원하며 액션캠의 특성상 역동적인 장면을 촬영하는 데 알맞습니다. 방수기능도 지원합니다.	400,000~

2) 영상 콘텐츠 작업 도구 안전수칙 및 수업 활용 팁

– 안전수칙

① 스마트폰용 원핸드 짐벌은 스마트폰의 크기를 확인하고 장착해야 합니다. 지나치게 큰 스마트폰을 끼울 경우 접합 부분이 부러지거나 모터의 움직임이 많아져 배터리가 금세 소모될 수 있습니다.

② 액션 캠, 카메라를 장착하는 원핸드 짐벌은 사용할 수 있는 카메라가 정해져 있기 때문에 호환 가능한 모델과 견딜 수 있는 무게를 따져봐야 합니다.

③ 짐벌이나 고프로를 사용하여 촬영할 때는 주변의 공간을 충분히 확보합니다. 특히 함부로 휘둘러서 다른 사람을 치지 않도록 합니다.

④ 고프로 애플리케이션을 스마트폰이나 태블릿 PC에 설치하면 촬영장면을 모니터링하면서 찍을 수 있고 손쉽게 조작할 수 있습니다.

– 수업 활용 팁

① 원핸드 짐벌은 교사와 함께 주변 사물이나 친구들의 모습을 찍는 미션을 통해 사용법을 익히는 것이 좋습니다.

② 원핸드 짐벌을 활용하면 특히 국어 시간의 공익광고 만들기나 연극 활동, 음악 시간의 음악극 만들기나 뮤직비디오 촬영 시 흔들리지 않고 피사체를 잡아주기 때문에 수준 높은 결과물을 만들 수 있습니다. 이때 자신의 촬영하고자 하는 인물, 대상을 미리 정하고 짐벌을 움직이도록 하는 것이 좋습니다.

③ 고프로는 크기가 작아서 흔들림이 심하기 때문에 학생들의 머리나 손목에 장착하거나 헬멧, 모자 등에 붙여서 사용하면 생동감 있는 영상을 얻을 수 있습니다. 체육 시간에 활동하는 모습을 찍거나 안전 관련 수업을 위해 실제로 체험하는 콘텐츠를 만들 때 활용할 수 있습니다.

메이커 교육의
수업 설계

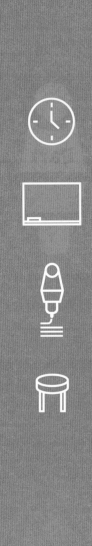

전통적 메이킹을
중심으로

메이킹에서 디지털 도구는 결과물의 수준을 높이고 제작을 편리하게 해 주는 장점이 있지만 꼭 사용해야 하는 것은 아닙니다. 메이킹 교육은 도구를 다루는 방법과 기술을 익히는 것이 아니라 학생이 스스로 문제를 도출하고 계획을 세워 일련의 메이킹 과정을 체험하는 데 그 목적이 있습니다. 학생들의 아이디어와 문제해결 방법이 중요한 것이지요. 전통적 메이킹에서는 일상생활에서 쉽게 접할 수 있는 재료들을 사용합니다.

1. 목공 수업
- 나만의 정리함 만들기

■ 수업의 개요
다양한 목공 도구를 사용하여 학생들 각자의 필요에 부합하는 창의적인 정리함을 만드는 것이 이 수업의 목적입니다. 먼저 정돈되지 않은 교실의 물품들을 살펴보며 정리함의 필요성에 공감하는 과정을 거칩니다. 또한 모두가 동일한 규격과 모양의 정리함을 사용할 때 겪는 불편함에 대하여 생각해보고, 각자의 필요와 정리할 물건의 종류 그리고 정리 방법에 따라 정리함의 형태가 달라져야 한다는 것을 발문을 통해 도출합니다. 학생들은 개인의 용도에 맞는 정리함을 구상하여 제작도를 그리는 활동, 목공 재료들을 직접 마름질하고 조립하는 활동을 통해 스스로 메이커가 되어봅니다. 또한 완성된 정리함을 교실에서 사용하며 정리정돈 습관을 생활화할 수 있습니다.

대상 학년	5학년		
주제	나만의 정리함 만들기		
관련 교과 및 차시	실과, 미술, 수학	총 차시 : 6차시	소요기간 : 약 1~2주
관련 교육과정 성취기준	실과	[6실02-06] 간단한 생활 소품을 창의적으로 제작하여 활용한다. [6실03-04] 쾌적한 생활공간 관리의 필요성을 환경과 관련지어 이해하고 올바른 관리 방법을 계획하여 실천한다. [6실05-04] 다양한 재료를 활용하여 창의적인 제품을 구상하고 제작한다.	
	미술	[6미02-02] 다양한 발상 방법으로 아이디어를 발전시킬 수 있다. [6미02-03] 다양한 자료를 활용하여 아이디어와 관련된 표현 내용을 구체화할 수 있다. [6미02-06] 작품 제작의 전체 과정에서 느낀 점, 알게 된 점 등을 서로 이야기할 수 있다.	
	수학	[6수02-05] 직육면체와 정육면체의 겨냥도와 전개도를 그릴 수 있다. [6수03-09] 직육면체와 정육면체의 겉넓이를 구하는 방법을 이해하고, 이를 구할 수 있다.	

	평가 기준	평가 방법
	사용 목적에 맞는 정리함의 구조를 구상하고, 나만의 정리함을 만들 수 있는가?	수행 평가, 산출물 평가
평가 기준 및 방법	안전하고 정확하게 정리함을 만들고, 제품 제작 과정에 즐겁게 참여할 수 있는가?	자기 평가
	내가 만든 정리함의 사용 목적과 이용 방법을 친구들에게 발표할 수 있는가?	관찰 평가

프로그램 학습 목표
○ 사용 목적에 맞는 정리함의 구조를 구상하고, 나만의 정리함을 만들 수 있다.
○ 안전하고 정확하게 정리함을 만들 수 있다.
○ 제품 제작 과정에 즐겁게 참여할 수 있다.
○ 내가 만든 정리함의 사용 목적과 이용 방법을 친구들에게 발표할 수 있다.

■ 수업 전 준비해야 할 것

① 목재

학교 실습용으로는 원목보다 가공재를 많이 사용합니다. 원목은 넓은 폭의 목재를 구하기 어렵고, 강도의 차이, 갈라짐, 비싼 가격이라는 단점과 한계를 가지고 있습니다. 이를 개선한 목재를 가공재라고 합니다. 학교에서 실습용으로 사용되는 가공재는 주로 합판, MDF(중밀도 섬유판), PB(파티클 보드)가 있습니다. 이들은 가공 시 접착제를 사용하므로 등급을 고려하여 구입하는 것이 좋습니다. 등급은 E2, E1, E0, SE0가 있으며 후자로 갈수록 유해성이 적은 목재입니다. 목재를 구입한 후에는 햇빛이나 비를 피하여 보관하고, 오래 보관해야 할 경우 가공재는 변형이 발생할 수 있으므로 끈으로 묶어 보관합니다.

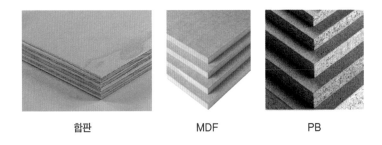

| 합판 | MDF | PB |

② 안전한 수업을 위한 준비

목공 수업을 시작하기 전 학생들의 복장 상태를 점검합니다. 활동에 필요한 경우 보안경, 절단 방지 장갑, 마스크, 앞치마 등을 반드시 착용합니다.

목공 활동에 사용되는 수공구 및 전동공구 중에는 학생이 다루기에 위험한 것이 많습니다. 따라서 수업 전에 유의 사항을 학생들이 숙지할 수 있도록 하고, 교사는 그 내용을 활동 내내 칠판이나 TV 등에 게시해 둡니다. 그리고 학생 혼자 사용하기 어려운 공구는 반드시 교사의 도움을 받아 사용하도록 합니다.

목재 가공 중 톱밥과 분진이 발생할 것이 예상된다면 집진기를 활용하거나 환기가 잘 되는 곳 또는 외부에서 활동합니다.

목공 활동 중에는 학생들이 서로 안전거리를 확보하여 공구를 사용할 수 있도록 합니다.

■ 학습의 흐름

디자인 씽킹 모형 단계	차시별 프로젝트 수업 내용
공감	■ 1차시 - 정리함 사용의 필요성을 알고, 다양한 정리함 구상하기
정의	〔활동1〕 정리함 사용의 필요성 알기 〔활동2〕 모두가 동일한 규격과 모양의 정리함을 사용할 때 겪는 불편함에 대해 생각해보고, 나만의 정리함을 만들어야 하는 이유 알기 〔활동3〕 사용 목적에 맞는 정리함을 만들기 위한 다양한 아이디어 브레인스토밍하기
구상	■ 2~3차시 - 사용 목적에 맞는 정리함을 구상하고 디자인하기 〔활동1〕 지난 시간에 브레인스토밍한 여러 가지 정리함의 모습 살펴보기 〔활동2〕 여러 가지 정리함 중 사용 목적에 맞는 한 가지를 선택하여 겨냥도, 전개도 그리기 〔활동3〕 실제 크기에 맞도록 정리함의 가로, 세로, 높이 등 수치 결정하여 기록하기
프로토타입	■ 4~5차시 - 자신이 구상한 정리함을 수치에 맞게 제작하기 〔활동1〕 필요한 목재의 수치 및 개수 확인하기 〔활동2〕 마름질하기 〔활동3〕 조립하기
평가	■ 6차시 - 작품 전시 및 발표하기 〔활동1〕 자신이 만든 정리함의 사용 목적과 이용 방법 등 발표하기 〔활동2〕 서로의 아이디어를 공유하고 평가하기 〔활동3〕 활동 소감 발표하기

1차시에는 정리함 사용의 필요성을 알고 다양한 정리함을 구상하는 활동을 진행합니다. 어떤 정리함을 만들지에 대해 학생이 직접 고민하도록 하고, 모두가 동일한 규격과 모양의 정리함을 사용할 때 겪는 불편함을 이해하고 각자의 필요와 목적에 맞는 정리함을 구상합니다. 이때 브레인

스토밍을 통하여 창의적인 아이디어를 발산하도록 합니다.

2~3차시에는 1차시에 도출한 아이디어를 바탕으로 사용 목적에 맞는 정리함을 구상하고 디자인해봅니다. 간단한 스케치로 여러 번의 수정을 거쳐 최종 형태를 결정합니다. 이때 교사는 사용 목적에 맞게 크기가 적절한지, 물건을 수납했을 때 무게를 충분히 견딜 수 있는지, 학생이 스스로 제작할 수 있는지 등 다양한 요소를 점검할 수 있도록 발문합니다. 겨냥도와 전개도가 완성됐다면 수치를 결정하여 기록하고 제작 전 과정을 마무리합니다.

4~5차시에는 자신이 구상한 정리함을 수치에 맞게 제작하는 활동을 합니다. 이때 교사가 사전에 제작해두었거나 지난 학기에 만든 결과물을 학생들에게 보여주며 작업 전 계획을 다시 점검하도록 하면 좋습니다. 이제 필요한 목재와 재료를 확인합니다. 학생이 직접 목재를 재단하고 다듬는 과정을 실행하기 어렵다고 판단된다면 교사가 사전에 가재단과 전동공구를 활용한 대패 작업을 해두는 방법도 괜찮습니다. 학생들이 공구 사용에 익숙하지 않다면 교사는 공구를 안전하게 사용하는 방법을 사용 전에 반드시 시범을 보여야 합니다.

6차시에는 학생들이 만든 정리함의 사용 목적과 이용 방법을 다른 학생들과 공유할 수 있도록 하고 이에 대해 평가하는 과정을 거칩니다. 다른 학생들과의 공유는 서로에게 또 다른 영감을 줄 수 있습니다. 메이킹 과정을 기록하고 공유하는 오픈 포트폴리오 활동은 메이커 교육에서 중요한 활동입니다.

목공 수업 시 주의점

1. (사전 준비사항) 적당한 크기로 재단된 목재를 구입하는 것이 편리합니다. 목재 구입 시 필요한 규격대로 재단된 목재를 인터넷에서 주문할 수 있습니다.

2. (2~3차시) 목공 초보 단계이거나 경사진 면이 있는 경우 현치도(실제 치수에 맞추어 종이에 그린 도면)를 그리는 것도 도움이 됩니다.

3. (4~5차시) 목공용 공구를 사용하기 전에는 각 도구의 안전 사용법을 충분히 안내해야 합니다. 목공 활동은 크게 측정하기, 고정하기, 자르기, 뚫기 · 파기, 다듬기의 과정을 거칩니다.

   - 측정하기 : 치수를 재고, 선을 긋는 단계입니다. 치수를 잴 때는 곱자나 연귀자를 활용하고, 목재에 선을 그을 때는 연필 또는 샤프를 사용합니다.

   - 고정하기 : 목재에 힘을 가하는 작업을 할 때는 밴드클램프나 바이스를 이용하여 목재를 단단히 고정한 후 작업을 진행합니다.

   - 자르기 : 직선이나 곡선 또는 사선으로 자르는 과정입니다. 직선으로 자를 때는 톱이나 지그소 등을 활용하고, 여러 장의 목재를 자를 때는 전동 공구를 사용합니다.

   - 뚫기 · 파기 : 구멍을 뚫거나 홈을 파는 과정입니다. 구멍을 뚫거나 홈을 팔 때에는 로터리 툴, 드릴 프레스 등을 사용합니다.

   - 다듬기 : 목재의 표면을 매끄럽게 하기 위해, 혹은 칠이 잘 먹도록 만들기 위해 진행합니다. 작은 면적은 사포를 이용하지만 넓은 면적은 샌딩기를 활용합니다. 다듬기 과정에서 사포를 이용할 때는 모든 학생이 마스크를 꼭 착용해야 하며, 작업 중 환기는 필수입니다.

4. (6차시) 완성된 정리함에 대한 공유 및 평가 활동은 온라인과 오프라인에서 할 수 있습니다. 온라인으로는 학생이 직접 제작 과정과 결과를 사진이나 동영상으로 찍어 학급 플랫폼에 탑재하면 서로의 작품에 댓글로 피드백을 해줍니다. 오프라인에서는 학급 전시회를 열어 자신의 작품을 직접 설명하고 다른 학생들의 질문에 대답하는 시간을 가져도 좋습니다.

■ 교수학습과정안

1차시

- 주제 : 정리함 사용의 필요성을 알고, 다양한 정리함 구상하기
- 수업 목표 : 정리함의 필요성을 알 수 있다.

  사용 목적에 맞는 정리함을 만들기 위한 다양한 아이디어를 낼 수 있다.

주요 활동	각 단계별 설명	교수·학습 자료(◇) 및 지도상 유의점(✓)
도입		
동기유발	○ 교실 내 물건이 정돈되지 않은 모습을 살펴본다. - 지저분하게 어지럽혀진 사물함 사진과 알맞게 공간을 배분하여 깔끔하게 정리된 사물함 사진을 보여준다. - 사진과 관련된 자신의 경험을 이야기한다. - 두 사진을 비교해보고, 첫 번째 상황의 문제점을 생각해 본다. - 정리함 사용의 필요성을 안다.	◇PPT(사진 자료) ✓우리 반 상황을 직접 보여줌으로써 학습내용이 실생활과 연관되어 있음을 안다.
전개		
아이디어 구상하기	○ 자신의 사용 목적에 맞는 정리함을 만들기 위한 다양한 아이디어를 구상한다. - 자신이 정리해야 할 물건에는 어떤 것들이 있는지 떠올려본다. - 정리함 예시 자료들을 보여준다. - 모두가 동일한 규격과 모양의 정리함을 사용할 때 겪는 불편에 대하여 생각해본다. - 나만의 정리함을 만들어야 하는 이유를 생각해본다.	◇PPT(사진 자료)
스케치 하기	○ 사용 목적에 맞는 정리함을 만들기 위한 다양한 아이디어를 브레인스토밍한다. ○ 자신이 사용하고 싶은 정리함의 여러 가지 형태를 스케치한다. ○ 자신이 스케치한 정리함이 사용 목적에 적절한지, 심미성과 실용성을 가지고 있는지 생각해본다.	◇활동지 ✓스케치는 완벽하게 할 필요가 없으며, 아이디어를 표현하는 것에 중점을 두도록 한다.

발표하기	○ 자신이 생각한 다양한 정리함에 대하여 발표하고, 어떤 정리함이 사용 목적에 맞을지 의견을 나눈다.	
정리		
정리하기	○ 활동 소감(설계 과정에서 겪은 어려움, 느낀 점 등)을 작성하고 발표한다.	◇성찰일지

1차시에는 정리함 사용의 필요성을 알고 다양한 정리함을 구상하는 활동을 합니다. 무엇을 만들지 학생이 스스로 필요를 느껴 결정하도록 합니다. 문제 정의 단계부터 참여하면 이후 메이킹 과정에 주도적으로 참여하게 됩니다. 학생이 교실 내 물건이 정리되지 않은 실생활에서 문제점을 찾아내는 것은 메이킹에 대한 동기유발뿐 아니라 메이킹 결과물을 실제 적용하여 문제를 해결함으로써 성취감을 줄 수 있습니다.

이제 사용 목적에 맞는 정리함을 만들기 위한 다양한 아이디어를 구상해봅니다. 각자 정리해야 할 물건에는 어떤 것이 있는지 떠올려보고 모두가 똑같은 형태의 정리함이 아니라 각자의 필요에 맞는 정리함을 도출할 수 있도록 합니다. 그리고 서로 바꾸어 자신이 만들고자 하는 정리함에 대해 이야기하고 친구의 의견도 들어봅니다. 그 과정에서 자연스레 동일한 규격과 모양의 정리함을 사용할 때 겪는 불편함이 도출되도록 합니다. 새로운 정리함을 만드는 것뿐만 아니라 사용 중인 정리함(사물함, 책상 서랍)을 개선하는 것까지도 괜찮습니다. 다만 사물함에 구멍을 뚫는 등 학교 기물을 훼손하는 것은 안 된다는 조건을 제시할 필요는 있습니다. 학생들에게 다양한 아이디어 상품이나 정리함을 살펴볼 기회를 제공

모둠별 브레인스토밍

함으로써 그 상품이 심미성, 실용성 등을 고려하여 제작됐음을 알 수 있도록 발문합니다.

그리고 자신의 목적에 맞는 정리함을 만들기 위한 다양한 아이디어를 도출하기 위해 브레인스토밍 활동을 합니다. 아직은 정교하게 전개도, 겨냥도를 그리는 단계가 아니므로 학생들이 다양한 아이디어를 표현할 수 있도록 진행합니다. 자신의 아이디어를 간략하게 표현하고 모둠 내에서 공유하는 과정을 통해 수정, 개선할 수 있도록 합니다. 이때 좋은 아이디어를 추리는 수렴적 방법도 필요합니다. 교사는 학생들에게 실현 가능성, 효율성, 심미성 등의 기준을 제시해야 하는데, 이는 학생들의 결과물을 중간중간 점검하며 발문 형태로 제공할 수 있습니다.

학생이 스케치를 완성한 후에는 설계 과정에서 겪은 어려움, 느낀 점 등을 바탕으로 한 활동 소감을 작성하고 발표합니다. 결과물 중심의 기

아이디어를 추리기 위한 발문들

1. 정리함에 어떤 물건을 수납하고자 하나요?
2. 내 정리함만의 특별한 점은 무엇이 있나요?
3. 정리함이 용도에 맞게 적당한 크기인가요?
4. 사용할 공간에 잘 어울리나요?

록이 아닌 메이킹 과정을 기록하고 공유하는 것은 자신이 시도했던 메이킹 과정을 성찰할 수 있게 합니다. 이는 다른 메이커의 피드백을 통해 앞으로 더 발전된 형태의 메이킹 과정을 경험할 수 있도록 만들어줍니다. 성찰일지는 글로 기록하는 것뿐 아니라 동영상, 음성파일 등 과정을 기록할 수 있는 여러 형태로도 가능합니다.

아이디어 구상을 위한 확산적, 수렴적 기법

창의적 산출물을 만들기 위해서는 먼저 확산적(발산적) 사고 과정을 통해 새롭고 독창적인 아이디어를 생성한 다음, 수렴적(비판적) 사고 과정을 통해 생성된 아이디어 중에서 최선의 아이디어를 선택해야 합니다. 이때 확산적 사고는 산출물의 독창성에, 수렴적 사고는 산출물의 적절성에 기여한다고 볼 수 있습니다.

1. 확산적(발산적) 사고 기법
   - 브레인스토밍 : 자유로운 아이디어 제시를 통해 신선하고 독창적인 발상을 찾아냅니다. 어떠한 아이디어라도 비판하지 않고 수용하는 것이 중요합니다.
   - 마인드맵 : 읽고 분석하고 기억하는 모든 것을 마음속에 지도를 그리듯 사고하는 방법입니다.
   - 여섯 색깔 모자 사고 기법 : 사고 양상을 분류해서 의도적으로 한 번에 1가지만을 사고하는 방법입니다.
   - 스캠퍼(SCAMPER) : 미리 문제해결의 착안점을 정해놓고 그에 따라 다각적인 사고를 함으로써 아이디어를 얻는 기법입니다. 대체하기(Substitute), 결합하기(Combine), 조절하기(Adjust), 변형 · 확대 · 축소하기(Modify, Magnify, Minify), 용도 바꾸기(Put to other uses), 제거하기(Eliminate), 역발상 · 재정리하기(Reverse, Rearrange)의 첫 글자를 딴 발상법입니다.

2. 수렴적(비판적) 사고 기법
  – 히트 기법 : 어떤 목적에 부합한다고 여겨지는 대안에 v로 히트합니다.
  – 하이라이팅 기법 : 히트 기법으로 선정된 대안을 몇 개의 범주로 분류합니다.
  – 역 브레인스토밍 : 하이라이트 기법에서 선정된 대안을 분석합니다.
  – 대화기법(PPC) : 긍정적인 면(Positive), 가능성(Possibilities), 걱정스러운 점
    (Concerns)을 확인합니다.
  – PMI 기법 : 각 대안의 장점(Plus, 강점, 이점), 단점(Minus, 개선이 필요한 점),
    흥미로운 점(Interesting)을 확인합니다.
  ※ 수렴적 사고기법을 사용할 때는 수렴 도구와 전략을 목적에 맞도록 신중
    하게 활용해야 합니다. 또한 목표에 초점을 두고 거기에서 벗어나지 않도록
    해야 하며, 대안을 점차 개선해나가는 방향으로 이루어져야 합니다.

2. 페이퍼 크래프트 활용 수업
– 두근두근 세계여행 '알록달록 세계의 옷'

■ 수업의 개요

다른 나라의 문화에 대하여 공부하는 2학년 통합교과 [겨울] '1. 두근두
근 세계여행' 단원을 메이킹 활동을 중심으로 재구성했습니다. 세계 여
러 나라의 전통 의상에 대하여 알아본 후, 종이와 찰흙 등을 이용하여 그
의상들을 직접 제작합니다. 제작한 작품을 전시하고, 발표를 통해 서로
의 작품을 감상하는 기회도 갖습니다.

대상 학년	2학년		
주제	두근두근 세계여행 '알록달록 세계의 옷'		
관련 교과 및 차시	통합교과 [겨울]	총 차시 : 6차시	소요기간 : 약 2주
관련 교육과정 성취기준	바생	[2바07-02] 다른 나라의 문화를 존중하고 공감하는 태도를 기른다.	
	슬생	[2슬07-03] 내가 알고 싶은 나라를 조사하여 발표한다. [2슬07-04] 다른 나라의 노래, 춤, 놀이를 조사한다.	
	즐생	[2즐07-03] 다른 나라의 문화를 나타내는 작품을 전시, 공연하고 감상한다. [2즐07-04] 다른 나라의 노래, 춤, 놀이를 즐기고 그 느낌을 다양하게 표현한다.	
프로그램 학습 목표	○ 세계 여러 나라 전통 의상의 특징을 말할 수 있다. ○ 다른 나라의 전통 의상을 다양한 재료를 활용하여 만들 수 있다. ○ 다른 나라의 문화를 존중하고 공감하는 태도를 가질 수 있다.		
평가 기준 및 방법	평가 기준		평가 방법
	세계 여러 나라 전통 의상의 특징을 말할 수 있는가?		관찰 평가
	다른 나라의 전통 의상을 다양한 재료를 활용하여 만들 수 있는가?		산출물 평가
	다른 나라의 문화를 존중하고 공감하는 태도를 가질 수 있는가?		관찰 평가, 자기 평가

■ **수업 전 준비해야 할 것**

이 수업은 주변에서 쉽게 구할 수 있는 도구와 재료를 활용하여 전통적 메이킹 활동을 수행합니다. 학생들은 세계 여러 나라의 전통 의상을 자신이 원하는 재료를 사용하여 다양한 방법으로 만듭니다. 가위, 풀, 테이프, 색종이, 두꺼운 종이, 요구르트병, 지점토, 색점토, 물감, 붓, 물통 등 다양한 재료가 필요합니다. 수업 전 학생들에게 자신이 원하는 재료를 스스로 준비해오도록 합니다. 미처 준비하지 못한 학생들을 위해 교사 역시 기본 준비물을 준비해두는 것이 좋습니다.

■ **학습의 흐름**

디자인 씽킹 모형 단계	차시별 프로젝트 수업 내용
공감 정의	■ 1~2차시 - 세계 여러 나라의 전통 의상 알아보기 〔활동1〕 세계 여러 나라의 전통 의상 살펴보기 〔활동2〕 세계 여러 나라의 전통 의상 무리 짓기 〔활동3〕 세계 여러 나라의 전통 의상 특징 알아보기
구상 ↓ 프로토 타입 ↓ 평가	■ 3~4차시 - 세계 여러 나라의 전통 의상 페이퍼 크래프트 만들기 〔활동1〕 세계 여러 나라의 전통 의상 페이퍼 크래프트 도안 살펴보기 〔활동2〕 세계 여러 나라의 전통 의상 페이퍼 크래프트 제작하기 〔활동3〕 완성된 작품 발표하기
	■ 5~6차시 - 다양한 재료를 활용하여 세계 여러 나라의 전통 의상 만들기 〔활동1〕 내가 만들 전통 의상의 특징 살펴보기 〔활동2〕 다양한 재료(찰흙, 요구르트병, 물감, 색종이 등)를 활용하여 세계 여러 나라의 전통 의상 만들기 〔활동3〕 완성된 작품 발표하기

1~2차시에는 세계 여러 나라의 전통 의상에 대하여 알아봅니다. 먼저 세계 여러 나라의 다양한 전통 의상을 살펴보고, 어떤 나라의 옷을 입어보고 싶은지 그 이유를 자유롭게 이야기하여 수업에 대한 흥미를 유발합니다. 그리고 전통 의상을 비슷한 것끼리 무리 짓는 활동을 해봅니다. 더운 지역의 옷과 추운 지역의 옷, 털로 만든 옷과 천으로 만든 옷, 여자

옷과 남자 옷, 모자를 쓰는 옷과 쓰지 않는 옷 등 다양한 기준으로 무리 짓기 활동을 할 수 있습니다. 친구와 나의 무리 짓기 기준을 비교해보고 적절하게 무리 지었는지 서로 점검해봅니다. 이러한 활동을 통해 세계의 전통 의상은 매우 다양하며, 나라마다 특징이 있다는 것을 이해합니다.

3~4차시에는 세계 여러 나라의 전통 의상을 페이퍼 크래프트로 만들어봅니다. 먼저 지난 시간 배운 전통 의상들을 떠올려보고 기억에 남는 특징을 이야기합니다. 나라와 전통 의상을 연결 짓는 퀴즈 등을 통해 학습 동기를 유발할 수 있습니다. 교사가 미리 준비한 페이퍼 크래프트 도

저학년 대상 메이커 교육 시 고려할 점

1. 저학년에는 아직 가위질도 서투른 학생들이 많습니다. 그러니 보다 간단한 재료와 도구를 사용하도록 하고, 메이킹 활동 전 도구를 안전하게 사용하는 방법을 세세히 안내해야 합니다.

2. 모든 물건이 만들기 재료가 될 수 있습니다. 평소에 다양한 재활용품을 모아 두면 메이커 활동에 좋은 재료가 될 수 있습니다.

3. 다양한 참고 작품과 재료를 소개하고 그중 원하는 것을 자유롭게 선택함으로써 창의적인 만들기가 되도록 합니다.

4. 다른 모둠에 만든 작품을 직접 소개함으로써 메이킹 활동에 대한 자신감과 성취감을 얻을 수 있습니다.

5. 만들기 자체에 즐거움을 느끼는 것에 초점을 두어 창의력이 개발될 수 있도록 합니다.

6. 저학년은 직접 만든 작품으로 놀이할 수 있는 시간을 충분히 주면 놀이와 함께 배우는 행복한 메이커 수업이 될 수 있습니다.

안을 배부하고 제작 방법을 설명합니다. 설명이 끝나면 학생들이 직접 전통 의상 페이퍼 크래프트를 제작합니다. 제작 과정에서 가위 등 도구를 안전하게 사용하도록 지도합니다. 완성된 작품은 친구들에게 발표하고 교실에 전시합니다.

5~6차시에는 다양한 재료를 활용하여 세계 여러 나라의 전통 의상을 만드는 메이킹 활동을 수행합니다. 먼저 각자 어떤 전통 의상을 만들지 정하고 그 특징을 살펴봅니다. 어떤 재료로 만들어졌는지, 기후가 어떤 나라의 옷인지, 언제 입는 옷인지 등 전통 의상을 다양한 관점에서 탐색합니다. 전통 의상을 모두 살펴본 후에는 어떻게 만들 것인지 제작 방법을 구상합니다. 원하는 전통 의상을 만들려면 어떤 재료를 가지고 어떤 방법을 사용하여야 할지 학생 스스로 생각할 수 있도록 유도합니다. 그러고 나서 원하는 재료와 방법으로 세계 전통 의상을 만듭니다. 기본적으로는 학생이 직접 준비한 재료와 도구를 사용하도록 하되, 미처 준비하지 못한 재료와 도구는 교사가 미리 준비해두었다가 제공하면 좋습니다. 작업을 마치면 완성한 작품을 전시한 후 다른 모둠의 작품을 감상하면서 잘된 점을 이야기해봅니다.

■ **교수학습과정안**

5~6차시

− 주제 : 다양한 재료를 활용하여 세계 여러 나라의 전통 의상 만들기
− 수업 목표 : 다양한 재료를 활용하여 세계 여러 나라의 전통 의상을 만들 수 있다.

주요 활동	각 단계별 설명	교수·학습 자료(◇) 및 지도상 유의점(✓)
도입		
동기유발	○ 세계 여러 나라의 전통 의상 살펴보기 - 어떤 재료를 사용했는지 살펴본다. - 기후가 어떤 나라일지 생각해본다. - 옷을 입는 상황을 추측해본다.	◇ PPT(사진 자료)
전개		
아이디어 구상하기	○ 참고 작품을 살펴보며, 표현하고 싶은 전통 의상을 정해 어떻게 만들지 구상한다. - 색점토를 요구르트병에 붙여 만들기 - 종이에 그리고 오려서 요구르트병에 붙여 만들기 - 지점토로 사람과 옷을 만들고 그 위에 색칠하기 ○ 구상한 대로 만들기 위해서 어떤 재료가 필요한지 생각해본다. - 지점토, 물감, 붓, 물통, 요구르트병 등	✓ 허용적인 분위기를 조성하여 다양한 의견이 나오도록 한다. ✓ 만드는 재료와 방법은 개인별로 모두 다르게 자유로이 표현하도록 하거나 모둠별로 또는 학급 전체가 통일해도 된다.
제작하기	○ 선택한 전통 의상을 원하는 재료와 방법으로 만든다. - 가위 등 다칠 수 있는 도구는 안전하게 사용할 수 있도록 미리 사용법을 안내한다. - 다양한 참고 작품과 재료를 소개함으로써 창의적인 만들기가 되도록 한다.	◇ 찰흙(지점토, 유토, 고무찰흙 등), 요구르트병, 물감, 붓, 물통, 종이, 가위, 풀 등 다양한 준비물
발표하기	○ 만든 작품을 발표한다. - 모둠 친구들과 함께 다른 모둠 작품을 감상하면서 잘된 점을 이야기해본다.	
정리		
정리하기	○ 활동 소감(제작 과정에서 겪은 어려움이나 느낀 점 등)을 작성하고 발표한다.	

5~6차시에는 다양한 재료를 활용하여 세계 여러 나라의 전통 의상을 직접 만들어보는 메이킹 활동을 수행합니다. 먼저 도입에서는 세계 여러 나라의 전통 의상을 살펴보며 어떤 재료를 사용했는지, 기후가 어떤 나라인 것 같은지, 그 옷을 어떤 상황에서 입는지 등을 자유롭게 추측해봅니다. 이 과정을 통해 세계 여러 나라의 전통 의상에 대한 이해를 높일 수 있고 학습에 대한 흥미를 유발할 수 있습니다.

전개의 첫 번째 활동은 아이디어 구상하기입니다. 먼저 참고 작품들을 살펴보며 표현하고 싶은 전통 의상을 선택하고 이를 어떻게 제작하면 좋을지 구상합니다. 제작 방법은 색점토를 요구르트병에 붙이기, 종이에 그리고 오려서 요구르트병에 붙이기, 지점토로 사람과 옷을 만들고 그 위에 색칠하기 등 매우 다양합니다. 또한 구상한 대로 만들기 위해서 어떤 재료가 필요한지 생각해봅니다. 이때 허용적인 분위기를 조성하여 다양한 의견이 나올 수 있도록 합니다. 제작 방법을 스스로 구상하기 어려워하는 학생들이 있다면 교사가 만드는 재료와 방법을 정해주어도 괜찮습니다. 만드는 재료와 방법은 학생 개인별로 모두 다르게 표현해도 좋고, 모둠별로 또는 학급 전체가 통일해도 좋습니다.

두 번째 활동은 제작하기입니다. 앞서 구상한 내용을 바탕으로 원하는 재료와 방법으로 세계 전통 의상을 만듭니다. 제작 전에 다양한 참고 작품과 재료를 소개함으로써 창의적인 메이킹 활동이 될 수 있도록 유도하는 것도 중요합니다. 또한 가위 등 다칠 수 있는 도구는 안전하게 사용할 수 있도록 사전에 사용법을 친절히 안내해야 합니다.

세 번째 활동은 발표하기입니다. 우리 모둠의 작품을 전시하고, 모둠 친구들과 함께 다른 모둠의 작품을 감상하면서 잘된 점을 이야기하고 서로의 아이디어를 공유합니다.

마지막 활동인 정리하기에서는 설계 및 제작 과정에서 겪은 어려움, 느낀 점 등 활동 소감을 발표합니다.

3. 재활용품 활용 수업
- 나는야 꼬마 건축가

■ 수업의 개요

건축가가 되어 가족과 함께 살고 싶은 집을 만들어보는 활동입니다. 가족의 소중함을 다루면서 동시에 학생들의 창의적인 능력이 메이커 활동을 통해 자연스럽게 길러지는 것이 이 수업의 목표입니다. 학생은 건축가가 되어 집을 직접 계획, 설계, 건축함으로써 가족의 의미와 가치를 작품 속에 담습니다.

대상 학년	2학년		
주제	나는야 꼬마 건축가		
관련 교과 및 차시	수학, 바생, 슬생, 즐생	총 차시 : 10차시	소요기간 : 약 2주
관련 교육과정 성취기준	수학	[2수03-07] 여러 가지 물건의 길이를 어림해보고 길이에 대한 양감을 기른다.	
	바생	[2바03-02] 가족의 형태와 문화가 다양함을 알고 존중한다.	
	슬생	[2슬03-01] 우리 가족의 특징을 조사하여 소개한다.	
	즐생	[2즐03-03] 집 안팎 모습을 여러 방법으로 표현한다.	

프로그램 학습 목표	○ 가족들과 함께 살고 싶은 집의 특징을 말할 수 있다. ○ 일상생활 속에서 얻을 수 있는 다양한 재료를 활용하여 내가 살고 싶은 집을 만들 수 있다. ○ 내가 만든 집의 의미를 다른 친구들에게 설명할 수 있다.	
평가 기준 및 방법	평가 기준	평가 방법
	함께 살고 싶은 집의 특징을 말할 수 있는가?	관찰 평가
	다양한 재료를 활용하여 살고 싶은 집을 제작했는가?	산출물 평가
	내가 만든 집의 의미를 다른 사람에게 설명할 수 있는가?	관찰 평가, 자기 평가

■ 수업 전 준비해야 할 것

이 수업은 주변에서 쉽게 구할 수 있는 재료와 도구를 활용하여 수행하는 전통적 메이킹 활동이므로 학생들이 재활용품을 적극적으로 활용하도록 합니다. 우유갑을 모아 미리 말려놓거나 요구르트병처럼 작은 크기의 재료들을 사전에 공지하여 많이 모으도록 합니다. 재료에 제한을 둘 필요는 없지만, 가공하기 어렵거나 모서리가 뾰족해 위험한 재료들은 피하는 것이 좋습니다. 수업 전에 학생들이 모든 재료를 가져와 더 필요한 재료가 무엇이 있을지 얘기를 나눠보는 것도 효과적입니다. 교사는 클레이나 수수깡 등 비교적 가공이 쉬운 기본 재료들을 미리 준비합니다.

■ 학습의 흐름

디자인 씽킹 모형 단계	차시별 프로젝트 수업 내용
	■ 1~2차시 - 가족의 다양한 형태를 알아보고, 나의 가족 소개하기

공감	〔활동1〕다양한 형태의 가족 살펴보기 〔활동2〕나의 가족 소개하기
정의 ↓ 구상	■ 3차시 - 우리 가족에게 가장 필요한 집은 어떤 모습일까? 〔활동1〕가족과 함께 살고 싶은 집 떠올려보기 〔활동2〕살고 싶은 집의 특징을 브레인스토밍으로 최대한 끌어내기 ■ 4~5차시 - 살고 싶은 집 그림으로 표현하기 〔활동1〕특징 5가지를 고르고 이유 적어보기 〔활동2〕살고 싶은 집 그림으로 그리기
프로토 타입	■ 6~8차시 - 살고 싶은 집 만들기 〔활동1〕다양한 재료로 창의적인 형태의 집 만들기 〔활동2〕작품에 대한 의견을 나누고, 만든 집 수정하기
평가	■ 9~10차시 - 건축 박람회(메이커 페어)를 열고 설명 나누기 〔활동1〕가족들과 함께 살고 싶은 집 소개하기 〔활동2〕친구들의 의견을 바탕으로 살고 싶은 집 수정하기 〔활동3〕활동 소감 나누기

1~2차시에는 다양한 가족의 형태를 알아보고 나의 가족을 소개합니다. 우선 관련 영상 또는 이야기 자료를 통해 구성원, 인종, 직업 등이 다른 다양한 가족이 있다는 것을 자연스럽게 익히도록 합니다. 가족의 규모와 형태에 따라 필요한 집도 달라진다는 사실을 알려줍니다. 두 번째 활동으로 빨대와 색종이 등을 이용해 가족 인형을 만들어 나의 가족을 소개해봅니다.

3차시는 우리 가족에게 필요한 집을 생각해보는 시간입니다. 먼저 브레인스토밍 활동을 진행합니다. 내가 살고 싶은 집을 떠올려보고 활동지에 그 집의 특징을 최대한 많이 적습니다. 어떤 아이디어도 제한을 두지 말고 최대한 많이 적게 합니다.

4~5차시에는 앞서 끌어낸 다양한 아이디어 중 가장 중요한 특징 5개를 골라 그림으로 그립니다. 그림을 그리는 동안 우리 가족이 살고 싶은 집을 더 구체화할 수 있고, 그림을 친구에게 설명하는 활동을 통해 좀 더 깊이 생각할 수 있습니다.

6~8차시에는 다양한 재료를 활용하여 창의적인 집을 만듭니다. 앞서 그린 그림을 설계도로 활용하여 만들기 작업을 진행하는데, 이때 교사는 먼저 어떤 재료를 사용할 것인지 어떤 형태로 만들 것인지를 탐색하게 합니다. 탐색이 끝나면 원하는 재료와 방법으로 가족과 함께 살고 싶은 집을 만듭니다. 기본적으로는 학생이 직접 준비한 재료와 도구를 사용하되, 교사가 클레이, 수수깡 등 가공이 쉬운 재료들을 충분히 준비하여 학생의 상상력을 표현하는 데 어려움이 없도록 지원하는 것이 좋습니다. 프로젝트 수업을 진행하기 2~3주 전에 미리 집에서 나오는 재활용품을 모으도록 과제를 제시하면 좀 더 다양한 재료를 확보할 수 있습니다.

9~10차시에는 교실 안팎에서 메이커 페어를 진행합니다. 학생이 만든 집은 교실 안에서 순서를 정해 번갈아 설명할 수 있도록 하고, 만든 작품은 일정 기간 동안 번갈아 복도 등에 전시하여 쉬는 시간에 설명하도록 합니다. 만약 이 활동을 한 학년 전체가 진행한다면 반끼리 서로 번갈아가며 설명하는 활동을 기획해볼 수 있습니다. 설명 활동이 끝난 이후에는 함께 모여 소감을 나누며 활동을 마무리합니다.

■ 교수학습과정안

6~8차시

- 주제 : 다양한 재료를 활용하여 가족과 함께 살고 싶은 집 만들기
- 수업 목표 : 다양한 재료를 활용하여 가족과 함께 살고 싶은 집을 만들
  수 있다.

주요 활동	각 단계별 설명	교수·학습자료(◇) 및 지도상 유의점(✓)
도입		
동기유발	○ 지난 시간에 우리 반 친구들이 그린 집 그림을 함께 살펴 본다. - 누구의 그림인지 추측해본다. - 어떤 특징을 반영해 그림을 그렸을지 살펴본다.	◇PPT(사진 자료)
전개		
아이디어 구상하기	○ 참고 작품을 살펴보며, 표현하고 싶은 집을 생각하고 어 떻게 만들지 구상한다. - 요구르트병에 골판지를 붙여 만들기 - 말린 우유갑에 색종이를 붙여 만들기 - 지점토나 클레이로 집을 만들고 그 위에 색칠하기 ○ 앞서 그린 그림을 바탕으로 구상한 집을 만들기 위해서 어떤 재료가 필요한지 생각해본다. - 지점토, 색종이, 물감, 붓, 물통, 요구르트병, 우유갑 등	✓허용적인 분위기 를 조성하여 다양 한 의견이 나오도 록 한다. ✓만드는 재료와 방법은 자유롭게 선택하여 표현하도 록 한다. 이때 재활 용품을 활용하도록 유도한다.
제작하기	○ 원하는 재료와 방법으로 가족과 함께 살고 싶은 집을 만 든다. - 가위 등 다칠 수 있는 도구는 안전하게 사용할 수 있도록 미리 사용법을 안내한다. - 다양한 참고 작품과 재료를 소개하고 자유롭게 선택하게 함으로써 창의적인 만들기가 되도록 이끈다.	◇찰흙(지점토, 유 토, 고무찰흙 등), 준비한 재활용품, 물감, 붓, 물통, 종 이, 가위, 풀 등

수정하기	○ 만든 작품에 대해 의견을 나누고 수정한다. - 다른 친구의 작품을 감상하면서 잘된 점, 고쳐야 할 점 등을 이야기한다. - 바로 수정할 수 있는 부분은 수정하고, 시간이 필요한 부분은 다음 발표 시간 전까지 수정한다.	
정리		
정리하기	○ 제작 과정에서 겪은 어려움, 느낀 점 등 활동 소감을 작성한다.	◇소감 활동지

6~8차시에는 다양한 재료를 활용하여 가족과 함께 살고 싶은 집을 직접 만드는 메이킹 활동을 수행합니다. 먼저 도입에서는 지난 시간 그린 그림을 함께 살펴보면서 누가 어떤 집을 그렸는지 추측해보고, 어떤 특징을 가지고 있는지 살펴보는 시간을 가집니다. 친구들의 그림을 통해 자연스럽게 다양한 집의 형태를 살펴볼 수 있고, 자신의 그림을 친구들과 함께 살펴보는 것만으로도 학습에 대한 흥미를 크게 높일 수 있습니다.

전개의 첫 번째 활동은 아이디어 구상하기입니다. 먼저 자신의 그림을 살펴보면서 실제 만들 때 어떻게 표현하면 좋을지 구상합니다. 제안할 수 있는 제작 방법은 매우 다양하지만, 제작 시간을 고려하여 단순하면서도 구체적인 방법들을 예시로 들어주는 것이 좋습니다. 요구르트병에 골판지 붙이기, 말린 우유갑에 색종이 붙이기, 지점토나 클레이에 색칠하기 등 집의 기본 토대가 될 수 있는 부분에 대한 예시를 보여줌으로써 학생이 자신이 표현하고 싶은 집을 쉽게 제작할 수 있도록 유도합니다. 만드는 중이라도 어떤 새로운 의견이든 도입할 수 있다는 허용적인 분위기를 조성하여 다양한 의견이 작품에 반영될 수 있도록 합니다. 제작 방법을 스스로 구상하기 어려워하는 학생들은 교사가 만드는 재료와 방법을 정해주어도 괜찮습니다.

두 번째 활동은 제작하기입니다. 앞서 구상한 내용을 바탕으로 가족과 함께 살고 싶은 집을 원하는 재료와 방법으로 만듭니다. 제작 전에 다양한 참고 작품과 재료를 소개하고 선택하게 함으로써 창의적인 메이킹 활동이 될 수 있도록 유도하는 것이 중요합니다. 또한 가위 등의 도구를 안전하게 사용할 수 있도록 먼저 사용법을 안내하는 것이 좋습니다.

세 번째 활동은 수정하기입니다. 만든 작품에 대해 모둠 친구들과 작품의 잘된 점과 수정하면 좋을 점 등에 대해 이야기를 나눕니다. 공유된 아이디어를 바탕으로 수정할 수 있는 부분은 바로 수정하고, 시간이 필요한 부분은 다음 발표 시간 전까지 수정합니다.

마지막 정리하기에서는 설계 및 제작 과정에서 겪은 어려움, 느낀 점 등 활동 소감을 작성하도록 합니다.

■ **수업 결과물**

가족과 함께 살고 싶은 집 결과물

디지털 메이킹을
중심으로

1. 디지털 메이킹

디지털 메이킹이란 디지털 제작 도구를 활용하여 메이킹 활동을 수행하는 것을 의미합니다. 초등학교에서 활발하게 사용되는 대표적인 디지털 제작 도구로는 피지컬 컴퓨팅 도구, 3D 프린터 등이 있습니다. 디지털 제작 도구를 활용한 메이킹 활동은 이미 공개되어 있는 코드, 모형 등 다양한 오픈소스 자료를 사용할 수 있고 복제 및 수정이 쉽기 때문에 수준 높은 결과물을 만들어낼 수 있다는 것이 가장 큰 장점입니다.

1) 마이크로비트 활용 수업

　 – 마이크로비트를 활용하여 일상의 문제 해결하기

■ 수업의 개요

이 수업은 실생활 속 문제 상황에 대한 공감과 이해를 바탕으로 문제를 만들어내고 구조화한 뒤 그 문제를 정의하고 이를 해결하기 위하여 협력적으로 계획을 세우는 데 중점을 두었습니다. 그리고 협력적으로 피지컬 컴퓨팅 도구를 활용한 메이킹 결과물을 만들어내는 과정을 통해 메이킹을 통한 문제해결 과정을 경험하고 공유합니다. 이 수업은 메이커 정신과 컴퓨팅 사고력의 고차적 사고능력을 기를 수 있도록 구성했습니다.

대상 학년	6학년		
주제	마이크로비트를 활용하여 일상의 문제 해결하기		
관련 교과 및 차시	실과, 미술, 국어	총 차시 : 10차시	소요기간 : 약 2~3주
관련 교육과정 성취기준	실과	〔6실04-08〕 절차적 사고에 의한 문제해결의 순서를 생각하고 적용한다. 〔6실04-09〕 프로그래밍 도구를 사용하여 기초적인 프로그래밍 과정을 체험한다. 〔6실04-11〕 문제를 해결하는 프로그램을 만드는 과정에서 순차, 선택, 반복 등의 구조를 이해한다. 〔6실05-07〕 여러 가지 센서를 장착한 로봇을 제작한다.	
	미술	〔6미02-03〕 다양한 자료를 활용하여 아이디어와 관련된 표현 내용을 구체화할 수 있다. 〔6미02-01〕 표현 주제를 잘 나타낼 수 있는 다양한 소재를 탐색할 수 있다.	
	국어	〔6국01-02〕 의견을 제시하고 함께 조정하며 토의한다. 〔6국01-07〕 상대가 처한 상황을 이해하고 공감하며 듣는 태도를 지닌다.	

프로그램 학습 목표	○ 나와 우리 주변의 일상생활 속 문제를 발견하고 메이킹 문제를 정의할 수 있다. ○ 메이킹 활동에 사용할 재료 및 도구를 직접 다루어보고 특징을 파악하여 정리할 수 있다. ○ 간단한 실습을 통해 피지컬 컴퓨팅 도구의 특성을 파악하여 정리할 수 있다. ○ 리믹스 활동(기본적인 프로그래밍 코드를 제공하고 이를 바탕으로 학생들이 창의적으로 변형하여 자신이 원하는 메이킹 결과물을 만들어낼 수 있도록 하는 활동)을 통해 메이킹 문제를 해결하기 위한 알고리즘을 설계하고 교육용 프로그래밍 언어를 통해 코딩할 수 있다. ○ 공통된 메이킹 문제를 해결을 위하여 안내된 메이킹 단계에 따라 컴퓨팅 산출물을 제작할 수 있다. ○ 설계한 알고리즘을 바탕으로 메이킹 문제를 해결하기 위하여 컴퓨팅 산출물을 제작하고 적용해볼 수 있다. ○ 사용성 평가 결과 및 개선점을 바탕으로 컴퓨팅 산출물을 수정할 수 있다. ○ 메이커 페어를 통해 학생들이 제작한 컴퓨팅 산출물을 발표하고 공유할 수 있다.

	평가 기준	평가 방법
평가 기준 및 방법	생활 주변의 문제를 찾아내고 이해한 것을 표현할 수 있는가?	관찰 평가
	생활 주변의 문제를 해결할 수 있도록 컴퓨팅 산출물을 제작하고 공유할 수 있는가?	관찰 평가, 포트폴리오 평가
	컴퓨팅 산출물 제작 및 공유의 경험을 통해 메이커 정신을 가질 수 있는가?	관찰 평가

■ 수업 전 준비해야 할 것

① 마이크로비트

마이크로비트는 어린이와 초보자들이 프로그래밍하는 방법을 배울 수 있도록 설계된 손바닥 크기의 피지컬 컴퓨팅 도구로 다양한 아이디어를 실현할 수 있도록 도와줍니다.

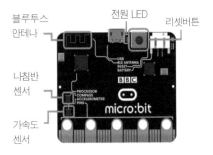

마이크로비트

마이크로비트는 내부에 LED, 동작 감지, 나침반, 스피커, 블루투스 센서 등을 포함하고 있어 간단한 프로그래밍을 통해 마이크로비트가 빛을 내거나 소리를 내는 등 동작할 수 있도록 만들어줍니다. 뿐만 아니라 모터, 서보모터, 스위치 등 센서들을 확장하여 연결할 수 있는데 이를 통해 움직임을 감지해서 뚜껑이 열리는 쓰레기통, 온도를 감지하여 자동으로 켜지는 선풍기와 같이 다양한 메이킹 작품을 만들어낼 수 있습니다. 또한 프로그래밍할 때는 메이크코드(MakeCode)라는 별도의 플랫폼을 활용하지만 스크래치, 엔트리와도 호환됩니다.

② 온라인 프로그래밍 플랫폼인 메이크코드 에디터
마이크로비트를 처음 접하는 경우, 온라인 프로그래밍 플랫폼인 메이크코드 에디터를 활용하여 마이크로비트 프로그래밍 방법을 배울 수 있습니다.

– 1단계 : 메이크코드 열기 (https://makecode.microbit.org)

메이크코드 시작화면

- 2단계 : 컴퓨터에 마이크로비트 연결하기

마이크로비트는 USB 케이블을 통해 컴퓨터에 연결할 수 있습니다. 연결되면 마이크로비트 뒷면의 전원 표시기가 켜집니다. 본격적으로 프로그래밍을 하기 전에 마이크로비트가 컴퓨터에 인식되는지 확인해야 합니다. 마이크로비트가 연결되면 '내 컴퓨터' 항목에 'MICROBIT' 항목이 나타납니다.

- 3단계 : 새 프로젝트 시작하기

· 시뮬레이션 창 : 마이크로비트의 작동 상태를 시뮬레이션합니다. 프로그래밍 과정에서 항상 프로그램이 창을 통해 어떻게 보이는지 확인할 수 있습니다. 시뮬레이션 창의 상단에서 'Project'를 클릭하면 새 프로젝트를 시작할 수 있습니다.

· 기능 영역 : 입력, 출력, 루프, 로직 등 모든 기능 블록을 찾을 수 있습니다.

· 프로그래밍 영역 : 기능 영역에서 블록을 끌어다 쌓아 올려 코드를 작성합니다.

- 4단계 : 프로젝트 다운로드 및 마이크로비트에 업로드

프로젝트를 마치면 웹사이트에서 다운로드하여 마이크로비트로 업로드할 수 있습니다. 이때 보라색의 다운로드 버튼을 누르면 'hex' 확장자를 가진 파일이 생깁니다. 이 파일을 내 컴퓨터에 있는 MICROBIT 디렉토리에 끌어다놓으면 마이크로비트에 업로드할 수 있습니다. 만약 프로

젝트의 이름을 바꾸고 싶으면 untitled라고 쓰인 곳에 원하는 이름을 적고 디스켓 모양의 버튼을 누르면 바뀐 이름의 hex 파일이 다운로드됩니다. 또한 다운로드하기 전에 시뮬레이션 창에서 시뮬레이션 결과를 확인할 수 있습니다. 시뮬레이션 창의 아랫부분에 있는 멈춤, 재생 버튼을 사용하면 프로그래밍 결과를 미리 확인해볼 수 있습니다.

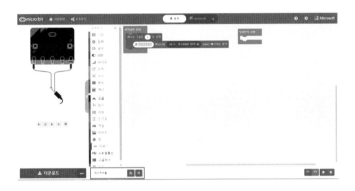

프로젝트 다운로드 및 마이크로비트에 업로드

 마이크로비트 활용 시 주의점

1. 메이크코드를 사용할 때 주의점

- 메이크코드에서 언어설정을 한국어로 바꿔주면 쉽게 활용할 수 있습니다.
- 마이크로비트는 기본적으로 메이크코드에서 프로그래밍이 이루어지지만, 엔트리, 스크래치와 연결해서 사용할 수도 있습니다. 기본적인 명령어 체계는 비슷하기 때문에 사용하기 편한 교육용 프로그래밍 언어를 선택해서 사용하면 됩니다.

2. 마이크로비트와 컴퓨터 USB를 연결할 때 주의점

- 마이크로비트와 센서를 연결하고 프로그래밍한 코드를 넣었어도 컴퓨터와 연결되어 있을 때 센서가 작동하지 않을 수 있습니다. 이는 컴퓨터는 출력 전압이 크기 때문입니다. 일단 컴퓨터와의 연결을 해제하고 배터리팩(aa사이즈 또는 aaa사이즈)과 연결하여 센서 작동 여부를 확인합니다.

- 메이크코드로 코딩한 뒤 hex 파일을 끌어와 드래그 앤 드랍을 하면 프로그래밍이 됩니다. 이때 노란색 불이 깜빡거리는 것이 멈출 때까지 연결 상태를 유지해야 합니다.

3. 센서를 연결할 때 주의점

- 센서 연결 시 선 색깔과 단자 색깔 일치시키기 : 센서를 연결할 때 선의 색깔에 주의해야 합니다. 센서의 선을 연결하는 단자는 검정색, 노란색, 빨간색 총 3가지로 구성되어 있습니다. 마이크로비트 확장 센서인 센서 엣지(Sensor edge)와 사용하고자 하는 센서를 연결할 때는 선 색깔을 위부터 노란색, 빨간색, 검정색 순으로 하는 것이 중요합니다.

- 센서가 연결된 단자 번호와 코딩에서의 출력 번호 일치시키기 : 메이크코드로 출력되는 센서에 대해 명령어를 코딩할 때 숫자를 꼭 일치시켜야 합니다. 예를 들어서 서보모터를 1번 숫자 단자에 연결한 경우 코딩된 명령어 역시 1번 출력 내용이 포함되어야 합니다. 센서가 연결된 단자 번호와 코딩에서의 출력 번호가 일치하지 않으면 제대로 작동하지 않습니다.

■ 학습의 흐름

피지컬 컴퓨팅 도구 활용 메이커 교육 수업 모형 단계	차시별 프로젝트 수업 내용
공감하기	■ 1차시 - 우리 주변의 일상생활 속 문제를 발견하고 메이킹 문제를 정의할 수 있다.
메이킹 문제 정의하기	

재료 및 도구 특성 파악하기	■ 2~3차시 - 메이킹 활동에 사용할 재료 및 도구를 직접 다루어보고 특징을 파악하여 정리할 수 있다. - 간단한 실습을 통해 피지컬 컴퓨팅 도구의 특성을 파악하여 정리 할 수 있다.
리믹스를 활용한 알고리즘 설계 및 코딩하기	■ 4~5차시 - 리믹스 활동을 통해 메이킹 문제를 해결하기 위한 알고리즘을 설 계하고 교육용 프로그래밍 언어로 프로그래밍(코딩)할 수 있다.
컴퓨팅 산출물 조립하기	■ 6차시 - 공통된 메이킹 문제해결을 위하여 안내된 메이킹 단계에 따라 컴 퓨팅 산출물을 제작할 수 있다.
컴퓨팅 산출물 창의적 구성하기	■ 7~8차시 - 설계한 알고리즘을 바탕으로 메이킹 문제를 해결하기 위하여 컴 퓨팅 산출물을 제작하고 적용해볼 수 있다.
알고리즘 및 컴퓨팅 산출물 수정, 개선하기	■ 9차시 - 사용성 평가 결과 및 개선점을 바탕으로 컴퓨팅 산출물을 수정할 수 있다.
공유하기	■ 10차시 - 메이커 페어를 통해 학생들이 제작한 컴퓨팅 산출물을 발표하고 공유할 수 있다.
성찰하기	■ 매 차시마다 진행 - 차시별로 작성한 결과물 및 과정을 온라인 플랫폼에 기록하고 공 유할 수 있다.
종합하기	■ 매 차시마다 진행 - 온라인 플랫폼에 기록하고 공유한 산출물과 메이킹 과정을 바탕 으로 성찰일지를 작성할 수 있다.

1차시에는 우리 주변 일상생활 속에서 문제를 발견하고 공감한 뒤 메이킹 활동을 통해 해결할 수 있는 문제를 정의합니다. 이때 앞으로 메이킹 활동 중에 계속 사용될 '메이킹 문제해결 계획서'의 초안을 작성합니다.

이 계획서는 클래스팅 같은 온라인 플랫폼에 공유하여 교사, 학생들과 피드백을 주고받습니다.

2~3차시에는 메이킹 활동에 사용할 재료 및 도구를 직접 다루어보고 특징을 파악하여 정리하는 활동을 수행합니다. 또한 간단한 프로그래밍 실습을 통하여 마이크로비트가 가지고 있는 특성을 파악하는 활동도 합니다. 이와 같은 활동은 학생들이 자신의 아이디어를 메이킹 산출물로 구현하는 데 필요한 재료 및 도구의 특징을 알 수 있도록 해주기 때문에 산출물의 수준을 높일 수 있습니다.

4~5차시에는 리믹스 기능을 활용하여 메이킹 문제를 해결하기 위한 알고리즘을 설계하고 교육용 프로그래밍 언어로 프로그래밍을 수행합니다. 학생들이 원하는 기능을 구현하는 데 마이크로비트를 활용하려면 반드시 프로그래밍(코딩)이 이루어져야 합니다. 하지만 학생들이 처음부터 프로그래밍을 하기에는 어려움이 많습니다. 교사는 학생들과 함께 문장 형태, 순서도 형태로 알고리즘을 설계한 후, 기본과 뼈대가 되는 코드를 제공하고 이를 창의적으로 재구성하고 발전시키는 리믹스 활동을 통해 학생들을 지원할 수 있습니다. 완성된 코드는 클래스팅 같은 온라인 플랫폼에 공유하여 교사, 학생들과 피드백을 주고받습니다.

6차시에는 1차시에 찾아낸 메이킹 문제들 중 학급에서 공통적으로 해결하고자 하는 문제 하나를 선정한 뒤 교사와 함께 단계별로 메이킹 산출물을 만드는 활동을 수행합니다. 학생들은 교사와 함께 재료 및 도구의 선정부터 알고리즘 설계 및 코딩, 메이킹 산출물을 만들어내는 과정을 단계별로 차근차근 수행합니다. 이러한 활동을 통해 학생들은 메이킹 전체 과정을 체험함으로써 자신감을 얻고 성취감을 경험할 수 있습니다.

7~8차시에는 설계한 알고리즘을 바탕으로 실제로 프로그래밍을 한 뒤 창의적으로 제작해보는 활동을 합니다. 이때 모둠별로 협력적 메이킹 활동을 통해서 창의적인 산출물이 나올 수 있도록 허용적 분위기를 조성하고 작업 과정과 산출물의 공유 및 피드백이 온오프라인에서 활발히 이루어질 수 있도록 안내합니다.

메이킹 과정 및 산출물 공유와 피드백 시 주의점

1. 공유가 체계적으로 이루어지기 위해서는 온라인 플랫폼을 마련해주는 것이 좋습니다. 온라인 플랫폼에 업로드하는 역할을 담당할 학생을 교사가 정하거나 스스로 정하도록 하고 꾸준히 수행하는지 체크하면 공유의 과정이 보다 풍성하게 이루어질 수 있습니다.

2. 메이킹 과정을 공유하기 위해서는 개인도, 모둠도 메이킹 과정을 꾸준히 기록해야 합니다. 일지 형태로 작성하거나 사진이나 영상으로 작업 과정을 남기면 좋습니다. 일지는 간단히 한두 줄 정도 분량으로 '어떤 것을 하는 과정이었고 문제점이나 결과물은 어떠했다'의 형태로 기술합니다. 사진이나 영상으로 작업 과정을 남길 때는 제일 중요하다고 생각하는 장면들을 촬영하고, 그 밑에 한두 줄의 간단한 설명을 추가합니다.

3. 학생들끼리 피드백을 주고받을 때 댓글을 활용하면 과정이 기록되기 때문에 좋습니다. 이때 교사는 비판적 평가보다는 궁금한 점, 수정 및 보완할 점 등을 중심으로 피드백을 주고받을 수 있도록 유도합니다.

4. 산출물에 대해서 잘했다, 잘못했다를 평가하기보다는 처음에 세웠던 메이킹 문제해결 계획서 또는 목표에 부합하는지 여부를 함께 살펴보고 수정, 보완해야 할 점을 중심으로 피드백을 주는 것이 좋습니다.

5. 수정, 보완할 점 등에 대한 피드백을 줄 때 학생 수준에서 활용 가능한 재료 및 도구를 적절하게 추천해주는 것도 좋습니다. 정답을 제공한다는 생각보다 는 함께 고민하면서 완성한다는 태도로 임해야 합니다.

9차시에는 만들어진 메이킹 산출물을 실제로 사용해봄으로써 사용성 평가를 실시하고 개선할 점을 찾아냅니다. 그래서 코드를 수정하거나 외형을 개선하는 활동을 통해 산출물의 질을 향상시킵니다.

마지막으로 10차시에는 메이커 페어를 통해 학생들이 만들어낸 메이킹 산출물을 발표하고 공유합니다. 이를 통해 자신의 경험, 노하우, 결과물을 자유롭게 공유하고 배움과 즐거움이 공존하는 장을 마련합니다.

메이커 페어 개최 시 주의점

1. 산출물을 체계적으로 공유하기 위해서는 메이커 페어를 개최하는 것이 좋습 니다. 메이커 페어는 반 단위에서 개최하는 것을 시작으로 점차 학년, 학교, 지역사회 단위로 넓혀갈 수 있습니다.
2. 간단하게 부스 형태를 만들어 산출물을 직접 시연해볼 수 있도록 구성하는 것이 좋습니다. 핵심적인 설명을 담은 설명 포스터를 만들어 부스에 비치하 는 것도 메이커 페어를 성공적으로 진행하는 데 도움이 됩니다.
3. 누군가의 산출물을 평가하기 위한 것이 아니라 산출물과 과정을 함께 공유 하고 체험하면서 즐기는 축제의 장이 될 수 있도록 간단한 과자 파티를 함께 진행해도 좋습니다.

■ 교수학습과정안

1차시

– 주제 : 우리 주변의 일상생활 속 문제를 발견하고 메이킹 문제 정의하기

– 수업 목표 : 우리 주변의 일상생활 속 문제를 발견하고 메이킹 문제를 정의할 수 있다.

주요 활동	각 단계별 설명	교수 · 학습 자료(◇) 및 지도상 유의점(✓)
도입		
동기유발	○ 무엇인가를 만든 경험이나 만들기를 통해 생활 속에서 편리함을 느꼈던 경험을 발표하고 공유한다. ○ 메이킹 자체의 즐거움, 호기심, 실패에 대한 긍정적인 마음, 협력적인 태도, 끈기 있는 태도 등을 길러주기 위하여 메이킹 활동을 통해 문제를 해결한 주변의 인물, 사례를 제시한다.	◇PPT, 동영상 자료 ✓메이킹 활동을 통해 문제를 해결한 초등학생의 사례를 제시하여 메이커 교육이 쉽게 다가갈 수 있는 수업이라는 사실을 깨달아 메이커 정신을 기를 수 있도록 유도한다.
전개		
공감하기	○ 학급을 돌아다니면서 주변 상황을 관찰하고 다른 학생과 이야기를 나누고 자기 자신의 행동을 돌아보면서 일상생활 속의 문제를 찾아 학습지에 정리한다. ○ 찾아낸 문제를 종합하여 주제별로 유사한 학생들끼리 3~4명씩 모둠을 구성한다.	◇학습지 ✓유사한 주제별로 모둠을 편성하되 모둠원의 수가 지나치게 편중되지 않도록 한다. ✓교사는 돌아다니며 어려움을 겪는 학생에게 조언을 제공한다.

메이킹 문제 정의하기	○ 학교 안 문제 상황, 학급 내 문제 상황, 자신과 관련된 사소한 문제 등 다양한 의견이 자유롭게 개진 및 공유될 수 있도록 구글 문서, 구글 폼의 테크놀로지를 활용한다 ○ 학생이 주변에서 발견한 실생활 관련 문제가 메이킹 활동을 통해 무엇인가를 만들어 적용함으로써 해결할 수 있는 문제인지 판단하도록 구체적인 탐구 질문 3가지를 제시한다. – 여러분이 관찰한 상황은 어떤 상황인가요? – 여러분이 관찰한 상황 때문에 사람들이 어떤 불편함이나 어려움을 겪고 있나요? – 사람들의 불편함과 어려움을 해결하기 위해 무엇을 만들어낼 수 있나요?	◇구글 문서
메이킹 문제해결 계획서 작성하기	○ 다음의 항목이 들어간 메이킹 문제해결 계획서를 학생에게 제공한다. 문제 상황, 원인, 무엇을 만들 것인가, 어떤 기능이 들어가면 좋은가, 어떤 재료를 사용할 것인가, 메이킹 결과물이 왜 필요한가, 한계점은 무엇인가. ○ 모둠별로 앞에서 파악한 문제를 바탕으로 메이킹 문제해결 계획서를 작성하도록 한다.	◇메이킹 문제해결 계획서 ✔학생이 메이킹 활동을 통해 도출될 결과물에 대한 계획서를 작성하도록 구조화된 문제해결 계획서를 제공한다.
정리		
정리하기	○ 모둠별로 작성한 문제해결 계획서를 온라인 플랫폼에 올리고 학생들끼리 서로 의견을 달아준다.	◇온라인 플랫폼 ✔앞으로 수행하게 될 메이커 수업 결과물을 온라인 플랫폼에 적극적으로 올리고 공유할 것임을 안내한다.

1차시에는 우리 주변의 일상생활 속에서 문제를 발견하고 공감한 뒤 메이킹 문제해결 계획서를 작성하는 활동을 합니다. 먼저 학생들은 교사가 마련해놓은 학습지를 가지고 교실을 돌아다니며 교사와 친구들을 대상으로 학급이나 학교에서 생활하면서 불편한 점, 개선되면 좋은 점에 대해 이야기를 들으며 조사합니다. 이때 다양한 종류의 이야기가 나올 수 있도록 시

간을 충분히 주고 어떠한 이야기가 나와도 괜찮다는 허용적 분위기를 조성하는 것이 필요합니다. 그래야만 학생들이 문제에 대해서 깊이 공감할 수 있고 메이킹 활동을 통해 해결하려는 실천 의지를 가질 수 있습니다.

허니컴보드를 활용한 관심 주제별 모둠 구성

조사가 끝나면 모둠별로 모여서 자신이 찾아낸 학급 내 문제, 학교 내 문제에 대해 이야기를 나누고 정리합니다. 교사는 찾아낸 문제들을 종합하여 주제별로 유사한 학생 3~4명씩 모둠을 구성하여 앉도록 합니다. 이때 허니컴보드 교구를 활용하여 학생들이 발견한 문제를 주제별로 칠판에 붙이도록 하면 모둠 구성을 보다 학생 주도적으로 할 수 있습니다.

이제 메이킹 문제를 정의할 차례입니다. 학생들이 찾아낸 여러 가지 문제들에는 다양한 해결책이 있을 것입니다. 어떤 문제는 학생들 간 협의를 통해서, 어떤 문제는 학급 규칙을 바꾸는 것으로 해결할 수 있을 겁니다. 이때 주의할 점은 메이킹 활동을 통해 해결할 수 있는 문제, 즉 무엇인가를 만들어 해결할 수 있는 문

문제 상황 공감하기 학습지

제를 추려내고 이를 정의하는 과정을 꼭 거쳐야 한다는 점입니다. 교사는 학생들 스스로 판단할 수 있도록 다음과 같은 3가지 질문을 학생들에게 제시할 수 있습니다.

① 여러분이 관찰한 상황은 어떤 상황인가요?

② 여러분이 관찰한 상황 때문에 사람들이 어떤 불편함이나 어려움을 겪고 있나요?

③ 사람들의 불편함과 어려움을 해결하기 위해 무엇을 만들어낼 수 있나요?

학생들이 작성한 답변을 보면 '그냥 불편하다', '귀찮아서'와 같이 깊이 생각하지 않고 적는 경우가 꽤 있습니다. 따라서 '교사 또는 친구들과의 면담결과', '우리 반 학생들이 가장 덥다고 느끼는 시각', '선풍기나 에어컨을 틀었을 때 가장 좋다고 느끼는 온도'처럼 구체적으로 뒷받침하는 내용이 잘 드러나는 답변을 적도록 유도합니다.

3가지 질문을 통해 메이킹 문제를 정의했다면 이제 메이킹 문제해결 계획서를 작성합니다. 초등학생들에게 실생활 문제를 해결하기 위한 계획서를 작성해보라고 과제를 주는 것은 무척 어려운 일입니다. 그러므로 '문제 상황, 원인, 무엇을 만들 것인가, 어떤 기능이 들어가면 좋은가, 어떤 재료를 사용할 것인가, 메이킹 결과물이 왜 필요한가, 한계점은 무엇인가'라는 항목이 정리된 구조화된 메이킹 문제해결 계획서를 제공하는 것이 좋습니다. 이는 앞으로 학생들이 메이킹 결과물을 만들 때 꼭 필요한 청사진이자 가이드라인이 되어줄 것이기 때문에 구체적으로 작성해야 합니다.

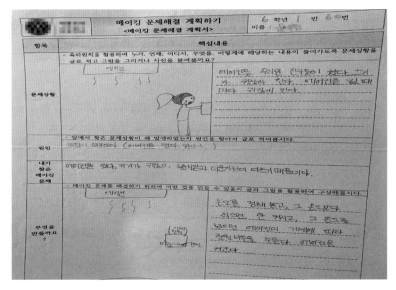

메이킹 문제해결 계획서 작성 결과

이때 메이킹 문제해결 계획서에 어떤 항목을 추가적으로 넣거나 뺄지는 학생들의 수준을 고려해 교사가 판단하여 조정하면 됩니다. 그리고 계획서를 작성할 때 글로 표현하기 어렵다면 그림으로 표현하는 것도 괜찮습니다. 글과 그림이 함께 제시된 계획서는 메이킹 결과물을 구체적으로 만드는 데 큰 도움이 될 것입니다. 또한 메이킹 문제해결 계획서는 앞으로 메이킹 활동 과정 중에 얼마든지 수정, 보완해도 되므로 1차시 수업 안에 반드시 계획서를 완성하지 않아도 됩니다. 따라서 이러한 사실을 안내해주면 학생들이 시간의 압박을 받지 않고 계획서를 작성할 수 있습니다.

작성된 메이킹 문제해결 계획서는 교실 앞 칠판에 붙이거나 학습 결과물을 전시하는 게시판에 게시합니다. 혹은 클래스팅과 같은 온라인 플랫폼에 공유합니다. 학습 결과물을 공유하는 경험은 교사나 친구들로부터 발전적인 피드백을 얻을 수 있고 자신의 학습 과정을 되돌아보는 좋은 기회가 될 수 있습니다. 따라서 수정, 보완할 점이나 궁금한 점, 잘된 점 등을 포스트잇 또는 댓글을 통해 자유롭게 적을 수 있도록 하고 이를 반영하여 메이킹 문제해결 계획서를 수정하도록 유도합니다. 이때 '잘했다, 못했다'와 같은 평가의 관점에서 바라보지 않도록 미리 학생들에게 안내해야 합니다. 그리고 결과물 공유가 앞으로도 계속 이루어질 것이라는 점도 다시 한번 짚어줍니다.

■ 수업 장면 및 결과물

모둠에서 설계한 알고리즘,
코딩 결과를 공유한 클래스팅

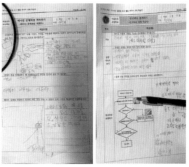

메이킹 문제해결 계획서,
알고리즘 설계 학습지

리믹스를 통해 제시된 알고리즘

코드를 바탕으로 한
협력적 알고리즘 설계 및 코딩

최종 메이킹 작품 완성 코드

메이커 페어에 참가한 학생들

최종 메이킹 작품(① 타이머, ② 자동수분공급장치, ③ 소음감지 알람기계,
④ ⑤ 알람시계, ⑥ 온도감지 선풍기, ⑦ 미세먼지 측정기, ⑧ 모둠 발표 도우미 기계)

메이커 교육 성찰일지

총 5주간에 걸쳐서 피지컬 컴퓨팅 도구인 마이크로비트를 활용한 메이커 교육이 끝났습니다. 여러분이 수행했던 메이킹 과정을 돌이보면서 다음 성찰일지를 작성해봅시다.

* 필수항목

1.성별은 무엇인가요? *

○ 남

○ 여

2.마이크로비트를 활용한 메이커 수업에서 겪었던 좋았던점은 무엇이었나요? 어떤 단계 또는 어떤 활동이 좋았는지 구체적으로 적어봅시다. *

내 답변

3.여러분이 만들어낸 메이킹 작품에 대해서 얼마나 만족하나요? *

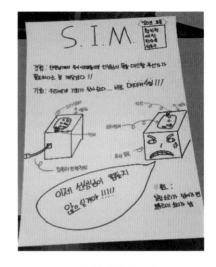

메이커 교육 성찰일지	메이커 페어 홍보물

2) 메이키 메이키 활용 수업

– 메이키 메이키를 활용하여 나만의 악기 만들기

■ 수업의 개요

이 수업은 학생들이 피지컬 컴퓨팅 도구인 메이키 메이키를 활용하여 나만의 악기를 만들고 간단한 음악을 직접 연주하는 활동입니다. 메이키 메이키를 작동시키기 위해서는 간단한 프로그래밍이 필요한데 초등학생을 대상으로 개발된 블록형 코딩 프로그램인 엔트리를 활용하면 비교적 쉽게 간단한 수준의 코딩을 할 수 있습니다. 학생들은 엔트리에서 코딩한 것을 메이키 메이키로 출력하여 곡을 연주할 수 있으며, 이 과정에서 서로의 다양한 아이디어를 공유할 수 있습니다.

대상 학년	6학년		
주제	메이키 메이키를 활용하여 나만의 악기 만들기		
관련 교과 및 차시	실과, 음악, 미술	총 차시 : 8차시	소요기간 : 약 2~3주
관련 교육과정 성취기준	실과	〔6실04-09〕 프로그래밍 도구를 사용하여 기초적인 프로그래밍 과정을 체험한다. 〔6실05-03〕 생활 속에 적용된 발명과 문제해결 사례를 통해 발명의 의미와 중요성을 이해한다. 〔6실05-04〕 다양한 재료를 활용하여 창의적인 제품을 구상하고 제작한다.	
	음악	〔6음01-01〕 악곡의 특징을 이해하며 노래 부르거나 악기로 연주한다. 〔6음03-01〕 음악을 활용하여 가정, 학교, 사회 등의 행사에 참여하고 느낌을 발표한다.	
	미술	〔6미02-01〕 표현 주제를 잘 나타낼 수 있는 다양한 소재를 탐색할 수 있다. 〔6미02-02〕 다양한 발상 방법으로 아이디어를 발전시킬 수 있다. 〔6미02-03〕 다양한 자료를 활용하여 아이디어와 관련된 표현 내용을 구체화할 수 있다. 〔6미02-06〕 작품 제작의 전체 과정에서 느낀 점, 알게 된 점 등을 서로 이야기할 수 있다.	
프로그램 학습 목표	○ 엔트리를 활용하여 간단한 코딩을 수행할 수 있다. ○ 메이키 메이키와 여러 가지 재료를 이용하여 나만의 악기를 제작할 수 있다. ○ 엔트리와 메이키 메이키를 이용하여 곡을 연주할 수 있다. ○ 제작한 악기로 음악 발표회를 할 수 있다.		

평가 기준 및 방법	평가 기준	평가 방법
	메이키 메이키를 활용하여 나만의 악기를 만드는 활동에 주도적으로 참여하고 있는가? - (잘함) 다양한 재료를 이용하여 나만의 악기를 제작할 수 있으며 기초적인 프로그래밍을 잘할 수 있다. - (보통) 재료를 활용하여 악기를 제작하는 기술이 다소 부족하며 기초적인 프로그래밍에 대하여 이해하고 있다. - (노력 요함) 재료를 활용하여 악기를 제작하는 기술 및 기초적인 프로그래밍에 대한 이해도가 부족하다.	관찰 평가, 자기 평가

■ 수업 전 준비해야 할 것

① 메이키 메이키

메이키 메이키는 블록형 소프트웨어 교육 도구인 스크래치를 만든 MIT 미디어랩에서 만든 피지컬 컴퓨팅 도구의 한 종류로, 어렵게 납땜을 하거나 아두이노처럼 복잡한 코딩 없이도 아주 간단하고 쉽게 다양한 아이디어를 컴퓨터와

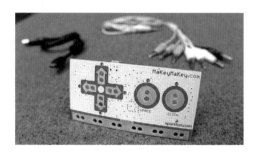

메이키 메이키 보드

연결시켜 입력하도록 도와주는 입력 도구의 일종입니다.

메이키 메이키 활용 시 주의점

1. 메이키 메이키 보드와 컴퓨터를 연결하면 불이 들어오면서 드라이버가 자동으로 설치됩니다.
2. 엔트리로 코딩을 하기 전에 메이키 메이키 연결 여부를 확인하고 쉬운 조작을 해보고 싶으면 메이키 메이키 웹사이트(https://apps.makeymakey.com/piano)를 이용할 수도 있습니다. 웹사이트에는 피아노 건반이 나타나며, 메이키 메이키를 조작하여 피아노 건반을 누를 수 있습니다. 웹사이트는 크롬 브라우저에서 접속할 것을 권장합니다.
3. 연필심(흑연)을 이용하려면 종이에 연필로 그림을 그린 후 해당 그림에 클립을 연결하면 메이키 메이키가 작동됩니다.

메이키 메이키 웹사이트 화면　　　　종이에 연필로 그림을 그려 연결한
　　　　　　　　　　　　　　　　　메이키 메이키

② 엔트리

엔트리(https://playentry.org)는 초등학생 코딩
교육을 위해 개발된 프로그램입니다. 초등학
생을 대상으로 개발된 블록형 코딩 프로그램에
는 미국 MIT에서 개발한 스크래치와 국내 네
이버에서 개발한 엔트리가 대표적입니다. 엔
트리는 사용이 편리하고, PC, 스마트폰, 태블
릿 등 다양한 기기와의 호환성이 우수합니다.
그리고 크롬 브라우저에 최적화되어 있으므로

엔트리 접속 화면

크롬 브라우저에서 접속할 것을 권장합니다. 수업 전 엔트리에 접속하여
미리 회원가입(학생/교사) 및 로그인을 해둡니다.

③ 여러 가지 전도성 물체

메이키 메이키는 전도성을 가진 물체를 이용한 입력장치입니다. 여기서

엔트리 활용 시 주의점

1. 가능하면 학생들이 주어진 코드를 그대로 따라하기보다는 코딩의 원리를 이해하여 스스로 문제를 해결할 수 있도록 지도합니다.

2. 이해가 되지 않는 블록은 직접 실행하면서 결과물을 보고 즉각적으로 수정합니다.

3. 엔트리에서 만든 작품은 웹사이트 내에서 공유가 가능합니다. 완성된 작품을 공유하여 서로 피드백을 나누면 좋습니다.

엔트리 웹사이트 내 공유된 작품

전도성이란 전기가 통하는 성질을 말하며, 입력장치란 마우스, 키보드와 같이 컴퓨터에 데이터와 명령을 보내는 데 사용하는 전자장치를 말합니다. 즉 메이키 메이키는 전기가 통하는 모든 사물을 키보드 혹은 마우스 같은 입력장치로 만들 수 있는 보드입니다. 별도의 드라이버나 프로그램이 필요하지 않고 USB만 연결하면 바로 사용할 수 있습니다.

메이키 메이키로 악기 만들기 활동을 할 때 여러 가지 전도성 물체가 필요합니다. 학생들이 직접 필요한 재료를 준비하도록 하되, 미처 준비하지 못한 학생들을 위해 교사가 미리 여분의 재료를 준비하는 것이 좋습니다. 숟가락, 젓가락, 가위, 연필심(흑연), 클립, 호일(은박지) 등의 물체뿐 아니라 바나나, 귤 등 다양한 과일과 물도 재료로 활용할 수 있습니다. 가능하다면 전도성 찰흙과 전도성 펜을 구입하여 사용하는 것도 좋습니다. 학생들이 원하는 모양을 직접 찰흙으로 만들거나 펜으로 그리도록 함으로써 다양하고 창의적인 산출물을 만들어낼 수 있습니다.

■ 학습의 흐름

피지컬 컴퓨팅 도구 활용 메이커 교육 수업 모형	차시별 프로젝트 수업 내용
공감하기	■ 1차시 – 엔트리 프로그램 기초 익히기 [활동1] 엔트리 구성 살펴보기 [활동2] 엔트리 프로그래밍 방법 익히기 [활동3] 기초적인 프로그래밍을 통해 곡 연주하기
메이킹 문제 정의하기	
재료 및 도구 특성 파악하기	■ 2~3차시 – 메이키 메이키 기초 익히기 [활동1] 메이키 메이키의 구성 살펴보기 [활동2] 엔트리와 메이키 메이키의 결합 방법 알아보기 [활동3] 엔트리에서 코딩한 것을 메이키 메이키로 출력해보기
리믹스를 활용한 알고리즘 설계 및 코딩하기	■ 4차시 – 엔트리와 메이키 메이키를 이용한 음악 활동 구상하기 [활동1] 만들고 싶은 악기 형태 구상하기 [활동2] 연주할 곡 정하기 [활동3] 곡 연주를 위한 알고리즘 설계하기
컴퓨팅 산출물 조립하기	
컴퓨팅 산출물 창의적 구성하기	■ 5~6차시 – 엔트리와 메이키 메이키를 이용한 악기 제작 및 개선하기 [활동1] 재료와 도구 탐색하기 [활동2] 조립 및 프로그래밍하기 [활동3] 결과물 공유하기
알고리즘, 컴퓨팅 산출물 수정, 개선하기	

공유하기	■ 7~8차시 - 제작한 악기로 음악 발표회 하기 〔활동1〕 음악 발표회 하기 〔활동2〕 악기 제작 과정 공유하기
성찰하기	■ 매 차시마다 진행 - 차시별로 산출물 및 과정을 온라인 플랫폼에 기록하고 공유한다.
종합하기	■ 매 차시마다 진행 - 온라인 플랫폼에 기록하고 공유한 산출물 및 과정을 바탕으로 성 찰일지를 작성한다.

1차시에는 엔트리 프로그램의 기초를 익힙니다. 먼저 엔트리의 구성을 살펴보고, 기초적인 프로그래밍 방법을 익힙니다. 기본 블록들의 사용 방법을 직접 실습을 통해 익히고 난 뒤, 학습한 기능을 바탕으로 간단한 곡을 연주해봅니다.

2~3차시에는 메이키 메이키의 기초를 익힙니다. 처음 접하는 학생들에게 메이키 메이키는 다소 생소한 도구일 수 있습니다. 2인 1조로 메이키 메이키 키트를 나누어주고 자유롭게 탐색하며 도구에 친숙해지도록 합니다. 이후 교사의 주도 아래 메이키 메이키를 컴퓨터와 연결시키고 엔트리에서 코딩한 것을 메이키 메이키로 출력하는 방법을 알려줍니다. 그리고 교사가 제시한 쉬운 과제를 학생들이 직접 엔트리로 코딩한 후 메이키 메이키로 출력해봅니다.

4차시에는 음악 활동을 구상해봅니다. 메이키 메이키를 통해 만들고 싶은 악기 형태를 구상하고 악기 제작에 필요한 준비물을 모둠별로 자유롭게 탐색합니다. 전기가 통하는 물체면 어떤 것이라도 상관없습니다.

엔트리의 다양한 기능 활용법

엔트리 프로그램에는 학습하기, 만들기, 공유하기, 커뮤니티 등 4가지 기능이 포함되어 있습니다. '학습하기'에는 엔트리를 학습할 수 있는 미션 해결 및 영상 콘텐츠가 포함되어 있어, 1차시 엔트리 프로그램의 기초를 익히는 시간에 활용할 수 있습니다. 그리고 본격적인 메이킹 활동이 이루어지는 4~6차시에는 엔트리의 '만들기' 기능을 활용합니다. 완성된 산출물은 '공유하기' 기능을 통해 다른 사람에게 소개할 수 있습니다. 이 수업에서는 '커뮤니티' 기능을 활용하여도 좋습니다. '커뮤니티'는 교사가 학급별로 학생들을 관리할 수 있는 기능으로, 한 학급의 학생들끼리 작품을 공유할 수 있으며 과제를 만들고 산출물을 확인하는 데도 유용합니다.

엔트리의 학습하기, 만들기, 공유하기, 커뮤니티 기능

악기 형태에 대한 구상이 끝나면 연주하고자 하는 곡을 정하고 곡 연주를 위한 엔트리 알고리즘을 설계합니다. 내가 연주하고자 하는 곡을 엔트리를 통해 프로그래밍하고 이를 메이키 메이키를 통해 출력하는 경험을 해보는 것이 목표이기 때문에 음악의 종류나 수준은 학생들이 자율적으로 정합니다.

5~6차시에는 본격적으로 메이키 메이키를 이용한 악기를 제작하고 보다 정교하게 수정합니다. 먼저 재료와 도구를 탐색하고 학생들이 직접

준비해온 재료를 점검합니다. 교사는 사전에 몇 가지 기본 준비물을 준비해두었다가 미처 준비하지 못한 학생에게 제공합니다. 준비물 점검이 끝나면 2인 1조로 엔트리 프로그래밍과 메이키 메이키 조립을 합니다. 완성된 산출물이 제대로 작동하는지 조별로 점검하고 필요하다면 교사의 도움을 받아 수정합니다.

7~8차시에는 제작한 악기로 음악 발표회를 합니다. 모든 조가 돌아가며 자신이 만든 악기를 이용하여 미리 연습한 곡을 연주합니다. 연주가 끝나면 발표자는 악기 제작 과정 및 소감을 발표하고, 다른 친구들은 잘된 점과 아쉬운 점을 피드백해줍니다. 이러한 과정을 통해 학생들은 창의적이고 독창적인 아이디어를 공유하고, 보다 나은 산출물을 만들기 위한 추가적인 아이디어를 얻을 수 있습니다.

■ 교수학습과정안

5~6차시

– 주제 : 엔트리와 메이키 메이키를 이용한 악기 제작 및 개선하기

– 수업 목표 : 엔트리와 메이키 메이키를 이용해 악기를 제작하고 개선할 수 있다.

주요 활동	각 단계별 설명	교수 · 학습 자료(◇) 및 지도상 유의점(√)
도입		

동기유발	○ 친구들과 함께 도착한 남태평양의 섬. 캠핑을 즐기기 위해 텐트, 프라이팬, 쟁반, 그릇, 수저 등의 도구를 준비했다. 이곳에는 컴퓨터와 메이키 메이키, 수많은 채소와 과일이 있다. 밤이 되고 캠프파이어를 하며 친구들과 음악을 연주하려고 한다. 어떻게 하면 아름다운 음악을 연주할 수 있을까?	◇PPT (사진 및 스토리텔링 자료)
전개		
공감하기	○ 악기를 만드는 데 쓰이는 다양한 재료(전도성 물체)와 도구(컴퓨터, 메이키 메이키 등)를 탐색한다. ○ 메이킹 활동 시 주의할 점을 확인한다. - 메이킹 활동 중 장난을 치지 않는다.	◇다양한 전도성 물체, 컴퓨터, 메이키 메이키 등 ✓다양한 전도성 물체를 학생이 직접 준비하도록 하고, 재료를 미처 준비하지 못한 경우를 대비해 교사도 여분의 재료를 준비한다.
메이킹 문제 정의하기	○ 각자 역할을 나누어 악기를 만든다. - 제작자 역할의 모둠원은 악기의 외형을 제작한다. - 프로그래머 역할의 모둠원은 엔트리와 메이키 메이키를 활용하여 코딩 및 음성 출력 작업을 한다. ○ 악기를 완성했으면 모둠원들과 함께 연주해본다.	◇다양한 전도성 물체(숟가락, 젓가락, 가위, 연필, 클립, 호일, 과일, 물, 전도성 찰흙, 전도성 펜 등), 컴퓨터, 메이키 메이키 등 ✓기술적으로 어려운 부분에 대해서 교사의 도움이 필요한지 물어본다.
메이킹 문제해결 계획서 작성하기	○ 모둠별로 악기를 연주해본다. - 교실을 돌아다니며 각 모둠이 만든 악기를 직접 조작해본다.	◇스피커
정리		
정리하기	○ 악기를 직접 만들어 연주한 소감을 발표한다.	

5~6차시에는 엔트리와 메이키 메이키를 이용하여 악기를 제작하고 개선하는 활동을 수행합니다. 이는 수업의 가장 핵심적인 차시로 학생들은 1~4차시에 학습한 내용을 모두 통합하여 본격적으로 산출물을 만듭니

다. 학생들을 미리 2인 1조로 구성하고, 수업은 컴퓨터 사용이 가능한 컴퓨터실 또는 스마트교실에서 실시합니다.

　도입에는 스토리텔링을 통해 학생들의 동기를 유발합니다. 우리 반 친구들과 함께 캠핑을 떠난 상황을 제시합니다. 캠핑을 위해 텐트, 프라이팬, 쟁반, 그릇, 수저, 채소와 과일 등 다양한 재료가 준비되어 있고, 밤이 되어 친구들과 캠프파이어를 하며 음악을 연주하려는 상황입니다. 전기가 통하는 다양한 물체가 있음을 자연스럽게 제시하고, 메이키 메이키를 활용하면 음악을 연주할 수 있음을 떠올리게 합니다.

　전개의 첫 번째 활동으로 악기 제작에 필요한 재료와 도구를 탐색합니다. 악기 제작에는 다양한 전도성 물체와 컴퓨터, 메이키 메이키가 필요합니다. 다양한 전도성 물체(숟가락, 젓가락, 가위, 연필, 클립, 호일, 과일, 물, 전도성 찰흙, 전도성 펜 등)는 학생들이 미리 직접 준비하도록 합니다. 재료를 미처 준비하지 못한 학생을 위해 교사도 여분의 재료를 준비하는 것이 좋습니다. 또한 메이킹 활동 시 주의할 점을 다시 한번 주지시킵니다. 준비물 중 뾰족하거나 날카로운 물건이 있다면 사용에 더욱 주의하고, 활동 중 다른 팀에 방해가 되는 장난을 치지 않습니다.

　두 번째 활동은 메이키 메이키를 조립하고 엔트리를 프로그래밍하는 것입니다. 2인 1조로 구성된 학생들은 각자 역할을 나누어 악기를 만듭니다. 제작자 역할의 학생은 메이키 메이키와 전도성 물체들을 활용하여 악기의 외형을 제작합니다. 프로그래머 역할의 학생은 엔트리를 코딩하고 메이키 메이키로 음성 출력이 제대로 되는지 확인합니다. 이 과정에서 기술적으로 어려운 부분이 있다면 교사의 도움이 필요한지 살펴보고 도와줍니다.

엔트리 코딩 지도 시 주의점

1. 처음부터 학생들에게 모든 과정을 스스로 하라고 하면 어려움을 느낄 수 있습니다. 일단 교사가 제시한 기본 코드를 완성하도록 하고 조금씩 수정하도록 안내하는 것이 좋습니다. 이때 학생들 스스로 기본 코드를 다양한 형태로 변형할 수 있도록 허용적인 분위기를 조성하는 것이 중요합니다.

2. 각자 만들어낸 산출물을 다른 친구들과 공유하고 의견을 나누는 공유의 문화를 경험할 수 있도록 합니다.

3. 코딩 및 소프트웨어 교육의 핵심은 디버깅(프로그래밍에서 잘못된 부분을 찾아 고치는 작업)이므로, 이 활동을 충분히 경험하도록 유도합니다. 제작 중에 나타나는 오류나 실수는 자연스러운 과정임을 알려주고, 오류 발생 시 코딩 블록을 직접 이리저리 실행해보며 스스로 수정하도록 안내합니다.

악기가 완성되면 산출물이 제대로 작동하는지 함께 점검해보고, 필요하다면 교사의 도움을 받아 수정합니다.

세 번째 활동은 결과물을 공유하는 것입니다. 결과물 공유는 온라인과 오프라인에서 동시에 이루어집니다. 코딩 결과물은 엔트리 웹사이트 내에 공유하거나 커뮤니티 기능을 활용하여 플랫폼에 탑재하고, 서로 댓글로 피드백을 주고받습니다. 이때 부정적인 평가보다는 잘된 점, 궁금한 점, 보완이 필요한 점 등을 자유롭게 나눌 수 있도록 하고, 다른 팀의 코딩 결과물을 보고 자신의 작품을 수정 및 보완하도록 합니다. 오프라인 상황이라면 교실을 자유롭게 돌아다니며 다른 모둠이 만든 악기를 직접 조작해보고, 궁금한 점을 질문하며 서로의 아이디어를 공유합니다.

마지막으로 악기를 직접 만들어 연주한 소감을 발표해봅니다.

■ 수업 장면 및 결과물

물을 전도성 물체로 사용한 악기 산출물

토마토를 전도성 물체로 사용한 악기 산출물

엔트리를 활용하여 프로그래밍을 하는 학생

메이키 메이키로 산출물을 만드는 학생

3) 아두이노 활용 수업

– 아두이노를 활용하여 무선 조종 자동차 만들기

■ 수업의 개요

이 수업에서는 아두이노를 활용하여 스마트폰으로 무선 조종이 가능한 자동차를 만드는 활동을 진행합니다. 먼저 아두이노가 신호를 받으면 전진, 후진, 회전 등 간단한 동작을 할 수 있도록 코딩합니다. 그리고 블루투스를 이용하여 스마트폰과 아두이노를 연결하고, 스마트폰의 블루투스 컨트롤러 앱을 활용하여 아두이노 자동차를 작동시킵니다. 학생들은 아두이노, 전동기, 건전지, 바퀴 등 기본적인 재료를 이용해 자동차의 기본 차체를 만들고 스마트폰을 이용하여 자동차를 자유롭게 동작시키는 경험을 합니다. 학생들의 흥미와 관심을 유발하고 과제에 몰입할 수 있는 환경을 조성하기 위하여 제작한 자동차를 가지고 장애물 피하기 게임 활동을 진행하는 것도 좋습니다. 학생들이 친구들과 협동하며 창의적으로 문제를 해결하는 경험을 하도록 아두이노를 활용한 코딩, 아두이노와 스마트폰의 연결, 자동차 차체 만들기 등으로 수업 과정을 구상했습니다.

대상 학년	6학년		
주제	아두이노를 활용하여 무선 조종 자동차 만들기		
관련 교과 및 차시	과학, 실과, 미술	총 차시 : 6차시	소요기간 : 약 1주
관련 교육과정 성취기준	과학	[6과13-01] 전지와 전구, 전선을 연결하여 전구에 불이 켜지는 조건을 찾아 설명할 수 있다. [6과07-01] 일상생활에서 물체의 운동을 관찰하여 속력을 비교할 수 있다.	
	실과	[6실04-07] 소프트웨어가 적용된 사례를 찾아보고 우리 생활에 미치는 영향을 이해한다. [6실04-08] 절차적 사고에 의한 문제해결의 순서를 생각하고 적용한다. [6실04-09] 프로그래밍 도구를 사용하여 기초적인 프로그래밍 과정을 체험한다.	
	미술	[6미02-02] 다양한 발상 방법으로 아이디어를 발전시킬 수 있다. [6미02-05] 다양한 표현 방법의 특징과 과정을 탐색하여 활용할 수 있다.	
프로그램 학습 목표	○ 전기회로에서 전류가 흐르는 방향을 알고, 전류의 방향에 따라 전동기의 회전 방향이 달라짐을 설명할 수 있다. ○ 간단한 코딩을 통해 블루투스로 스마트폰과 아두이노를 연결하여 전동기를 제어할 수 있다. ○ 여러 가지 재료를 이용하여 무선 조종 자동차를 만들 수 있다.		

평가 기준 및 방법	평가 기준	평가 방법
	전류의 방향에 따라 전동기의 회전 방향이 달라짐을 설명할 수 있는가?	구술 평가
	스마트폰과 아두이노를 블루투스로 연결하기 위한 코딩을 할 수 있는가?	수행 평가
	다양한 재료를 사용하여 무선 조종 자동차를 만드는 활동에 적극적으로 참여하는가?	관찰 평가

■ 수업 전 준비해야 할 것

① 아두이노

아두이노는 사용하기 쉬운 하드웨어와 소프트웨어를 기반으로 한 오픈소스 전자 플랫폼입니다. 엔트리, 스크래치와 같은 교육용 프로그래밍 언어와 호환이 가능하며, 외장형 센서들과 호환성 및 확장성이 높아서 정교한 작업을 수행할 수 있다는 것이 장점입니다. 또한 아두이노는 여러 센서와 출력 모듈들을 저렴한 가격에 구입하여 다양하게 활용할 수 있습니다.

아두이노 스타터 입문 키트

- IDE 활용하여 텍스트 코딩하기

아두이노 보드에 코딩하기 위한 개발 도구 및 개발 환경을 IDE

(Intergrated Development Environment)라고
합니다. 이를 통하여 아두이노를 어떻게
동작시킬지 코드를 짤 수 있습니다. 아두
이노 공식 사이트(https://www.arduino.cc)
에 접속하여 자신의 운영체제에 맞는 소
프트웨어를 다운받아 실행하면 됩니다.
그리고 툴—보드를 선택하여 자신이 가지
고 있는 아두이노 종류를 선택합니다.

아두이노 프로그램 실행 화면

　아두이노 IDE를 켠 상태에서 아두이노를 구입할 때 들어 있는 USB
선을 이용하여 컴퓨터와 연결하면 툴—포트에 연결된 아두이노가 표시
됩니다. 포트를 선택하여 아두이노와 컴퓨터를 연결해 코딩을 진행할 수
있습니다. IDE 환경에서는 텍스트 프로그래밍 언어인 C언어만을 지원
하므로 블록형 코딩을 원한다면 다음에 소개할 시뮬레이터 프로그램이
나 엔트리와 같은 교육용 프로그래밍 언어를 지원하는 프로그램을 사용
해야 합니다.

– 블록형 언어로 코딩하기
학생들에게 익숙한 엔트리도
아두이노와 호환이 가능합니
다. 엔트리의 하드웨어 연결하
기 탭에 들어가면 지원되는 다
양한 하드웨어가 있고 아두이

엔트리의 하드웨어 연결하기 탭 화면

노의 다양한 타입도
찾아볼 수 있습니다.

아두이노 센서를
연결하기 전에 회로
구성과 동작 과정을
테스트해볼 수 있도

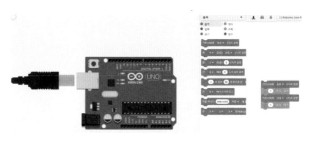

팅커캐드 홈페이지의 아두이노 시뮬레이터 실행 모습

록 시뮬레이션을 제공하는 사이트를 활용할 수 있습니다. 팅커캐드 홈페이지에서는 아두이노 시뮬레이터를 제공하며 블록 코딩, 텍스트 기반 코딩을 모두 지원합니다. 여러 센서를 실제로 연결하기 전에 시뮬레이션을 해봄으로써 과전류 현상 등으로 인한 전자 부품 고장을 방지할 수 있습니다.

– 브레드보드를 활용하여 회로 구성하기
브레드보드를 활용하면 여러 센서로 납땜 없이 간편하게 회로를 구성할 수 있습니다. 브레드보드에는 구멍이 뚫려 있어 센서를 꽂아 사용할 수 있습니다. 빛, 소리, 전기, 힘, 운동, 위치, 온도, 습도, 통신(블루투스) 등을 감지할 수 있는

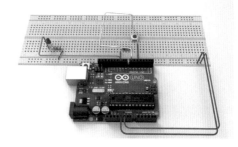

브레드보드로 구성한 회로

다양한 센서가 있습니다. 많이 활용되는 출력 모듈로는 소리(스피커), 힘/운동(모터 컨트롤러, 서보모터 등), 빛(LED) 등이 있습니다. 아두이노가 브

레드보드 내에 장착되어 있고 자석을 활용하여 회로를 연결할 수 있는
교육용 제품도 개발 중입니다.

회로 구성 시 주의점

1. 센서 연결 시 해당 피지컬 컴퓨팅 도구가 배터
   리의 전압을 어느 정도까지 받아들일 수 있는
   지 확인해야 전원을 연결했을 때 센서가 작동
   하지 않는 일을 방지할 수 있습니다.
2. 브레드보드에 부품을 꽂을 때 각 부품을 분리
   된 라인에 알맞게 꽂아야 합니다. 각 부품을 내
   부에서 연결된 라인에 꽂으면 합선이 일어나고
   해당 부품이 작동하지 않습니다. 부품을 분리된
   라인에 알맞게 꽂아야 정상적으로 작동합니다.

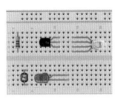

잘못 배치한 모습

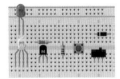

바르게 배치한 모습

② 아두이노 블루투스 컨트롤러 애플리케이션

스마트폰을 이용하여 아두이노 자동차를 작동시키기 위해서는 아두이노
블루투스 컨트롤러 애플리케이션을 활용합니다. 아두이노 블루투스 기
능을 지원하는 다양한 애플리케이션이 있습니다.

다양한 아두이노 블루투스 컨트롤러 애플리케이션

■ 학습의 흐름

피지컬 컴퓨팅 도구 활용 메이커 교육 수업 모형	차시별 프로젝트 수업 내용
공감하기	■ 1차시 - 전기회로에서 전류는 어떤 방향으로 흐를까요? [활동1] 전기회로에서 전류가 흐르는 방향 알기 [활동2] 전류의 방향에 따라 전동기의 회전 방향이 달라짐을 알기 [활동3] 문제 상황에 공감하고 메이킹 문제 정의하기
메이킹 문제 정의하기	
재료 및 도구 특성 파악하기	■ 2~3차시 - 블루투스를 이해하고 스마트폰과 아두이노 연결하기(간단한 코딩을 통해 블루투스로 스마트폰과 아두이노를 연결하여 전동기를 제어해보기) [활동1] 아두이노가 신호를 받으면 동작할 수 있도록 코딩하기 [활동2] 스마트폰 애플리케이션을 이용하여 아두이노로 신호 보내기 [활동3] 블루투스를 이용하여 스마트폰으로 아두이노 전동기의 속도 및 방향 제어해보기
리믹스를 활용한 알고리즘 설계 및 코딩하기	
컴퓨팅 산출물 조립하기	■ 4~5차시 - 여러 가지 재료를 이용하여 무선 조종 자동차 만들기(주변에서 쉽게 구할 수 있는 여러 가지 재료를 이용하여 무선 조종이 가능한 자동차 만들기) [활동1] 무선 조종 자동차의 기본 차체 만들기 [활동2] 블루투스를 이용하여 스마트폰으로 아두이노 자동차 작동시키기
컴퓨팅 산출물 창의적 구성하기	
알고리즘, 컴퓨팅 산출물 수정, 개선하기	■ 6차시 - 무선 조종 자동차로 장애물 피하기 게임하기(무선 조종 자동차를 작동하며 수정 및 개선이 필요한 사항 확인하기)
공유하기	
성찰하기	■ 매 차시마다 진행 - 차시별로 작성한 산출물 및 과정을 온라인 플랫폼에 기록하고 공유한다.
종합하기	■ 매 차시마다 진행 - 온라인 플랫폼에 기록하고 공유한 산출물 및 과정을 바탕으로 성찰일지를 작성한다.

1차시는 전기회로에 대한 기본적인 이해를 바탕으로 메이킹 문제를 정의하여 향후 이어질 메이킹 활동의 방향을 정하는 시간입니다. 과학 교과와 연계하여 메이킹 활동을 진행합니다. 전류의 방향에 따라 전동기의 회전 방향이 달라진다는 것을 이해하고 이를 활용한 메이킹 활동을 고민합니다. 이때 모둠별로 활동한다면 학생의 흥미, 관심사를 반영하여 모둠을 구성하도록 하고 문제해결 계획에 대한 피드백도 제공합니다.

2~3차시에는 메이킹 활동에 사용될 재료와 도구의 특성을 파악하여 본격적인 메이킹 활동이 이루어지기 전 기초적인 역량을 갖추도록 합니다. 메이킹 단계에서 활용할 아두이노, 센서, 블루투스 컨트롤러 애플리케이션 등에 대해 이해하고 간단한 문제 상황을 제공하여 전동기를 제어해봅니다. 이때 학생이 처음부터 모든 코드를 짜는 것을 어려워하거나 보다 발전된 형태의 결과물을 원한다면 이미 공개된 소스를 활용하여 리믹스 과정을 거칠 수 있도록 지원합니다.

4~5차시에는 여러 가지 재료를 이용하여 무선 조종 자동차를 만듭니다. 이때 학생이 스스로 실생활에서 찾을 수 있는 재료로 결과물을 구성하는 것이 좋으므로, 교사는 다양한 결과물을 낼 수 있도록 촉진하는 역할을 수행합니다. 학생이 코드를 수정하는 디버깅 과정이나 차체가 전동기에 비해 무겁지 않도록 무게를 조정하는 등의 수정, 개선 과정은 문제해결 역량을 증대시켜줍니다. 학생들은 기본 차체를 만들고 블루투스 기능을 활용하여 자동차를 작동시키는 활동을 이 차시에 수행합니다.

6차시에는 메이킹 산출물을 활용하여 문제를 해결하는 활동으로, 무선 조종 자동차로 장애물 피하기 게임을 합니다. 실제 장애물을 피하여 도착점에 다다르는 과정을 게임 형태로 구성하면 학생들의 흥미를 진작시킬 뿐만 아니라 게임 도중 도출된 문제점을 바탕으로 산출물을 수정, 개선할 수 있습니다. 교사는 발문을 통하여 학생들이 이 과정에서 서로의 산출물에 대한 다양한 의견을 제시하도록 합니다.

매 차시에 도출된 다양한 형태의 산출물 및 도구는 온라인 플랫폼에 기록하여 공유하고 교사와 다른 학생들로부터 피드백을 받도록 합니다. 그리고 메이킹 과정을 성찰일지 형태로 작성하여 향후 자신의 경험을 되돌아볼 수 있는 기회를 마련합니다. 교사는 수시로 학생들의 메이킹 활동에 대한 피드백과 문제해결을 촉진할 수 있는 발문을 사용하고 기술적 어려움을 만나면 적극 도와줍니다. 또한 획일적인 산출물이 나오도록 유도하는 것을 지양하고 다양한 형태의 산출물이 나오도록 이끕니다.

아두이노 활용 무선 조종 자동차 만들기 수업 시 주의점

1. 자동차 차체 제작 시 거창한 재료 없이 하드보드지와 양면테이프만으로도 근사한 작품을 만들 수 있습니다. 이 외에 추가적으로 필요한 재료는 학생들이 스스로 탐색하여 준비하도록 하면 좋습니다.

2. 자동차를 동작시키기 위해서는 외부전원이 필요한데, 건전지 홀더로 AA 건전지 여러 개 또는 9V 건전지를 연결하여 약 15V 정도의 전력을 공급해주면 잘 움직입니다. 전력이 낮으면 처음에는 잘 움직이지만 오래 작동시키면 전압이 낮아져 오류가 발생할 수 있습니다.

3. 아두이노 코딩 시 전진, 후진, 정지, 시계방향으로 돌기, 반시계방향으로 돌기 5가지 기능을 기본으로 하되, 심화된 학습이 필요하다면 각 바퀴의 회전을 따로 조작하는 등의 추가 기능도 코딩으로 구현할 수 있음을 알려줍니다.

■ 교수학습과정안

2~3차시

- 주제 : 블루투스를 이해하고 스마트폰과 아두이노 연결하기
- 수업 목표 : 간단한 코딩을 통해 블루투스로 스마트폰과 아두이노를 연결하여 전동기를 제어할 수 있다.

주요 활동	각 단계별 설명	교수 · 학습 자료(◇) 및 지도상 유의점(✓)
도입		
동기유발	○ 생활 속에서 블루투스가 사용된 예를 찾아본다. - 블루투스는 휴대폰, 노트북, 이어폰 · 헤드폰 등의 휴대기기를 서로 연결해 정보를 교환하는 근거리 무선 기술 표준을 뜻한다. - 블루투스 이어폰, 블루투스 삼각대, 블루투스 스피커 등	◇PPT
전개		
학습활동	○ 아두이노 코딩하기 - 스마트폰의 특정 숫자 키를 누르면 전진, 후진, 정지, 시계방향으로 돌기, 반시계방향으로 돌기가 이뤄지도록 코딩한다. - 코딩한 내용을 아두이노로 전송한다. ○ 스마트폰에 블루투스 컨트롤러 애플리케이션을 설치하고 아두이노와 연결하기 - 플레이스토어에서 블루투스 컨트롤러 애플리케이션 다운받아 설치한다. - 앞서 코딩한 대로 스마트폰의 특정 숫자 키를 누르면 아두이노가 작동하도록 설정한다. ○ 블루투스를 이용하여 스마트폰으로 아두이노에 신호를 보내 전동기의 속도 및 방향을 제어해본다.	◇PPT, 학습지, 컴퓨터, 아두이노, 스마트폰 ✓PPT 또는 학습지를 통해 교사가 코딩 소스를 제공한다. ✓2인 1조를 만들어 학생들 간 상호 협력할 수 있도록 한다.
정리		
정리하기	○ 오늘 학습한 내용을 정리한다.	

2~3차시에는 블루투스를 이해하고 스마트폰과 아두이노를 연결하여 전동기를 제어해보는 활동을 합니다.

먼저 학생들은 생활 속에서 블루투스가 사용된 예를 찾아봅니다. 주변에서 흔하게 접할 수 있는 블루투스 이어폰, 블루투스 삼각대, 블루투스 스피커 등을 예로 들고 블루투스 기술에 대해 간단히 정의해줍니다. 블루투스의 상세한 원리보다는 휴대기기를 무선으로 연결하여 정보를 교환하는 기술 정도로 정리하면 초등학생도 충분히 이해할 수 있습니다.

스마트폰으로 자동차를 제어하기 위해 블루투스 컨트롤러 애플리케이션을 다운받은 후 버튼별 키 값을 정해줍니다(예시: 왼쪽으로 가는 버튼은 a, 오른쪽으로 가는 버튼은 d). 그러면 블루투스를 통한 발신 값으로 자동차를 제어할 수 있습니다. a라는 버튼을 누르면 자동차에게 왼쪽으로 가라는 신호를 보내는 것입니다. 해당 신호를 받은 자동차는 왼쪽으로 회전하기 위하여 모터의 회전 방향과 속도를 조절합니다.

스마트폰에서 특정 버튼을 누르면 전진, 후진, 정지, 왼쪽으로 돌기, 오른쪽으로 돌기를 할 수 있도록 코딩합니다. '왼쪽으로 돌기'와 '오른쪽으로 돌기'는 왼쪽 모터와 오른쪽 모터의 회전 방향이 반대가 되도록 설계합니다. 혹은 모터 속도를 다르게 설계하여 왼쪽 앞으로, 오른쪽 앞으로와 같이 설정할 수도 있습니다. 그리고 이 코드를 아두이노로 전송하여 블루투스 기능을 활용해 스마트폰으로 자동차를 제어합니다. 이때 코드 소스는 교사가 학습지나 PPT를 통해 제공합니다. 학생이 모터 제어와 관련한 코드를 숙지하고 있다면 스스로 구상하여도 되지만 익숙지 않다면 교사가 전체 코드를 제공해도 됩니다. 다만 학생이 코드를 단순히 똑같이 배열하는 것에 그치지 않고 코드가 왜 이렇게 구성됐는지 이해할 수 있도록 교사가 설명해주는 것은 필요합니다. 그리고 교사가 모터의 속도 값을 알려주지 않고 학생이 스스로 숫자를 바꾸어가며 제어해봄으로써 적절한 값을 찾아낼 수 있도록 돕습니다.

교사 : 앞 왼쪽 바퀴인 모터 1번은 가만히 있고, 앞 오른쪽 바퀴인 모터 2번만 움직인다면 자동차의 방향은 어떻게 될까?

학생 : 왼쪽으로 돌게 될 것 같아요.

교사 : 그러면 우리가 스마트폰에서 왼쪽 방향으로 돌기를 a라는 키로 정했으므로, a키를 누르면 모터 1번은 속도 0으로 전진하고, 모터 2번은 0이 아닌 속도로 전진하도록 코드를 구성해보자. 모터 2번이 속도 몇으로 움직였을 때 회전 각도가 적합한지 숫자를 바꾸어가며 알아내자.

피지컬 컴퓨팅 도구 활용과 코딩이 함께 이루어지므로 2인 1조 혹은 모둠별 협업 활동으로 구상하는 것이 좋습니다.

블루투스 연결 시 주의점

아두이노의 블루투스 모듈을 이용하면 스마트폰과 연동하여 부품들을 제어할 수 있고, 무선으로 통신을 할 수 있기 때문에 편리한 점이 많습니다. 하지만 블루투스 연결 시 몇 가지 주의점이 있습니다. 먼저 블루투스를 연결할 때 다른 도구가 함께 잡힐 수 있기 때문에 한 명씩 밖에 나가서 연결하고 들어오는 것이 좋습니다. 또한 통신거리가 짧기 때문에(약 10m) 먼 거리에 있을 때는 사용할 수 없으므로 작동 시 적당한 거리를 유지해야 합니다.

■ 수업 장면 및 결과물

아두이노를 활용하여 회로를 구성하는 수업

아두이노 자동차의 작동을 확인하는 학생들

4) 3D 프린터 활용 수업

  − 3D 프린터로 내가 살고 싶은 집 만들기

■ 수업의 개요

내가 살고 싶은 집 만들기 활동을 통해 3D 프린터가 생활 속에서 어떻게 활용될 수 있는지 체험하는 것이 이 수업의 목적입니다. 1~2차시에는 3D 프린터 장비에 대하여 이해한 후 기본적인 사용 방법을 익힙니다. 3~4차시에는 다양한 기능을 갖춘 집들을 살펴본 후, 내가 살고 싶은 집을 설계해봅니다. 이때 수학시간에 배운 평면도와 겨냥도를 활용합니다. 5~8차시에는 자신이 구상한 집을 3D 프린터를 활용하여 직접 구체화시킵니다.

  이러한 과정을 통해 자신만의 독창적인 아이디어를 실현해보는 경험을 하고, 메이커로서의 즐거움을 느끼도록 하는 것이 이 수업의 궁극적인 목적입니다.

대상 학년	6학년		
주제	3D 프린터로 내가 살고 싶은 집 만들기		
관련 교과 및 차시	과학, 실과, 미술	총 차시 : 6차시	소요기간 : 약 1주

관련 교육과정 성취기준	실과	[6실04-07] 소프트웨어가 적용된 사례를 찾아보고 우리 생활에 미치는 영향을 이해한다. [6실05-03] 생활 속에 적용된 발명과 문제해결의 사례를 통해 발명의 의미와 중요성을 이해한다. [6실05-04] 다양한 재료를 활용하여 창의적인 제품을 구상하고 제작한다.
	미술	[6미02-02] 다양한 발상 방법으로 아이디어를 발전시킬 수 있다. [6미02-03] 다양한 자료를 활용하여 아이디어와 관련된 표현 내용을 구체화할 수 있다. [6미02-06] 작품 제작의 전체 과정에서 느낀 점, 알게 된 점 등을 서로 이야기할 수 있다.
	수학	[6수02-05] 직육면체와 정육면체의 겨냥도와 전개도를 그릴 수 있다. [6수02-07] 각기둥의 전개도를 그릴 수 있다.

프로그램 학습 목표	○ 3D 프린터의 기본 기능을 이해하고 생활 속에서의 활용 사례를 말할 수 있다. ○ 내가 살고 싶은 집을 창의적으로 설계하고 평면도와 겨냥도로 그릴 수 있다. ○ 내가 살고 싶은 집을 3D 프린터 장비로 직접 설계, 제작할 수 있다.

평가 기준 및 방법	평가 기준	평가 방법
	창의적 아이디어를 활용하여 내가 살고 싶은 집을 구상하고 평면도와 겨냥도로 그릴 수 있는가?	수행 평가
	3D 프린터를 활용하여 내가 살고 싶은 집을 설계 및 제작하는 활동에 적극적으로 참여하는가?	관찰 평가

■ 수업 전 준비해야 할 것

① 3D 프린터

3D 프린터는 3차원의 물체를
출력해내는 기계입니다. 3D
프린터는 기존 절삭가공방식
으로 생산하기 어려운 제품을
출력해낼 수 있습니다. 산업
현장에서도 많이 활용되고 있

오픈형 3D 프린터　　　　　밀폐형 3D 프린터

기 때문에 진로와 연계하여 교육할 수 있습니다.

　3D 프린터는 작동 방식에 따라 여러 가지로 분류할 수 있으나 학교
에서는 가격이 저렴하고 활용도가 높은 FDM 방식을 많이 활용합니다.
FDM 방식은 3D 프린터의 재료인 필라멘트를 녹여 아래로부터 층층이
쌓아나가는 방식입니다.

② 3D 프린터 모델링 프로그램 : 팅커캐드

3D 프린터로 제품을 만들기 위해서는 '스케치→3D 모델링→3D 프린팅
→후가공'의 과정을 거칩니다. 즉, 어떤 모양을 출력할지 스케치를 한 다
음 스케치에 맞게 3D 모델링을 하고, 모델링 한 파일을 3D로 출력 가능
한 파일로 변환 후 3D 프린터로 출력하고, 출력물을 다듬는 후가공 과정
을 거치는 것입니다. 그중 3D 모델링 단계에서 필요한 것이 모델링 프로
그램입니다.

3D 모델링 프로그램에는 여러 가지가 있으나 팅커캐드를 많이 사용합니다. 팅커캐드는 따라해 볼 수 있는 학습 과정이 있고 별 도의 프로그램을 설치하지 않아 도 된다는 것이 장점입니다. 그리

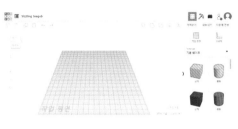

팅커캐드 실행화면

고 다른 사용자들이 올려놓은 모델링 결과물을 다운로드하여 활용할 수 도 있습니다. 팅커캐드는 홈페이지에서 이메일 정보를 사용하여 가입하 며 가입 후 온라인에서 무료로 사용할 수 있습니다.

■ 학습의 흐름

디자인 씽킹 모형 단계	차시별 프로젝트 수업 내용
공감	■ 1~2차시 - 3D 프린터의 기초 익히기 〔활동1〕 3D 프린터란 무엇일까요? 〔활동2〕 생활 속 3D 프린터 활용 사례 살펴보기 〔활동3〕 팅커캐드 기본 기능 익히기
정의	■ 3~4차시 - 내가 살고 싶은 집 설계하기 〔활동1〕 내가 살고 싶은 집 아이디어 구상하기 〔활동2〕 내가 살고 싶은 집 평면도와 겨냥도 그리기 〔활동3〕 내가 살고 싶은 집 발표하기
구상	

프로토 타입	▪ 5~8차시 - 구상한 내가 살고 싶은 집을 3D 프린터로 제작하기 [활동1] 내가 살고 싶은 집 아이디어 모델링 작업하기
평가	[활동2] 3D 프린터에서 출력하고 가공하기 [활동3] 내가 살고 싶은 집 전시하고 발표하기

1~2차시에는 3D 프린터의 기초를 익힙니다. 먼저 3D 프린터로 제작된 다양한 제품을 보여주며 학생들의 흥미를 유발하고 3D 프린터의 개념과 작동 원리를 간단히 설명합니다. 또한 생활 속에서 3D 프린터가 활용된 사례들을 함께 살펴보며 3D 프린터의 등장으로 우리 생활이 어떻게 변할 수 있을지 자유롭게 상상해봅니다. 이후 3D 모델링 프로그램인 팅커캐드의 기본 기능을 익힙니다. 팅커캐드에 가입한 후 온라인 사이트에 올라와 있는 예제 과제를 함께 해결하다 보면 기본적인 기능을 익힐 수 있습니다.

아이디어 구상 시 주의점

기존에 학생들이 경험했던 메이킹 활동은 실제 산출물의 완성도가 그리 높지 않거나 재료의 제한으로 인해 아이디어를 온전히 표현하지 못하는 경우가 많았습니다. 그에 비해 3D 프린터는 간편한 모델링 프로그램을 사용할 수 있어 학생들이 상상력을 발휘할 여지가 많습니다. 따라서 완성된 산출물은 완성도가 떨어지거나 현실적이지 않더라도 창의성에 중점을 두고 지도하는 것이 좋습니다.

3~4차시에는 내가 살고 싶은 집을 설계해봅니다. 먼저 아이디어를 구상합니다. 아이디어 구상 단계에서는 정교한 설계를 하기보다는 브레인스토밍을 통해 다양한 아이디어가 나올 수 있도록 독려합니다. 아이디어는 간단한 스케치로 기록해둡니다. 이후 구상한 아이디어를 보다 정교한 형태인 평면도와 겨냥도로 그리는 작업을 수행합니다. 수학 시간에 배운 평면도와 겨냥도 개념을 다시 한번 알려주고, 추상적인 아이디어를 치수가 포함된 구체적인 도면으로 표현합니다. 각자 설계한 내용을 공유 및 발표하고, 피드백을 통해 수정이 필요한 부분을 수정합니다.

　　5~8차시에는 구상한 내가 살고 싶은 집을 3D 프린터로 제작합니다. 3D 모델링, 3D 프린팅, 후가공 등 3D 프린터 사용의 핵심적인 활동이 모두 이루어지는 차시이므로 충분한 시간을 할애하여 완성도 높은 작품을 만들도록 합니다. 먼저 모델링 작업을 합니다. 팅커캐드를 활용하여 앞 차시에서 제작한 설계도면을 구현합니다. 1~2차시에서 학생이 학습한 팅커캐드의 기본 기능을 최대한 활용하도록 하고, 교사는 교실을 돌아다니며 제작에 어려움을 겪는 학생들에게 적절한 지원을 제공합니다. 이후 팅커캐드에서 작업한 파일을 저장 및 변환하고, 3D 프린터와 컴퓨터를 연결해 출력합니다. 출력 후 출력한 작품의 표면을 고르게 하거나 색칠하는 등 후가공 작업을 합니다. 작품이 완성되면 내가 살고 싶은 집을 발표하고 전시합니다.

팅커캐드 3D 모델링 시 주의점

1. 팅커캐드는 AutoDesk사에서 개발한 교육용 3D 모델링 프로그램입니다. 팅커 캐드는 다른 3D 모델링 프로그램과 달리 웹 브라우저에서 바로 모델링이 가능한 것이 장점입니다. 또한 웹 브라우저 리소스를 활용하기 때문에 복잡한 고용량 모델링보다는 간단한 모델링 실습용으로 적합합니다.

2. 모델링 시 팅커캐드를 활용하여 모양을 만들 때 크게 원기둥, 구, 직육면체 등으로 나누어 구상하는 것이 좋습니다.

3. 3D 모델의 면이 충분히 두껍지 않으면 3D 프 린터에서 출력되지 않습니다. 벽 두께는 최소 1mm 이상이어야 합니다.

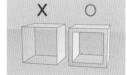

4. 모델의 크기는 가능하면 작은 것이 좋습니다. 출력 시간과 재료의 비용은 모델의 크기에 비례하므로, 크기가 상관없는 산출물이라면 크기를 줄이는 것이 유리합니다.

5. 산출물의 안정성을 위해 무게중심을 고려해야 합니다.

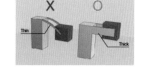

6. 우리가 화면에서 보는 시점(View)을 마우스 조작으로 제어하는 방법입니다.

   – 마우스 우측 클릭 + 마우스 이동 : View 회전

   – 마우스 스크롤 : View 확대 및 축소   – 마우스 스크롤 클릭 : View 시점 이동

7. 키보드 단축키는 다음과 같습니다.

   – F : 작업 평면에 있는 물체에 맞게 확대

   – D : 물체가 작업 평면에 위치하도록 상하 정렬

   – Ctrl + Z : 되돌리기   – Ctrl + C, V : 복사 및 붙여넣기

   – Ctrl + ↑, ↓ : 물체 상하 위치 조정   – Shift + 물체 선택 : 다중 선택

   – Shift + 크기 조정 : 정률 크기 조정   – Shift + 회전 : 45도씩 회전

   – Delete : 도형 삭제

■ 교수학습과정안

5~8차시

– 주제 : 내가 살고 싶은 집을 3D 프린터로 제작하기

– 수업 목표 : 내가 살고 싶은 집을 3D 프린터 장비로 직접 설계 및 제작할 수 있다.

주요 활동	각 단계별 설명	교수 · 학습 자료(◇) 및 지도상 유의점(✓)
도입		
동기유발	○ 전 차시 활동 모습 사진을 보며 지난 시간 수업을 떠올려본다. ○ 3D 프린터로 실제 집을 만드는 동영상을 감상하고 소감을 나눈다.	◇PPT 및 동영상
전개		
학습활동	○ 내가 살고 싶은 집 아이디어 모델링 작업을 한다. ○ 팅커캐드의 여러 가지 기능을 이용하여 내가 살고 싶은 집을 완성한다. ○ 친구들과 완성된 작품을 공유하며 스케치한 아이디어가 잘 구현됐는지 평가 및 피드백을 제공한다. ○ 3D 프린터에서 출력한다. - Design-Download for 3D Printing을 클릭하고, STL로 저장하기 - 파일 변환하기 : STL 파일을 G-Code로 변환하기 - 3D 프린터와 컴퓨터를 연결한 후 저장된 파일을 불러와 출력하기 ○ 후가공한다. - 출력 후 출력한 작품의 지지대를 없애고 면을 고르게 한 후 색칠하기	◇팅커캐드 프로그램, 3D 프린터 ✓2인 1조로 구성하여 학생들이 서로 모르는 것을 가르쳐주고 아이디어를 공유할 수 있도록 한다. ✓다양한 의견을 모두 존중하여 독창적이고 창의적인 산출물이 나올 수 있도록 격려한다.
정리		

| 정리하기 | ○ 내가 살고 싶은 집 전시하고 발표한다.
– 완성된 작품을 친구들에게 발표하고, 잘한 점
　을 칭찬해주기 | |

5~8차시는 가장 핵심적인 차시로 전 차시에서 구상한 내가 살고 싶은 집을 3D 프린터로 직접 제작해보는 활동이 이루어집니다.

먼저 도입에서는 전 차시 활동 모습을 사진으로 보며 수업 시간을 떠올려봅니다. 이후 3D 프린터로 실제 집을 만드는 동영상을 감상하고 소감을 나눕니다. 3D 프린터가 실제 건설 분야에서도 유용하게 사용되고 있음과 이 수업이 3D 프린터의 기술을 직접 경험하는 좋은 기회임을 알려주며 학생들의 흥미를 유발합니다.

첫 번째 활동은 내가 살고 싶은 집 아이디어를 모델링하는 것입니다. 모델링 작업에는 팅커캐드 프로그램이 사용됩니다. 도형 이동, 그리드 바꾸기, 도형 크기 바꾸기, 도형 회전, 도형 복사, 색깔 수정, 도형 정렬 등 앞 수업에서 배운 팅커캐드의 여러 가지 기능을 활용하여 전 차시에 직접 제작한 설계도면을 컴퓨터 화면에 구현합니다. 이때 2인 1조로 팀을 구성하여 학생들이 서로 모르는 것을 가르쳐주고 아이디어를 공유할 수 있도록 하는 것이 좋습니다. 또한 교사는 교실을 돌아다니며 제작에 어려움을 겪는 학생들에게 적절한 지원을 제공합니다. 모델링 작업이 끝나면 완성된 결과물을 친구들과 공유하며 스케치한 아이디어가 잘 구현됐는지 상호 평가 및 피드백을 제공합니다. 교사 및 친구들이 준 피드백을 참고하여 모델링 작업에서 수정이 필요한 부분이 있다면 수정합니다.

두 번째 활동은 제작한 도면을 3D 프린터에서 출력하고 후가공을 하는 것입니다. 팅커캐드에서 작업한 파일을 STL 형식으로 저장 후 G-Code로 변환하고, 3D 프린터와 컴퓨터를 연결한 후 출력합니다. 출력이 끝나고 작품의 기본적인 형태가 만들어지면 사포 등을 이용하여 표면을 매끄럽게 다듬고 색칠하는 등 후가공 작업을 합니다.

작품이 완성되면 내가 살고 싶은 집을 친구들에게 발표하고 교실이나 복도에 전시합니다.

3D 프린터 출력 시 주의점

1. 3D 프린터가 출력을 진행하고 있을 때는 절대로 구동부에 손을 대면 안 됩니다. 3D 프린터는 필라멘트를 고온의 열로 녹여 출력을 진행하기 때문에 손을 대면 화상을 입을 수 있습니다.
2. 기기 발열로 인한 화재 발생의 위험도 조심해야 합니다. 특히 출력 중에 자리를 비우는 일이 없도록 합니다. 사용 전에 3D 프린터 사용에 관한 안전지도를 충분히 합니다.
3. 출력 속도를 너무 빠르게 하면 산출물의 품질이 떨어집니다. 반대로 출력 속도를 느리게 하면 품질은 좋아지나 시간이 오래 걸립니다. 출력 시간 단축이 중요한 상황인지, 출력물의 품질이 중요한 상황인지를 판단하여 출력 속도를 조절합니다.
4. 출력 중 작품이 이리저리 이동한다면 베드가 잘 고정되어 있는지 확인합니다.
5. 출력 시 바닥 면이 들뜬다면 바닥 온도를 살짝 올려주면 문제가 해결됩니다.

■ 수업 장면 및 결과물

 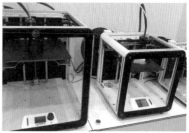

3D 모델링 작업   3D 프린터의 출력

5) 3D 펜 활용 수업

   – 3D 펜을 활용하여 창의적 산출물 만들기

■ 수업의 개요

이 수업은 3D 펜의 특성 및 기본 기능을 익히고 이를 활용하여 다양한 창의적 산출물을 만들어내는 것을 목표로 합니다. 학생들은 3D 펜을 사용하여 만들 수 있는 다양한 입체작품을 살펴본 후, 실생활에 유용하게 쓰이는 생활 소품을 창의적으로 구상하고 제작할 수 있습니다. 모든 수업이 끝난 후 작품 전시회를 통해 산출물을 전시하고, 서로 창의적인 아이디어를 공유하는 시간을 갖습니다.

대상 학년	5학년		
주제	3D 펜을 활용하여 창의적 산출물 만들기		
관련 교과 및 차시	실과, 수학, 미술	총 차시 : 10차시	소요기간 : 약 4주

관련 교육과정 성취기준	실과	[6실02-06] 간단한 생활 소품을 창의적으로 제작하여 활용한다. [6실05-03] 생활 속에 적용된 발명과 문제해결의 사례를 통해 발명의 의미와 중요성을 이해한다. [6실05-04] 다양한 재료를 활용하여 창의적인 제품을 구상하고 제작한다.
	수학	[6수02-11] 쌓기나무로 만든 입체도형의 위, 앞, 옆에서 본 모양을 표현할 수 있고, 이러한 표현을 보고 입체도형의 모양을 추측할 수 있다.
	미술	[6미02-02] 다양한 발상 방법으로 아이디어를 발전시킬 수 있다. [6미02-03] 다양한 자료를 활용하여 아이디어와 관련된 표현 내용을 구체화할 수 있다. [6미02-05] 다양한 표현 방법의 특징과 과정을 탐색하여 활용할 수 있다. [6미02-06] 작품 제작의 전체 과정에서 느낀 점, 알게 된 점 등을 서로 이야기할 수 있다.

프로그램 학습 목표	○ 3D 펜의 특징 및 사용 방법을 알고 안전에 유의하며 사용할 수 있다. ○ 3D 펜으로 만들 수 있는 생활 소품을 창의적으로 구상하고 제작할 수 있다.	

평가 기준 및 방법	평가 기준	평가 방법
	3D 펜의 특징 및 사용 방법을 알고 안전에 유의하며 사용할 수 있는가?	관찰 평가
	3D 펜으로 만들 수 있는 생활 소품을 창의적으로 구상하고 제작할 수 있는가?	산출물 평가, 관찰 평가

■ 수업 전 준비해야 할 것

① 3D 펜

3D 펜은 3D 프린터의 원리를 그대로 적용한 펜 형태의 도구입니다. 펜

다양한 3D 펜

축에 위치한 노즐을 통해 다양한 색깔의 액체 플라스틱을 내보내 원하는 입체 모양을 만들 수 있습니다. 3D 프린터에 비해 비교적 가격이 저렴하고 컴퓨터가 없어도 쓸 수 있다는 점에서 누구나 쉽고 간편하게 사용할 수 있는 메이킹 도구입니다.

3D 펜 역시 사용하기 전에 몇 가지 주의사항을 숙지하여야 합니다. 먼저 펜의 노즐은 온도가 높아 맨손으로 만지면 화상을 입을 수 있으니 안전을 위해 왼손에 장갑을 끼거나 직접 손을 대지 않고 연필을 들고 사용해야 합니다. 또 필라멘트를 억지로 넣거나 빼지 않아야 하고, 지정된 필라멘트를 사용하여야 합니다. 사용 후 남은 필라멘트는 반드시 펜에서 꺼내 보관해야 합니다. 3D 펜은 충분히 충전한 상태에서 작업을 시작하지 않으면 중간에 작업을 중단하는 문제가 발생할 수 있으므로 사용 전에 충전 상태를 확인해야 합니다.

② 3D 펜 도안

학생들은 3D 펜을 활용하여 메이킹 결과물을 만들 때 처음부터 입체로 완성된 결과물을 만들어내는 것이 매우 어렵습니다. 그러므로 참고할 수

216

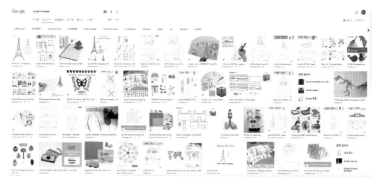

3D 펜 무료 도안 검색 결과

있는 도안을 제공해주면 메이킹 활동을 보다 수월하게 시작할 수 있습니다. 인터넷에서 3D 펜 도안, 3D 펜 무료도안, 3D 펜 도안 PDF, 3d pen template을 키워드로 하여 검색하면 무료로 활용할 수 있는 3D 펜 도안을 쉽게 구할 수 있습니다.

■ 학습의 흐름

디자인 씽킹 모형 단계	차시별 프로젝트 수업 내용
	■ 1~2차시 - 3D 펜 기초 익히기 [활동1] 3D 펜을 활용한 작품 예시 보기 [활동2] 3D 펜으로 만들 수 있는 것에 무엇이 있을지 생각해보기 [활동3] 3D 펜 기초 익히기
	■ 3~4차시 - 3D 펜으로 생활 소품 만들기 [활동1] 3D 펜으로 만들 수 있는 생활 소품에 무엇이 있을지 생각해보기 [활동2] 3D 펜으로 생활 소품 만들기 [활동3] 작품 발표 및 아이디어 공유하기

1~2차시에는 3D 펜의 기초를 익히는 활동을 합니다. 먼저 3D 펜을 활용한 예시 작품을 살펴보고, 3D 펜으로 만들 수 있는 것에 무엇이 있을지 생각해봅니다. 허용적인 분위기를 조성하고 학생들의 다양한 생각을 존중해줍니다. 이후 3D 펜을 직접 사용합니다. 사용 전에 안전에 대한 사항을 충분히 숙지하고 반드시 장갑 등 안전장비를 착용합니다. 버튼을 눌러 점과 선을 그려보는데 이때 펜 끝을 바닥에 댄 상태로 살짝 기울여서 그립니다. 속도를 조절하며 다양한 굵기와 모양의 선을 따라 그리면서 기본적인 사용법을 익힙니다. 3D 펜으로 할 수 있는 간단한 도안을 준비하여 따라 그리기 활동을 해도 좋습니다.

3~4차시에는 3D 펜으로 간단한 생활 소품을 만들어봅니다. 먼저 지

난 시간에 3D 펜을 사용해본 경험을 떠올리면서 3D 펜으로 만들 수 있는 생활 소품을 자유롭게 생각해봅니다. 친구들과 아이디어를 공유하며 자신이 만들고 싶은 생활 소품을 정합니다. 아이디어를 보다 구체화하여 종이에 스케치하고, 스케치한 것을 바탕으로 3D 펜으로 직접 만듭니다. 매 차시 수업 시작 전에 안전지도를 반드시 실시합니다. 학생들은 반드시 장갑을 착용하고 맨손으로 노즐을 만지지 않도록 합니다. 또한 메이킹 활동 중 펜을 휘두르거나 들고 돌아다니지 않아야 합니다. 완성된 생활 소품을 친구들 앞에서 발표하고 잘된 점, 부족한 점 등에 대하여 피드백을 받습니다.

5~6차시에는 3D 펜으로 창의적인 입체 작품을 제작합니다. 앞 수업에서 생활 소품이라는 주제에 한정하여 메이킹 활동을 했다면 이번 차시에는 보다 범위를 넓혀 3D 펜으로 만들 수 있는 다양한 입체 작품을 자유롭게 구상하여 만들어봅니다. 학생들이 다양한 아이디어를 제약 없이 구현해볼 수 있도록 격려하고, 지난 시간 제작했던 생활 소품과 그에 대한 친구들의 피드백을 떠올리며 이번 시간에 만들 입체 작품을 구상하도록 안내합니다. 아이디어 구상에 어려움을 겪는 학생들을 위해 3D 펜으로 제작할 수 있는 입체 도안을 미리 준비하여 참고용으로 제공하는 것도 좋습니다. 아이디어 구상이 끝나면 종이에 간단히 스케치한 후 3D 펜으로 제작합니다. 완성된 작품은 친구들에게 발표하고 상호 간 평가를 실시합니다.

7~8차시는 5~6차시에 이어 3D 펜으로 창의적인 입체 작품을 제작합니다. 다만 이번에는 4인 1조가 되어 모둠별로 보다 복잡하고 수준 높

은 하나의 작품을 만듭니다. 1~6차시 수업을 통하여 학생들이 3D 펜 사용에 어느 정도 익숙해졌으니 서로 협동하며 하나의 작품을 완성하는 다소 복잡한 과제도 수행할 수 있습니다. 3D 펜으로 만들 수 있는 협동 입체 작품에 무엇이 있을지 모둠원들과 토의하도록 하고, 아이디어 구상이 끝나면 종이에 스케치를 해봅니다. 스케치가 끝나면 팀원들과 역할을 나누어 각자 맡은 부분을 3D 펜으로 제작하고, 각자 완성한 부분들을 연결하여 하나의 작품을 완성합니다. 완성된 작품을 친구들에게 발표하고 서로 피드백을 합니다.

3D 펜 사용 시 주의점

1. 필라멘트를 녹이는 노즐 부분은 온도가 높아 화상의 위험이 있으므로 주의하여 사용합니다. 작업 중이나 작업 직후 노즐을 손으로 만지거나 다른 친구의 신체에 닿지 않도록 해야 한다는 점을 강조합니다.

2. 3D 펜을 처음 접하는 학생들은 바로 입체 작품을 만들기 어렵기 때문에 먼저 평면 도안을 다운받아 도안을 따라 그리는 연습을 하는 것도 좋습니다.

3. 평면 도안을 따라 그리는 것에 익숙해졌다면 여러 평면 도안의 결과물을 연결하여 입체 결과물을 만들어낼 수 있습니다. 이때 연결 부분은 여러 번 덧칠해서 단단하게 고정시킵니다.

4. 고열로 재료를 녹이는 제품인 만큼 사용시간이 길어지면 모터에 무리가 갈 수 있습니다. 30분 정도 사용한 후 10분 정도는 꼭 전원을 끄고 기계를 쉬도록 합니다.

5. 3D 펜은 사용 후 펜촉을 깨끗이 닦아 보관해야 하며 이때 두꺼운 천 등을 사용하여 화상에 주의하며 닦습니다.

마지막 9~10차시에는 그동안 3D 펜으로 제작한 작품들을 모아 전시회를 엽니다. 작품이 잘 드러날 수 있게 공간을 꾸미고 작품을 전시합니다. 이후 한 명씩 돌아가며 도슨트가 되어 나의 작품을 설명하고, 설명이 끝나면 질의응답 시간을 갖습니다. 모든 발표가 끝나면 활동을 하며 느낀 점을 이야기합니다.

■ **교수학습과정안**

3~4차시

– 주제 : 3D 펜으로 생활 소품 만들기

– 수업 목표 : 3D 펜으로 만들 수 있는 생활 소품을 창의적으로 구상하고 제작할 수 있다.

주요 활동	각 단계별 설명	교수 · 학습 자료(◇) 및 지도상 유의점(✓)
도입		
동기유발	○ 3D 펜을 사용하여 만든 생활 소품 예시를 살펴본다.(연필꽂이, 캔들 홀더, 장식품 등)	◇PPT(사진자료)
전개		
아이디어 구상하기	○ 3D 펜으로 만들 수 있는 소품을 생각해본다. – 어떤 소품을 만들지 아이디어를 구상한 후 도안을 직접 그린다.	✓학생들이 다양한 아이디어를 낼 수 있도록 허용적 분위기를 조성한다.

작품 제작하기	○ 3D 펜을 활용하여 소품을 만든다. - 활동 시작 전 3D 펜 사용 시 지켜야 하는 주의사항을 숙지하고 안전수칙을 상기시킨다.	◇3D 펜, 목장갑 ✔완벽하지 않아도 설계도대로 최대한 만들 수 있도록 격려한다.
작품 발표하기	○ 각자 만든 작품을 발표한다.	
정리		
정리하기	○ 활동 소감(설계 및 제작 과정에서 겪은 어려움, 느낀 점 등)을 작성하고 발표한다.	◇성찰일지

3~4차시에는 3D 펜으로 만들 수 있는 생활 소품을 창의적으로 구상하여 제작합니다. 먼저 도입 단계에는 연필꽂이, 캔들 홀더, 장식품 등 3D 펜을 사용하여 만든 다양한 생활 소품을 살펴봅니다. 그리고 3D 펜으로 만들 수 있는 소품에 무엇이 있을지 학생들 스스로 자유롭게 생각해보도록 합니다.

전개 단계의 첫 번째 활동은 아이디어 구상하기입니다. 학생들은 자기가 만들고 싶은 생활 소품을 정해 종이에 스케치합니다. 구상한 모양을 완벽하고 정확하게 그리는 것보다는 창의적이고 독창적인 아이디어가 잘 드러나도록 스케치하는 것에 중점을 둡니다.

두 번째 활동은 작품 제작하기입니다. 3D 펜을 사용하여 학생들이 직접 생활 소품을 제작합니다. 제작에 앞서 목장갑을 반드시 착용하도록 하고 안전에 유의하도록 다시 한번 강조합니다. 절대 맨손으로 노즐을 만지거나 펜을 들고 돌아다녀서는 안 됩니다. 또한 수업 전 미리 3D 펜이 충전됐는지 확인해야 합니다. 작품을 제작할 때 교사는 완벽하지 않더라도 최대한 설계도대로 만들도록 격려하고, 교실을 돌아다니며 도움이 필요한 학생에게 적절한 도움을 제공합니다.

세 번째 활동은 작품 발표하기입니다. 완성된 생활 소품을 친구들 앞에서 발표합니다. 친구들은 잘된 점과 부족한 점, 궁금한 점 등을 피드백해줍니다. 발표자는 친구들의 피드백을 잘 듣고 다음 시간 입체 작품을 제작할 때 반영할 수 있도록 합니다.

정리 단계에서는 설계 및 제작 과정에서 겪은 어려움, 느낀 점 등 활동 소감을 성찰일지에 작성하고 발표합니다. 정리 단계에서 작성한 성찰일지는 추후 작품 전시회를 할 때 작품과 함께 게시하면 작품에 대한 이해를 높이는 데 도움이 됩니다.

■ **수업 장면 및 결과물**

3D 펜 활용 수업 장면과 결과물

2. 원격 수업에서의 메이킹

코로나19가 전국으로 확산되자 학교에서는 등교 수업을 대신해 원격 수업이 시작되었습니다. 원격 수업의 유형은 실시간 쌍방향 수업, 콘텐츠 활용 중심 수업, 과제 수행 중심 수업 3가지로 나눌 수 있습니다.

실시간 쌍방향 수업은 줌(ZOOM), 구글 미트(Google Meet), 마이크로소프트 팀즈(Microsoft Teams) 등의 온라인 플랫폼을 활용하여 실시간으로 교사와 학생들이 화상 수업을 진행하는 형태입니다. 콘텐츠 활용 중심 수업은 학생이 녹화된 강의 혹은 학습 콘텐츠를 시청하면 교사가 학습 여부를 확인, 피드백하는 형태로 학생들은 학습 콘텐츠 시청 후 댓글 등을 활용해 토론을 진행할 수도 있습니다. 과제 수행 중심 수업은 교사가 온라인으로 교과별 성취기준에 따라 학생의 자기 주도적 학습 내용을 맥락적으로 확인할 수 있는 과제를 제시하고 그에 대한 피드백을 제공하는 형태입니다.

이러한 원격 수업을 기반으로 온오프라인을 병행하여 맥락화된 학습 경험을 제공하는 블렌디드 러닝이 점차 새로운 표준인 '뉴노멀'로 자리 잡고 있습니다. 이에 따라 포스트 코로나 시대를 살아갈 학생의 삶과 연계된 수업 설계의 필요성 역시 커지고 있습니다.

1) 블렌디드 러닝
– 이미지 학습을 활용하여 실생활의 문제해결을 위한 프로그램 만들기

■ 수업의 개요

이 수업은 실시간 쌍방향 수업, 콘텐츠 활용 중심 수업을 결합한 블렌디드 러닝의 형태로, 실생활 문제 상황에 대한 공감과 이해를 바탕으로 문제를 찾고 구조화한 뒤 해결하는 경험을 제공합니다. 인공지능 및 피지컬 컴퓨팅 도구를 활용하여 결과물을 만들고, 그것을 실생활에 적용함으로써 메이커 정신을 고취하고 삶과 연계된 수업을 만들 수 있습니다.

대상 학년	6학년		
주제	이미지 학습을 활용하여 실생활의 문제해결을 위한 프로그램 만들기		
관련 교과 및 차시	실과, 체육, 국어	총 차시 : 10차시	소요기간 : 약 2~3주
관련 교육과정 성취기준	실과	[6실04-08] 절차적 사고에 의한 문제해결의 순서를 생각하고 적용한다. [6실04-09] 프로그래밍 도구를 사용하여 기초적인 프로그래밍 과정을 체험한다. [6실04-11] 문제를 해결하는 프로그램을 만드는 과정에서 순차, 선택, 반복 등의 구조를 이해한다. [6실05-07] 여러 가지 센서를 장착한 로봇을 제작한다.	
	체육	[6체01-04] 건강한 생활을 위한 신체적 여가 활동 계획을 수립하여 실천한다.	
	국어	[6국01-02] 의견을 제시하고 함께 조정하며 토의한다. [6국01-07] 상대가 처한 상황을 이해하고 공감하며 듣는 태도를 지닌다.	
프로그램 학습 목표	○ 우리 주변의 일상생활 속 문제를 발견하고 메이킹 문제를 정의할 수 있다. ○ 이미지 학습 기능을 이해하고 실생활 문제해결에 적용할 수 있다. ○ 실생활 문제를 해결하기 위한 프로그램을 창의적으로 제작할 수 있다. ○ 메이킹 과정을 발표하고 개선점을 수용하여 메이킹 결과물을 수정할 수 있다. ○ 메이킹 결과물을 문제해결을 위해 적용함으로써 메이킹의 필요성을 이해할 수 있다.		

	평가 기준	평가 방법
평가 기준 및 방법	실생활의 문제를 찾고 문제를 정의할 수 있는가?	관찰 평가
	이미지 학습 기능 및 도구의 사용법을 인지하고 잘 사용할 수 있는가?	관찰 평가, 포트폴리오 평가
	실생활 문제해결을 위한 결과물을 제작하고 적용할 수 있는가?	관찰 평가

■ 수업 전 준비해야 할 것

① 실시간 쌍방향 수업을 위한 준비

실시간 쌍방향 수업을 가능하게 하는 ZOOM 등의 온라인 플랫폼을 활용하여 메이킹 수업을 진행합니다. 이로써 교사는 학생의 화면 공유, 원격 지원을 통해 메이킹 활동 중 발생한 문제점에 대해 피드백을 제공할 수 있습니다. 또한 학생 자율 동아리나 동아리 활동, 교과 시간의 메이킹 활동 등을 효과적으로 진행할 수 있습니다. 소프트웨어 선도학교, 메이커 선도학교의 경우 학생 동아리를 구성하여야 하는데, 예산을 적절하게 편성하여 실시간 쌍방향 메이커 수업을 수행하면 좋습니다.

　실시간 쌍방향 수업을 위해 교사가 갖추어야 하는 장비 중 첫 번째는 교사의 화면 송출을 위한 카메라입니다. 노트북과 달리 PC에는 카메라가 내장되어 있지 않기 때문에 웹캠이나 실물 화상기를 사용해야 합니다. 두 번째는 교사의 음성 송출을 위한 마이크입니다. 헤드셋을 사용하는 것이 일반적이며, 실물 화상기의 경우 마이크를 내장하고 있는 경우가 많아서 별도로 구입하지 않아도 됩니다. 출시한 지 오래된 실물 화상기는 실시간 쌍방향 플랫폼과 호환되지 않는 경우도 있으니 사전에 점검해야 합니다. 이 외에도 교사가 화면에 보다 자유롭게 판서할 수 있도록 도와주는 펜 태블릿 등을 활용하는 것도 괜찮습니다.

웹캠(로지텍 C270 HD 웹캠)	웹캠(앱코 APC930 FHD 웹캠)
실물 화상기(오맥스 실물 화상기 PROCAMLASER 500D)	펜 태블릿 (와콤 CTL-672)

　실시간 쌍방향 수업을 위해서는 어떤 플랫폼을 사용할지 결정하여 학생들과 예행연습을 해보는 것이 필요합니다. 그리고 비밀채팅 금지, 초상권 및 저작권 보호를 위해 화면 캡쳐 금지, 적극적인 참여 등을 사전에 약속하는 것도 좋습니다. 이를 위해 학기 초에 온라인 수업 예절 및 저작권 교육 차시를 편성하여 운영하는 방법도 있습니다. 규칙을 정할 때는

교사가 일방적으로 제시하기보다는 학생들이 수업 경험을 떠올려 자발적으로 문제점을 인식하게 한 후 함께 약속을 정하는 것이 좋습니다.

쌍방향 수업을 지원하는 다양한 플랫폼이 있지만 현재 많은 학교에서 ZOOM을 선택하여 운영하고 있습니다. 이는 학생이 별도의 회원가입을 하지 않아도 되고 누구나 쉽게 조작할 수 있다는 점, 사교육을 통하여 이미 ZOOM에 익숙한 학생들이 많다는 점 때문입니다. 따라서 여기서는 ZOOM 활용법을 간단히 소개하겠습니다.

– ZOOM에서 수업 개설하기

개인→회의→새회의 예약으로 수업을 개설할 수 있습니다. ZOOM의 경우 회사의 화상 회의를 위해 개발된 플랫폼이어서 명칭이 수업은 회의, 교사는 호스트, 학생은 참가자가 됩니다. 회의 주제에 수업 명을 입력하고 수업 시작 시간을 선택합니다. 회의 아이디와 비밀번호를 학생에게 제공하면 학생은 이를 입력하여 수업에 들어올 수 있습니다. 링크를 제공할 경우 회의 아이디와 비밀번호 없이 수업에 들어올 수 있습니다.

– ZOOM 수업 보안 강화를 위한 설정

ZOOM 실행 화면 하단의 보안 탭

❶ 회의 아이디와 비밀번호는 수업에 참여하는 학생에게만 안내하며 보

안을 유지하도록 사전에 당부합니다.

❷ 학생 이름으로 참여할 수 있도록 하고 대기실 기능을 활용하여 허락된 학습자만 방에 입장할 수 있도록 합니다.

❸ 모든 학생이 들어왔다면 회의 잠금 기능으로 다른 사람의 입장을 제한합니다. 하지만 이 기능을 활용하면 중간에 기술적 오류로 ZOOM에서 나가게 된 학생이 다시 들어올 수 없다는 문제점이 있습니다.

– 수업을 처음 시작할 때 초기 설정 팁

❶ 참가자 비디오 켜기 설정 : 비디오를 켜지 않고 입장하는 학생들이 상당히 많습니다. 처음부터 켜고 입장할 수 있도록 설정해둡니다.

❷ 입장 시 참가자 음소거 : 여러 명이 들어와 소리가 섞이게 되면 수업 진행이 어려우므로 음소거된 상태로 들어오도록 안내합니다.

❸ 비공개 채팅 금지 : 수업 중 다른 친구와 비공개 채팅을 하는 것을 방지합니다.

❹ 채팅 자동 저장 : 교사가 수업 중 채팅을 모두 확인하기 어렵고, 채팅으로 다툼이 발생한 경우 사실 확인을 위해 필요합니다.

❺ 참가자의 참가/나가기 시 사운드 재생 : 중간에 기술적 오류로 나가게 되는 학생이 생길 경우 교사가 파악할 수 있도록 사운드가 재생되도록 설정합니다.

– PC에서 실시간 수업 설정 시 유용한 기능

❶ 참가자 관리에서는 학생 초대, 음소거, 참가자 이름 변경 등의 기능을

설정할 수 있습니다.

❷ 화면 공유하기 버튼으로 켜놓은 창, 화면의 일부, 파일 등을 공유할 수 있습니다. 컴퓨터의 소리를 공유하려면 소리 공유에 체크합니다.

❸ 소회의실은 모둠 활동을 할 수 있도록 학생을 여러 개의 그룹으로 나누어 배치하는 기능입니다. 소회의실을 사용하려면 사전에 설정해야 합니다. 각 그룹 안의 구성원을 이동시킬 수 있으며 교사는 모든 그룹에 들어가 참여할 수 있습니다. 교사는 전체 소그룹을 종료할 수 있으며 회의실을 닫으면 60초의 카운트 후 종료됩니다.

② 콘텐츠 중심 활용 수업을 위한 준비

콘텐츠 중심 활용 수업을 위해서는 수업 영상 제작 및 편집 도구, 수업 중 활용할 수 있는 여러 툴이 필요합니다.

– 수업 영상 제작 및 편집 도구

❶ 파워포인트 (Office 365 버전)

수업에 사용할 PPT를 만든 뒤 슬라이드별로 목소리 녹음, 소리 및 영상 자료 추가가 이루어진 수업 영상을 쉽게 제작할 수 있습니다. 또한 슬라이드 설명 시 교사의 얼굴 영상을 추가하여 교수 실재감을 향상시키면 학

PPT 슬라이드에 교사 얼굴 영상을 추가한 모습

생들은 수업에 보다 흥미를 가지고 집중할 수 있습니다.

그리고 슬라이드별로 녹화가 이루어 지기 때문에 설명에서 실수가 발생하는 경우 해당 부분만 수정 및 편집하면 되므로 활용이 용이합니다.

PPT 슬라이드 편집 장면

❷ 아이캔 노트 (http://icannote.com)

PDF, JPG, HWP, PPT 파일을 불러와서 판서와 함께 녹화할 수 있는 프로그램입니다. 필기 시 형광펜, 스티커, 그래프, 도형 등을 사용할 수 있습니다. 아이캔 스크린의 경우 컴퓨터 화면에 바로 판서할 수 있는 프로그램으로, 간단한 문서를 실행하여 판서할 때 사용하며 판

아이캔 노트 실행 화면

서하는 장면을 모두 녹화할 수 있습니다. 아이캔 노트, 아이캔 스크린 모두 사용자의 구분 없이 무상으로 사용할 수 있는 소프트웨어입니다.

❸ OBS 스튜디오 (https://obsproject.com)

비디오 녹화 및 라이브 스트리밍을 위한 무료 소프트웨어입니다. 직관적인 오디오 믹서를 제공하고 음원 혹은 영상 소스를 손쉽게 추가, 복제할 수 있습니다. 영상 소스를 가공할 때 색상 보정, 크로마키 등 여러 필터 도구를 제공한다는 것이 장점입니다.

❹ 클로버 더빙 (https://clovadubbing.naver.com)

음성합성 기술로 사용자가 입력
한 텍스트를 목소리로 생성하는
소프트웨어입니다. 다양한 목
소리 형태를 제공하며 자연어에
가까워 콘텐츠 제작 시 교사의
목소리를 사용하지 않아도 됩니

클로버 더빙 실행 화면

다. 모든 보이스를 하나 혹은 개별 음원 파일로 저장할 수 있어 PPT나
한쇼와 함께 사용할 수 있습니다. 현재는 무료 지원되고 있습니다.

– 수업 활용 도구

❶ 패들렛 (http://padlet.com)

학생들이 실시간 협업으로 공동
작업을 할 수 있는 공간을 제공
합니다. 협업 공간의 다양한 템
플릿을 제공합니다(기본, 캔버스,
스트림, 격자, 선반 등). 참여자는
회원가입 없이 링크나 QR코드

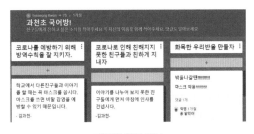

패들렛 활용 예시

로 접속할 수 있으며, 전체 결과는 PDF, 이미지 등 다양한 형태로 추출할
수 있습니다. 무료 버전의 경우 3개의 패들렛까지 사용이 가능합니다.

❷ 멘티미터 (https://www.mentimeter.com)

학생은 별도의 설치 없이 교사가 제공한 URL과 QR코드로 입장할 수 있습니다. 교사는 실시간으로 학생의 응답 현황을 확인할 수 있으며 응답 결과를 PDF로 추출 보관 가능합니다. 또한 다양한 형태의 시각화 포맷을 제공합니

멘티미터 활용 예시

다. 무료 버전의 경우 한 프리젠테이션에 3개의 질문만 넣을 수 있으며, 이는 학생의 이해도를 평가할 때 유용하게 사용할 수 있습니다.

❸ 소크라티브 (https://www.socrative.com)

멘티미터와 마찬가지로 퀴즈를 제작하여 학생의 학습 상황을 파악할 수 있습니다. 학생들이 작성한 답, 정답 유무를 바로 확인할 수 있어 즉시 피드백을 줄 수 있다는 것이 장점입니다. 콘텐츠 활용 중심 수업에서는 자기 평가에 활용함으로써 학습 결과를 파악할 수 있으며 실시간 쌍방향 수업에서도 학습 요소에 대한 평가가 가능합니다.

❹ 카훗 (https://kahoot.com)

재미있고 흥미로운 게임 기반의 학습을 진행할 수 있도록 만들어져 있으며 다양한 질문 유형의 퀴즈를 제공합니다. 신나는 음악과 화면으로 학생들에게 즐거운 수업 경험을 제공할 수 있습니다.

카훗 활용 예시

■ 학습의 흐름

디자인 씽킹 모형 단계	차시별 프로젝트 수업 내용
공감	■ 1~2차시(콘텐츠 활용 수업 + 실시간 쌍방향 수업) - 코로나 19 예방을 위해 현재 학교에서 하는 일을 살펴보고 더욱 노력해야 할 점을 도출한다. 다른 학생들과 교사들을 인터뷰하여 문제점을 도출하고, 이 중 인공지능기술을 활용하여 해결할 수 있는 문제점이 있는지 살펴본다.
정의	■ 3~4차시(콘텐츠 활용 수업 + 실시간 쌍방향 수업) - 실생활의 문제 중 해결해야 할 문제점을 정의한다.(예시: 마스크를 착용하지 않고 학교에 들어오는 사람들이 있다.) 문제점에 대한 다양한 해결책을 도출한다. 문제해결을 위해 어떤 재료와 도구를 활용할 수 있을지 살펴본다.
구상	※ 결과물 구성을 위한 기능 학습(코딩, 도구 활용 등)이 필요한 경우 정의, 구상 단계를 확대하여 편성할 수 있다. 이 수업에서는 구상 단계 중 학생들이 활용하고자 하는 기능을 익히는 차시를 편성할 수 있으며, 교사가 지도하고자 하는 기능을 먼저 연습한 후 이를 활용하여 해결할 수 있는 실생활 문제점을 도출할 수도 있다.
프로토 타입 평가	■ 5~10차시(실시간 쌍방향 수업 + 대면 수업) - '마스크 착용 여부를 알려주는 기계' 프로토타입을 제작한다. 프로토타입은 여러 번의 사용성 평가를 거치며 개선점을 수용하여 발전시킬 수 있도록 한다. - 결과물을 직접 실생활에 적용하고 수정, 발전시킨다.

1~2차시는 콘텐츠 활용 수업으로 코로나 19 예방을 위해 지켜야 할 방역수칙 등을 살펴보고 개선점에 대해 스스로 생각해볼 수 있도록 합니다. 그리고 실시간 쌍방향 수업으로 학생들이 느낀 문제점을 공유합니다. 1~2차시 모두 콘텐츠 활용 수업으로 진행해야 한다면 다양한 학생의 의견을 들을 수 있는 패들렛과 같은 도구를 사용합니다.

코로나 예방을 위해 현재 학교에서 하는 일을 살펴보고 더욱 노력해야 할 점을 도출합니다. 정리된 형태의 문제가 아니라 학생이 현재의 상황에서 스스로 공감하는 다양한 문제점을 찾아낼 수 있도록 유도합니다. 학생이 직접 느낀 문제점을 바탕으로 하되, 다른 학생들과 교사 등 학교 구성원을 인터뷰하여 개선할 수 있는 점이 있는지 살펴봅니다.

3~4차시 중 기능을 익히는 차시는 콘텐츠 활용 수업으로 진행합니다. 조별로 다양한 해결 방법을 도출한 경우 교사는 조별로 별도의 콘텐츠를 제공할 수 있습니다. 가장 효과적인 해결 방법을 정하는 등의 조별 토의가 필요한 경우 실시간 쌍방향 수업을 활용합니다. ZOOM의 경우 소그룹을 구성하여 조별 토의를 지원할 수 있습니다.

1~2차시에서 찾은 문제점을 정의하고 문제해결을 위한 여러 해결 방법을 구상합니다. 이때 발산적 사고를 위하여 다양한 의견을 수용하며 모둠학습 시 다른 학습자의 의견을 비난하거나 평가하지 않도록 합니다. 다양한 해결 방법이 도출되었다면 이 중 실현 가능한 효과적인 해결 방법을 찾습니다. 만약 결과물 구성을 위한 기능 학습이 필요하다면 교사가 해결 방법별로 기능을 익히는 차시를 별도로 편성하여 운영합니다. 여러 개의 기능을 익혀야 할 경우 많은 시간이 소요될 수 있다는 문제점이 있지만, 학생의 자율성을 최대한 존중하여 운영할 수 있다는 장점도 있습니다. 학생은 스스로 선택한 해결 방법을 실현하기 위하여 가장 효과적인 도구, 코드를 고민하게 될 것입니다. 여건상 많은 차시의 편성이 어렵고 교사 단독으로 많은 기능 지도가 어렵다고 판단된다면 교사가 활용하고자 하는 기능을 해결 방법 구상 전에 먼저 연습하고 이를 활용하여 해결할 수 있는 실생활 문제점을 도출하는 수업도 가능합니다.

5~10차시의 프로토타입 제작 및 평가 단계는 실시간 쌍방향 수업과

대면 수업을 함께 구성합니다. 실시간 쌍방향 수업에서는 프로토타입을 구성하고 대면 수업을 통해서는 직접 프로토타입을 적용하여 개선점을 들어보는 것으로 구성합니다. 프로토타입은 결과물을 바로 제작하는 것을 목표로 하지 말고 여러 차례의 제작과 개선점 수용을 거쳐 발전시킬 수 있도록 합니다. 프로토타입 제작 시 교사가 하나의 코드를 알려주고 학생들이 모두 따라는 방법보다는 다양한 코드, 해결 방법을 알려주고 이를 구성하게 하는 방법이 좋습니다. 학생이 스스로 모든 코드를 구성하기 어렵다면 공개된 자료를 리믹스하여 활용할 수 있도록 지도합니다. 이후 결과물이 도출되면 직접 일상생활에 적용하고 수정, 발전시킵니다.

이 수업을 통해 학생은 메이킹 활동의 필요성을 느낄 수 있으며 실생활에 적용하고 다양한 사람의 의견을 수용함으로써 발전된 형태의 결과물을 제작할 수 있습니다.

실시간 쌍방향 수업으로 메이킹 활동 지도 시 주의점

1. 화면 공유 기능은 작품 공유, 오류 해결 등을 위하여 허용하되 수업과 관련 없는 화면을 공유하지 않도록 사전 약속이 필요합니다. 그 외 비밀채팅 금지, 화면 캡처 금지, 적극적인 참여 등을 함께 약속합니다.
2. 온라인 수업예절, 저작권 교육을 창의적 체험활동으로 구성해도 좋습니다.
3. 교사의 화면을 보며 메이킹 활동을 해야 하므로 학생은 듀얼 모니터나 2대의 기기를 활용하는 것이 좋습니다.
4. 학생 등교일에 미리 교구를 배부해야 합니다. 이때 교구를 집으로 가져갔다 가져와야 하므로 고가의 교구는 사용하지 않는 것이 좋습니다.

■ 교수학습과정안

5~10차시

– 주제 : 마스크 인식 프로그램 프로토타입 구성하기

– 수업 목표 : 실생활 문제를 해결하기 위한 마스크 인식 프로그램 프로
토타입을 구성할 수 있다.

주요 활동	각 단계별 설명	교수 · 학습 자료(◇) 및 지도상 유의점(✔)
도입		
동기유발	○ 마스크 인식 프로그램이 필요한 이유를 살펴본다. ○ 이미지 학습에 대해 떠올린다.(이미지 학습이란 일정한 기준에 따라 입력받은 학습 데이터를 분류하고 기준에 따라 학습시켜 자신만의 모델을 만드는 것이다.)	◇PPT 및 동영상
전개		
학습 활동	○ 이미지 학습 기능을 활용해 프로그램을 제작한다. ○ 이미지 학습 기능을 활용하여 모델을 구성한다. ○ 분류하고자 하는 클래스를 구성하고 클래스에 맞는 이미지 사진을 웹캠, 이미지 업로드를 통하여 학습시킨다. ○ 이미지 모델을 활용하여 프로그래밍한다. – 마스크 착용 여부를 인식하여 마스크 미착용 시 출입이 불가능하다는 알람을 보내는 프로그램을 구성한다. 	◇PC, 웹캠 ✔분류 정확도를 높일 수 있도록 많은 데이터를 입력한다. ✔본 지도안에서는 마스크 착용 여부를 알려주는 프로그램을 구성하였으나, 마스크 착용 여부에 따라 차단문이 열리거나 경고음이 울리게 하는 등의 부가적인 기능을 추가할 수도 있다. ✔한 가지 코드를 모두 똑같이 따라 하는 것이 아닌 학생이 스스로 프로그래밍을 하여 다양한 형태의 결과물을 도출할 수 있도록 한다.

정리	
정리하기	○ 프로토타입을 발표한다. - 완성된 작품을 친구들에게 발표하고, 개선할 점, 느낀 점을 함께 발표한다. - 다른 학생의 발표를 들으며 궁금한 점은 질문하고 답하도록 한다.	

실시간 쌍방향 수업에서 피지컬 컴퓨팅 도구를 제작하는 모습

3. 게임을 활용한 메이킹

메이킹 활동 시 게임 요소가 들어간 도구 및 재료를 사용하면 학생들의 흥미와 동기를 유발하는 데 효과적입니다. 메이킹 결과물을 통해 게임 활동을 할 수 있다는 것이 본격적인 메이킹 활동 전에 학생들에게 안내된다면 만드는 과정에서 포기하지 않고 더 열심히 참여할 것입니다. 또 게임 활동은 학생들 간의 협력과 선의의 경쟁 활동을 가능하게 해 협업 능력, 의사소통 능력 등의 역량을 길러줍니다.

게임을 활용한 메이킹 활동 시 주의점

1. 게임을 활용한 메이킹 활동에서 제일 주의해야 할 점은 재미 위주의 수업이 되지 않도록 해야 한다는 점입니다. 따라서 게임을 하면서 승패를 가르는 활동보다는 게임을 재구성하고 다시 만드는 활동 과정에 초점을 맞추는 것이 더 중요하다는 것을 강조해야 합니다.
2. 라보 키트를 활용할 때 조립 방법을 미리 알려주지 않고 학생들 스스로 만드는 방법을 탐구하면서 조립할 수 있도록 유도하면 좋습니다.
3. 게임을 활용한 메이킹 수업의 경우 메이킹 결과물을 가지고 게임 활동을 진행하는 경우가 많습니다. 이때 승부욕이 과해져 다툼이 일어날 수도 있으니 모둠별 대항전보다는 모든 모둠에 스위치를 제공해서 게임을 체험해보고 즐거움을 느낄 수 있도록 하는 것이 좋습니다.

1) 닌텐도 라보 활용 수업
– 닌텐도 라보를 활용한 메이커 수업

■ 수업의 개요

이 수업에서는 국어와 음악, 미술 등 다양한 교과를 융합하여 재구성한 주제를 바탕으로 닌텐도 라보를 활용한 메이킹 활동을 수행합니다. 닌텐도 라보는 종이를 이용한 메이킹 활동과 게임 요소를 결합하여 다양한 활동을 할 수 있도록 만들어진 도구로 학생들의 흥미와 집중력 향상에 좋습니다. 그리고 메이킹 결과물을 만들고 다양한 형태로 변형할 수 있다는 것이 큰 장점입니다.

대상 학년	3~4학년		
주제	영화의 줄거리와 어울리는 음악을 만들고 표현하기		
관련 교과 및 차시	국어, 음악, 미술	총 차시 : 12차시	소요기간 : 약 2~3주
관련 교육과정 성취기준	국어	[4국05-01] 시각이나 청각 등 감각적 표현에 주목하며 작품을 감상한다. [4국05-03] 이야기의 흐름을 파악하여 이어질 내용을 상상하고 표현한다. [4국05-04] 작품을 듣거나 읽거나 보고 떠오른 느낌과 생각을 다양하게 표현한다.	
	음악	[4음01-05] 주변의 소리를 탐색하여 다양한 방법으로 표현한다. [4음03-01] 음악을 활용하여 가정, 학교, 사회 등의 행사에 참여하고 느낌을 발표한다.	
	미술	[4미02-02] 주제를 자유롭게 떠올릴 수 있다. [4미02-05] 조형 요소(점, 선, 면, 형태, 색, 질감, 양감 등)의 특징을 탐색하고, 표현 의도에 적합하게 적용할 수 있다.	
프로그램 학습 목표	○ 영화를 보고, 줄거리에 어울리는 음악을 생각할 수 있다. ○ 닌텐도 라보 키트를 조립하여 악기를 만들고 창의적으로 꾸밀 수 있다. ○ 만든 악기를 활용해 음악을 연주하고 느낌을 발표할 수 있다. ○ 협력적 프로젝트를 통해 메이킹 결과물을 만들고 실생활에 활용할 수 있다.		

	평가 기준	평가 방법
평가 기준 및 방법	닌텐도 라보 키트를 활용하여 악기를 만들고 창의적으로 꾸밀 수 있는가?	관찰 평가
	닌텐도 라보를 활용한 악기를 실생활에 활용하여 음악을 연주할 수 있는가?	
	영화에 어울리는 음악을 생각하고 악기를 사용하여 표현할 수 있는가?	상호 평가
	모둠원들과 협력적으로 메이킹 활동을 수행하는가?	

■ 수업 전 준비해야 할 것

① 닌텐도 스위치

닌텐도 스위치(Nintendo Switch)는 게임기로 휴대할
수 있는 형태와 TV와 연결하는 형태가 있습니다.
화면이 출력되는 모니터와 게임할 때 활용하는 컨
트롤러를 분리할 수 있어서 다양한 형태로 모양을
변형하여 즐길 수 있는 것이 특징입니다. 이는 메이
킹 활동에서 다양한 형태를 구현하고자 할 때 도움
이 됩니다. 기본 버전은 32만 원대로 출시되었습니다.

닌텐도 스위치

② 닌텐도 라보 버라이어티 키트

닌텐도 라보는 카드보드로 이루어져 있는데 이를 조
립하여 다양한 형태를 만드는 페이퍼 크래프트 활동
을 수행할 수 있습니다. 피아노, 낚싯대, 집, 오토바
이, 움직이는 로봇 등 다양한 메이킹 결과물을 만든
뒤, 닌텐도 스위치 게임기와 연결하여 실제로 체험하
고 게임을 할 수 있도록 구성되어 있습니다.

라보 버라이어티 키트

　특히 페이퍼 크래프트를 만들 때 닌텐도 스위치 안에 사용설명서 매
뉴얼이 있어서 학생들이 상호작용하면서 조립 활동을 할 수 있습니다.
또한 자신이 만든 메이킹 결과물의 구성 및 작동 원리를 탐구해볼 수 있
도록 설명 기능을 제공하여 자연스럽게 코딩과 과학적 지식을 학습하게

라보 화면

합니다. 메이킹 결과물의 작동 원리에 대한 안내, 수정 및 개선 가이드라인 제공뿐만 아니라 IF-THEN 형태 또는 Input-Middle-Output 형태의 코딩 활동을 통해 메이킹 결과물을 학생들이 원하는 형태로 움직이거나 작동하도록 만들 수 있습니다. A 버튼을 눌렀을 때 조이콘에 진동이 오도록 하거나 닌텐도 스위치 화면이 세워져 있을 때 피아노 '파' 음이 나오도록 하는 등 Input-Output에 어떤 명령어를 코딩할지 정할 수 있습니다.

이렇게 코딩해서 새로운 게임을 만들 수도 있습니다. 옆의 사진은 1번에 동전을 넣고 2번 버튼을 누르면 빨간색 별표가 있는 상자에서 사탕이 나오도록 만든 게임입니다. 이처럼 다양한 형태의 게임을 창의적으로 재구성하거나 만들 수 있습니다.

라보로 만든 사탕 게임

닌텐도 라보 키트는 버라이어티 키트 이외에 로봇 키트, 드라이브 키트, VR 키트까지 총 4가지 종류가 있고 각각 다른 메이킹 결과물을 만들 수 있습니다. 닌텐도 라보 버라이어티 키트는 가격이 5~6만 원대입

로봇 키트, 드라이브 키트, VR 키트

니다.

　라보 키트를 처음 접하는 초등학생이라면 버라이어티 키트가 가장 적절합니다. 버라이어티 키트는 5가지 이상의 키트를 담고 있어서 다양한 결과물을 만들 수 있고 학생들의 흥미를 유발할 수 있기 때문입니다. 라보 키트는 학생들의 관심도와 수준을 고려하여 선택합니다.

■ 학습의 흐름

디자인 씽킹 모형 단계	차시별 프로젝트 수업 내용
공감	■ 1차시 - 영화에서 이어질 다음 장면을 떠올리며 내용과 어울리는 음악의 필요성에 대해 공감하고 함께 이야기해본다.
정의	■ 2~3차시 - 영화의 배경음악이 무엇인지, 영화의 내용과 잘 어울리는 배경음악이란 어떤 요소들을 가지고 있는지 고민하고, 다양한 아이디어를 함께 이야기한다.
구상	■ 4차시 - 영화에서 이어질 장면에 어울리는 음악을 찾아본다. 이때 학생들이 참고할 수 있는 다양한 자료를 제공한다.

프로토 타입	■ 5~6차시 라보 키트를 활용한 메이킹 활동 - 라보 키트로 피아노를 만들고, 닌텐도 스위치와 라보 키트를 연결해 작동 여부와 작동 원리를 확인한다. - 라보 피아노를 영화의 주제, 음악의 특징에 어울리도록 창의적으로 꾸미는 활동을 한다. ■ 7~8차시 라보 피아노를 활용한 음악 메이킹 활동 - 영화에서 이어질 장면에 어울리는 음악을 모둠원과 협력하여 만든다. 이때 학생들이 참고할 수 있는 다양한 예시 자료를 제공한다.
평가	■ 9~10차시 상호 테스트 및 수정 활동 - 만들어진 음악을 다른 모둠과 교환하여 들어보고 피드백을 제공한다. - 제공된 피드백 내용을 바탕으로 음악을 수정한다. ■ 11차시 학급 내 발표 활동 - 실제 영화 장면을 만들어진 음악과 함께 무대에 올린다. 라보 피아노를 연주한다. - 영화 장면과 음악이 잘 어울리는지 이야기를 나눈다. - 라보 피아노와 음악을 만들면서 느낀 점, 알게 된 점을 중심으로 발표하고 함께 공유한다. ■ 12차시 학급 외 메이커 페어 활동 - 완성된 라보 피아노와 음악을 다른 반 또는 다른 학년 학생들에게 공개하고, 직접 연주할 수 있는 경험을 제공한다. - 메이커 페어에 참여한 외부 학생의 피드백을 수렴해 얻은 최종 결과물을 사진 혹은 영상으로 찍어 교실에 전시한다.

1차시는 함께 시청한 영화에서 이어질 다음 장면을 떠올리며 어울리는 음악의 필요성에 대해 공감하는 시간입니다. 음악이 있을 때와 없을 때 영화 장면이 어떻게 보이고 이야기의 흐름이 어떻게 느껴지는지 이야기해봄으로써 어울리는 음악이 들어가는 것이 좋다는 사실을 도출합니다.

2~3차시에는 영화의 배경음악이 무엇인지, 영화의 내용과 잘 어울리는 배경음악은 어떤 요소들을 가지는지 고민해봅니다. 동요, BGM, 국

악, 교향곡 등 다양한 장르의 음악을 제시하고 적절한 음악이 무엇일지 자유롭게 이야기합니다.

4차시에는 영화의 주제와 장면의 분위기, 인물의 말과 행동 등을 고려했을 때 가장 어울리는 음악이 무엇인지 찾습니다. 이때 학생들이 참고할 수 있는 다양한 자료로 CD, 유튜브, 책 등을 제공하여 자유로운 탐색이 이루어질 수 있도록 합니다.

5~6차시에는 본격적으로 라보 키트를 활용하여 피아노를 만드는 활동을 합니다. 설명서를 보고 차근차근 피아노를 만들고 블루투스를 연결해 피아노의 작동 여부와 작동 원리를 탐구합니다. 이후 영화의 주제와 음악의 특징에 어울리도록 다양한 재료 및 도구를 활용하여 라보 피아노를 창의적으로 꾸미는 활동을 수행합니다.

7~8차시에는 영화에서 이어질 장면에 어울리는 음악을 직접 만듭니다. 모둠원이 협력하여 간단한 음악을 만드는데 이때 학생들이 참고할 수 있도록 다양한 분위기의 음악을 악보 형태로 제시합니다. 이를 창의적으로 변형하여 새로운 음악을 만듭니다.

9~10차시에는 만들어진 음악을 다른 모둠과 교환하여 들어보고 서로 피드백을 제공합니다. 피드백 내용을 바탕으로 음악을 수정합니다. 이때 IF-THEN 형태 또는 Input-Middle-Output 형태의 코딩을 활용하여 피아노에서 나는 소리를 다른 소리로 변경할 수도 있습니다.

11차시는 라보 피아노로 완성된 곡을 연주하여 영화 장면을 음악과 함께 감상하는 시간입니다. 영화의 장면과 음악이 잘 어울리는지 이야기를 나누고 라보 피아노와 음악을 만들면서 느낀 점, 알게 된 점을 발표하고 공유합니다.

마지막으로 12차시에는 라보 피아노와 음악을 다른 반 학생들이 직접 연주해볼 수 있도록 공개하는 메이커 페어를 개최합니다. 또한 축제의 장이 기록될 수 있도록 사진과 영상을 찍어 교실에 전시하는 시간을 갖습니다.

■ **교수학습과정안**

5~6차시

- 주제 : 라보 키트를 활용하여 피아노를 만들고 창의적으로 꾸미기
- 수업 목표 : 라보 키트를 활용하여 피아노를 만들고 영화의 주제, 음악의 특징에 어울리도록 창의적으로 꾸밀 수 있다.

주요 활동	각 단계별 설명	교수 · 학습 자료(◇) 및 지도상 유의점(✓)
도입		
동기유발	○ 영화의 한 장면을 음악이 없는 것과 음악이 들어간 것을 비교하여 보여준다. ○ 영화의 한 장면을 어울리지 않는 음악이 들어간 것과 어울리는 음악이 들어간 것을 비교하여 보여준다. ○ 두 장면의 차이에 대해서 이야기를 나눈다. 또한 영화의 줄거리 그리고 해당 장면과 어울리는 음악의 필요성에 대해 이야기한다.	◇PPT, 동영상 자료 ✓영화에서 이야기의 흐름과 어울리는 음악이 꼭 필요한 요소라는 것이 도출되도록 유도한다.
전개		

프로토 타입 (라보 키트를 활용한 메이킹 활동)	○ 학생 3~4명씩 모둠을 구성한 뒤 라보 키트를 활용하여 피아노를 만든다. ○ 닌텐도 스위치에 있는 설명서를 보고 모둠원과 협력적으로 상호작용하면서 피아노를 만든다. ○ 닌텐도 스위치와 라보 키트를 연결하여 완성된 메이킹 결과물이 제대로 작동하는지 확인하고 작동 원리에 대한 설명을 함께 읽는다. ○ 라보 피아노를 영화의 주제, 음악의 특징과 어울리도록 창의적으로 꾸미는 활동을 한다.	◇닌텐도 라보, 닌텐도 스위치, 재료 및 도구 바구니 ✓모둠을 능력에 따라 편성하되 도구를 잘 다루는 학생이 지나치게 편중되지 않도록 한다. ✓교사는 교실을 돌아다니면서 어려움을 겪고 있는 학생에게 조언을 제공한다. ✓다양한 재료 및 도구 바구니를 교실 앞에 배치하여 학생들이 자유롭게 활용할 수 있도록 한다.
정리		
정리하기	○ 모둠별로 만들어진 결과물을 교실 뒤쪽에 전시하고 학생들끼리 서로 피드백을 제공한다.	✓코멘트 제공 시 결과물 자체에 대한 평가보다는 보완할 점, 잘된 점을 중심으로 피드백이 이루어지도록 한다.

5~6차시에는 라보 키트를 활용하여 만든 피아노를 영화의 주제, 음악의 특징에 맞도록 창의적으로 꾸미는 활동을 합니다. 먼저 영화의 한 장면 중에서 음악이 없는 것과 음악이 들어간 것, 어울리지 않는 음악이 들어간 것과 어울리는 음악이 들어간 것을 각각 비교하여 보여줍니다. 이후 두 상황에 어떤 차이가 있는지 이야기해보고 영화에는 이야기와 어울리는 음악이 필요하다는 결과를 도출해냅니다. 특히 영화의 장면이 전달하고자 하는 내용을 효과적으로 전달하는 도구로서 음악의 필요성을 강조하는 것이 좋습니다.

다음으로 본격적인 메이킹 활동에 들어갑니다. 학생 3~4명씩 모둠을 구성하는데, 구성원의 능력치에 따라 잘하는 학생과 못하는 학생이 적절히 섞이도록 하는 것이 중요합니다. 또한 학생들이 닌텐도 스위치 안에 있는 설명서를 활용할 수 있도록 하고 모든 모둠원과 협력적으로 상호작용을 하면서 피아노를 만들도록 유도합니다. 이 과정을 통해 스스로 문제해결 능력과 협력적인 의사소통 능력, 의견조율 능력을 기를 수 있습니다. 교사는 만드는 법을 알려주기보다는 인내심을 가지고 학생들 스스로 탐구를 통해 만들기 과정을 찾아갈 수 있도록 끊임없이 스캐폴딩 질문을 던져 생각의 물꼬를 터줘야 합니다.

라보 피아노가 완성되면 블루투스를 연결하여 건반을 눌렀을 때 소리가 제대로 나는지 확인합니다. 닌텐도 스위치를 라보 키트에 넣어 연결한 후 놀기 버튼을 누르고 피아노 건반을 눌러 소리를 들어봅니다. 그리

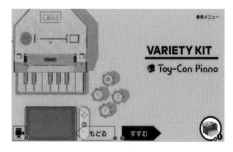

라보 피아노와 기어

고 기어의 위치를 바꿔서 소리를 자유롭게 변경해봅니다. 기어는 피아노 왼쪽 위에 끼우는 톱니바퀴 형태의 물건으로 다른 숫자가 적힌 기어를 바꿔 끼우면 소리가 변경됩니다. 그리고 이해하기 버튼을 눌러서 피아노의 작동 원리에 대해 탐구해보는 것도 좋습니다. 이를 통해 자신이 만든 메이킹 결과물의 작동 원리를 이해하면 이것을 다른 메이킹 결과물을 만들 때 활용할 수 있습니다.

이제 다양한 재료와 도구를 활용하여 라보 피아노를 영화의 주제, 음악의 특징과 어울리도록 창의적으로 꾸밀 차례입니다. 색종이, 도화지, 색연필, 물감, 테이프, 풀, 벨크로 테이프 등 다양한 재료 및 도구를 바구니에 담아 교실 앞쪽에 놓아둡니다. 학생들은 이것들을 활용해 자유롭게 자신의 피아노를 창의적으로 꾸밉니다. 교사는 정답이 정해져 있는 것이 아니므로 어떠한 방식으로 꾸미든지 모두 훌륭하다는 메시지를 지속적으로 전달해야 합니다. 그러지 않으면 학생들은 자신이 생각하는 것에서 약간만 벗어나도 '실패했다, 망했다'라며 포기할 수 있기 때문입니다. 다른 사람에게 피해를 주지 않는다면 모든 것이 허용되는 분위기가 필수적으로 조성되어야 메이커 수업이 효과적으로 이루어질 수 있습니다.

마지막으로 모둠별로 만든 결과물을 교실 뒤쪽에 전시하고 학생들끼리 서로 피드백을 주고받도록 합니다. 중요한 점은 학생들끼리 피드백을 제공할 때 결과물 자체에 대한

라보 피아노를 만들고 꾸미는 모습

평가는 지양해야 한다는 것입니다. 보통 서로 피드백을 주고받으라고 하면 '잘했다', '(누구)보다 못했다' 식의 평가를 하는 경우가 많은데, 이런 평가는 노움이 되지 않습니다. 그보다는 앞으로 결과물을 수성하거나 보완할 때 필요한 정보를 서로 주고받을 수 있는 평가, 즉 보완해야 할 점, 잘된 점을 중심으로 피드백이 이루어져야 합니다.

2) 마인크래프트 에듀케이션 에디션(M:EE) 활용 수업
- M:EE 활용하여 도시 문제 해결하기

M:EE는 유료게임 다운로드에서 항상 높은 순위를 차지하는 마인크래프트를 교육에 활용하기 위해 개발한 MS의 새로운 교육 도구입니다. 학생은 비교적 친숙한 환경에서 스크래치나

마인크래프트 에듀케이션 에디션 소개 배너

엔트리처럼 블록을 끼워 손쉽게 코딩할 수 있고, 이를 이용해 건축물을 만들거나 아이템을 수집하는 등 다양한 형태의 메이커 활동을 할 수 있습니다.

수업 1. 도시 문제를 해결하러 우리가 뭉쳤다!

■ 수업의 개요
이 수업은 내가 살고 있는 도시의 다양한 문제를 직접 해결해보는 것을

목표로 합니다. 뉴스 자료 조사와 사람들과의 인터뷰를 통해 내 주변의 불편함을 발견하고, 그것을 해결하기 위해 친구들과 토론하고 해결 방안을 직접 만드는 과정을 포함합니다. 그동안 캠페인 등 홍보 활동에 그쳤던 해결 방법을 넘어서 가상현실에서 직접 문제를 해결해봅니다. 이러한 과정을 통해 학생은 민주시민으로서 좀 더 책임감 있는 자세를 기를 수 있습니다.

대상 학년	5~6학년		
주제	도시 문제를 해결하러 우리가 뭉쳤다!		
관련 교과 및 차시	국어, 실과, 미술	총 차시 : 10차시	소요기간 : 약 2~3주
관련 교육과정 성취기준	국어	[6국01-03] 절차와 규칙을 지키고 근거를 제시하며 토론한다. [6국01-05] 매체 자료를 활용하여 내용을 효과적으로 발표한다.	
	실과	[6실04-08] 절차적 사고에 의한 문제해결의 순서를 생각하고 적용한다. [6실04-09] 프로그래밍 도구를 사용하여 기초적인 프로그래밍 과정을 체험한다.	
	미술	[6미02-03] 다양한 자료를 활용하여 아이디어와 관련된 표현 내용을 구체화할 수 있다. [6미02-01] 표현 주제를 잘 나타낼 수 있는 다양한 소재를 탐색할 수 있다.	
프로그램 학습 목표	○ 마인크래프트를 사용하여 살기 좋은 도시 모습을 설계할 수 있다. ○ 도시에서 발견한 문제에 대해 친구들과 토론할 수 있다. ○ 다양한 형태로 만들면서 자신의 아이디어를 구체화할 수 있다. ○ 협업 프로젝트를 통해 친구들과 서로 도우며 의견을 조율할 수 있다. ○ 만든 공간을 친구들에게 적극적으로 소개할 수 있다.		

	평가 기준	평가 방법
평가 기준 및 방법	마인크래프트의 기본 기능을 사용할 수 있는가?	관찰 평가
	구상한 공간을 위해 필요한 재료를 넣을 수 있는가?	
	내가 살고 있는 곳의 문제해결을 위한 공간을 효과적으로 설계했는가?	상호 평가
	모둠원들과 협동하며 배려할 수 있는가?	
	마인크래프트를 활용한 만들기 활동을 통해 아이디어를 구체화할 수 있는가?	체크리스트 평가
	결과물이 문제를 해결하는 데 어떤 도움이 되는가?	산출물 평가

■ 수업 전 준비해야 할 것

① 개인용 태블릿 PC(Windows 10) / 데스크톱 PC(컴퓨터실) / macOS

마인크래프트 에듀케이션 에디션은 windows 10과 mac 운영체제를 지원한다. 학교에서는 데스크톱 PC를 사용하거나 태블릿 PC를 활용한다.

갤럭시 북 플렉스
알파 13인치
(2020년 6월 출시)
150만 원 내외

갤럭시 북 플랙스 알파 13인치 (NT750QCR-A38A)
CPU: 코어 i5-10216U (i5 10세대, 코멧레이크)
운영체제 : 윈도 10 Home 추가 시 15만 원 내외 추가
화면크기 : 13인치/램 : 16GB
SSD: 256GB/카메라: 720p HD 카메라
터치 스크린, QLED 디스플레이, 블루투스 5.0 지원
배터리:54Wh, 무게 1.19kg
윈도 기반 태블릿으로 일반 컴퓨터와 유사하며, 터치와 펜 입력이 되는 노트북이라고 볼 수 있습니다. 컴퓨터와 같은 환경으로 포토샵, 기타 PC 프로그램 모두 사용이 가능합니다. 사용 시간 또한 대용량 배터리를 사용해 18.5 시간 내외여서 충전만 해놓으면 활동이 원활합니다. 다만 무게가 일반 안드로이드 기반 태블릿에 비해 무겁고 가격이 비싸다는 단점이 있습니다.

마이크로소프트 서피스 고2 64GB wifi (2020년 7월 출시) 70만 원 - (본체55＋키보드 커버 15 패키지 기준)	CPU: 인텔 펜티엄 골드 4425Y 운영체제(OS): 윈도 10 Home 화면 크기: 10.5인치 / 램: 8GB 또는 4GB 배터리 사용 시간: 최대 10시간 - 타이핑 커버(15만 원 내외) - 서피스펜 (12만 원 내외), - 서피스 마우스(5만 원 내외) 무게: 544g 윈도 OS를 사용하는 마이크로소프트의 보급형 태블릿입니다(LTE 버전도 있음). 굉장히 가벼운 무게로 휴대성에 중점을 둔 제품입니다. 노트북 성능을 기대할 순 없지만, 윈도 OS를 활용하니 문서 작성 등에 효과적입니다. 오피스 제품을 따로 사용해야 하나 교육청에서 무료로 지원해주기 때문에 등록하여 교육용 오피스를 사용하면 됩니다.

② M:EE를 위한 교육용 오피스 365 계정 만들기

마인크래프트 에듀케이션 접속 및 라이선스를 구매하기 위해서는 교육용 오피스 365 계정 생성이 반드시 필요합니다.

- 교육용 오피스 365 계정 생성 방법

교사와 학생이 가장 편하게 교육용 오피스 365 계정을 얻는 방법은 교육청 오피스 클라우드 시스템을 통해 얻는 방법입니다. 학생은 담임 선생님 또는 정보 담당 선생님께 문의하면 계정을 얻거나 가입할 때 필요한 인증키를 얻을 수 있습니다.

　다음과 같이 교육청별로 오피스 클라우드 시스템 주소 및 전담하는 업체가 다릅니다.

교육청별 오피스 클라우드 시스템 가입 주소

교육청	가입 주소
경기도 교육청	https://cloud.goe.go.kr
서울특별시 교육청, 세종특별자치시 교육청, 제주특별자치도 교육청, 대구광역시 교육청, 대전광역시 교육청, 울산광역시 교육청	http://www.o365edu.net
인천광역시 교육청	https://o365.ice.go.kr
광주광역시 교육청	http://o365.gen.go.kr
부산광역시 교육청	https://o365.pen.go.kr
강원도 교육청	https://office365.gwe.go.kr
전라북도 교육청	https://getsw.jbe.go.kr
전라남도 교육청	http://o365.jne.go.kr
경상북도 교육청	https://365.gyo6.net
경상남도 교육청	https://sw-ms.gne.go.kr
충청북도 교육청	https://cloud.cbe.go.kr
충청남도 교육청	https://o365.cne.go.kr

교육용 오피스 365란?

공동 작업을 진행하고 학업 내용을 공유할 수 있는 서비스 모음입니다. 교육 기관에서 근무 중인 교사와 교육 기관에 다니고 있는 학생에게 무료로 제공하는데, 학교에서는 보통 정보 업무를 담당하는 교사가 학교 메일 주소와 전화번호로 사전에 가입합니다. Office Online(Word, PowerPoint, Excel 및 OneNote), OneDrive 저장소, Yammer 및 SharePoint가 포함되어 있습니다.

처음 시작이 막막한 교사에게

보통은 정보 담당 선생님에게 요청하면 계정을 얻을 수 있지만, 계정을 직접 만들어야 하는 경우도 있습니다. 그때는 교육청에서 학교 클라우드 서비스 등을 담당하는 정보과 주무관의 이름과 연락처를 정보 담당 선생님을 통해 얻어 문의하면 학교별 로그인 아이디와 초기 비밀번호를 안내해줍니다. 학교의 컴퓨터 관리 및 설치, 정보 서비스 등을 담당하는 업체가 관리하는 경우도 간혹 있으니 이 점도 확인해야 합니다. 담당자를 찾기만 하면 가입과 office 365 계정에 학교를 등록하는 것은 어렵지 않게 금세 할 수 있습니다.

— 교육용 오피스 365 학교 계정 등록하기

교육용 오피스 365 사이트에 접속하여 본인(교직원, 학생)이 직접 계정을 만들려면 먼저 학교가 교육용 오피스 365에 등록되어 있어야 합니다. 보통 학교에서는 이 등록을 정보 담당 선생님이 합니다.

교육용 오피스 365 로그인 화면   학교 먼저 등록하라는 메시지

처음 학교를 등록하는 관리자는 해당 학교의 정보를 입력하여 가입합니다. 국가, 이름, 학교 메일 주소, 학교 전화번호, 규모 등을 확인하여 입력합니다.

– 교직원, 학생의 교육용 오피스 365 계정 만들기

교직원이나 학생이 교육청 오피스 클라우드 사이트에 접속하여 교육용 오피스 365 계정을 얻는 방법은 크게 2가지가 있습니다.

❶ 관리자가 부여하기

교육청별 오피스 클라우드 사이트에 관리자 모드로 접속하면 사용자의 계정을 생성할 수 있습니다. 사용자는 받은 계정으로 인증 절차만 거치면 됩니다. 교직원과 학생 계정은 아이디, 비밀번호를 설정하여 만들 수 있습니다.

만약 수업을 위해 학급의 학생들 또는 학년의 학생들을 일괄 등록하려면 엑셀 일괄 등록 버튼을 눌러 엑셀 파일을 다운받아 양식에 맞춰 작성한 후 업로드하면 한꺼번에 등록할 수 있습니다.

❷ 각자 가입하기

교육청별 오피스 클라우드 사이트에 접속하여 가입 인증키로 직접 가입합니다. 가입 인증키는 직접 정보 담당 선생님을 통해 부여받습니다.

정보 담당 선생님은 오피스 클라우드 사이트에 접속하여 관리자 정보 수정 칸에 가면 교직원 가입 인증키와 학생 가입 인증키를 확인할 수 있습니다.

❸ 교사, 학생 계정 만들기

[1] 교육청 오피스 클라우드 사이트 접속

교직원과 학생은 해당 교육청의 오피스 클라우드 사이트에 접속하여 계정 생성하기를 클릭합니다.

[2] 약관 동의

이용약관/개인정보수집 및 이용에 관한 항목을 확인한 후 동의(SMS 인증 필요) 절차를 거칩니다.

[3] 계정 생성

가입 인증키는 학교 정보 담당 교사를 통해 받습니다. 가입 인증키 부여 전에 교육청 지침을 반드시 확인하여야 합니다.

[4] 완료

완료되면 오피스 365를 설치할 수 있는 계정과 비밀번호가 모두 만들어집니다.

❹ 관리자, 사용자(교사, 학생) 가입 후 인증 절차

가입 후에 교육용 오피스 365에 접속하기 위해 마이크로소프트 홈페이지에 들어가 아이디와 비밀번호를 입력하면 추가 인증 절차를 요구합니다. 인증 절차는 다음과 같습니다.

개정 생성 → 가입 완료 → MS에 접속 시 추가 인증이 필요(모바일 앱 설치) → 모바일 앱 설치(Authenticator 검색, 안드로이드, iOS 둘 다 가능) → 모바일 앱 열어 QR 스캔 → QR코드 스캔 → 받은 인증코드 입력 → ID/PW 입력하기 → 로그인 후 확인 메시지 → 모든 가입 절차를 마치면 Office 365 접속

③ M:EE 설치 및 사용하기

– 교육용 오피스 365 계정이 있어야 마인크래프트 이용이 가능합니다.

– 무료 평가판과 유료 구매 중 선택합니다. 무료 평가판은 완벽하세 작동하여 기능에 차이가 없지만 로그인 횟수가 교사 25회, 학생 10회로 제한됩니다. 한편 사용자당 5달러(USD) 가격으로 유료 구매하면 연간 글로벌 라이센스를 가진 모델을 이용할 수 있는데, 이는 해당 교육청 담당 마이크로소프트 채널 파트너를 통해 구입할 수 있습니다.

– 운영체제, 요구 사항을 확인합니다.

운영 체제	소프트웨어 요구 사항	하드웨어 요구 사항
윈도	윈도 10 윈도 8 윈도 7	• CPU : Intel Core i3-3210 3.2 GHz 　AMD A8-7600 APU 3.1 GHz 또는 동급 • RAM : 2GB
맥	macOS Sierra 10.12 이상	• GPU (Integrated) : OpenGL 4.4 가 장착 된 Intel HD Graphics 　4000 (Ivy Bridge) 또는 AMD Radeon R5 시리즈 (Kaveri 라인) • GPU (Discrete) : OpenGL 4.4가 장착 된 Nvidia GeForce 400 　시리즈 또는 AMD Radeon HD 7000 시리즈 • HDD : 게임 코어,지도 및 기타 파일의 경우 1GB 이상
iOS	iOS 10 이상	• 1G의 메모리 • iPhone에서 해당 없음

(출처: 마인크래프트 에듀케이션 지원 센터)

– 마인크래프트 에듀케이션 사이트에 접속하여 마인크래프트 에듀케이션 에디션을 다운로드합니다. 이 프로그램을 설치한 후 교육용 오피스 365 계정으로 접속합니다.

GET MINECRAFT: EDUCATION EDITION

Recommended for your device:
Windows Desktop Edition
DOWNLOAD NOW

Download Windows Store version

마인크래프트 에듀케이션 사이트

■ 학습의 흐름

디자인 씽킹 모형 단계	차시별 프로젝트 수업 내용
공감	■ 1차시 - 우리 지역 신문과 친구들을 인터뷰한 내용을 바탕으로 내가 살고 있는 도시의 문제점을 발견하고 심각성에 깊이 공감해본다. [활동 1] 미리 조사한 뉴스와 인터뷰 내용을 모둠원과 공유하기 [활동 2] 문제의 심각성에 대해 공감하기
정의	■ 2차시 - 가장 해결이 필요한 문제를 정하고, 주민들의 요구가 무엇인지 파악해본다. ■ 3차시 - 핵심 문제 하나를 골라 토론을 통해 문제를 이해해본다.
구상	■ 4~5차시 - 토론을 통해 논의된 내용을 바탕으로 '도시 문제'를 해결할 수 있는 다양한 해결 방안을 생각해본다. [활동 1] 문제해결에 반영할 해결 방안 정하기 [활동 2] 해결 방안을 바탕으로 도시의 1차 설계도 그리기

프로토 타입	:: 마인크래프트를 활용한 메이킹 활동 ■ 5~6차시 - 마인크래프트의 주요 기능을 익히고, 기본 공간을 설계해본다. ■ 7~8차시 - 마인크래프트를 활용한 메이킹 활동을 통해 더 나아진 '우리 도시'를 만들어 문제를 해결한다.
평가	■ 9차시 - 상호 피드백을 제공하고, 이를 바탕으로 공간을 개선한다. :: 메이커 페어 활동 ■ 10차시 학급 내 발표 활동 - '더 나아진 우리 도시' 프로토타입을 학급 내에서 발표한다. - 다른 모둠과 교수자로부터 피드백을 얻고 공간을 개선한다. - 공간을 만들면서 자신의 역할과 느낀 점, 알게 된 점 등을 함께 공유한다. 학급 외 메이커 페어 활동 - 메이커 활동을 통해 만든 '더 나아진 우리 도시'의 모습을 다른 반 또는 다른 학년 학생들에게 공개하고, 직접 조작해볼 수 있는 체험을 제공한다. - 메이커 페어에 참여한 외부 학생의 피드백을 수렴해 얻은 최종 결과물을 사진 혹은 영상으로 찍어 교실에 전시한다.

■ 교수학습과정안

5~8차시

- 주제 : 마인크래프트 에듀케이션을 이용해 더 나아진 우리 도시 만들기

- 수업 목표 : 마인크래프트 에듀케이션을 활용해 도시의 문제를 해결할 수 있다.

주요 활동	각 단계별 설명	교수 · 학습 자료(◇) 및 지도상 유의점(✓)
도입		
동기유발	○ 우리 반에 날아온 편지를 통해 우리 도시의 문제해결을 유도하고, 오늘의 학습 문제를 마인크래프트로 해결하도록 안내한다.	◇PPT, 동영상, 컴퓨터, 활동지

	전개	
기본 기능 익히기	○ 기본 조작 방법과 주로 활용하는 코드 등을 안내한다. - 기본 조작을 배우는 과정을 단계별로 소개하는 활동지를 제시하여 학생이 따라오는 데 도움을 주도록 한다. - 모든 과정은 실습 과제로 제시하여 효과적으로 습득하도록 한다. ❶ 기본 환경 설정하기 : 초보 단계에서 편안한 실습을 하려면 게임 모드를 설정해놓는 것이 좋다. ❷ 기본 기능 익히기 : 글자 쓰기, 표지판 만들기 실습을 통해 좌표 개념(절대 좌표와 상대 좌표)를 이해한다. 공간에 블록 채우기, 공 모양 블록 만들기 등도 실습한다. ❸ 에이전트를 활용해 코딩 익혀 스스로 만들어보기 ○ 다양한 예제를 제시하여 학생이 새롭고 다양한 형태를 만들어낼 수 있는 데 집중하도록 한다. 기본 조작을 익히는 데 유용한 사이트를 활용하도록 안내한다. - 마인크래프트 위키 (https://minecraft-ko.gamepedia.com/Minecraft_Wiki) - 네이버 까페 '우리들의 마인크래프트 공간' (https://cafe.naver.com/minecraftgame/1726880)	◇ PPT, 활동지, 개인 이어폰 ✔ 가입은 쉬는 시간, 점심시간을 이용해 미리 해둔다. ✔ 가장 쓰임이 많은 기능을 중심으로 설명하고, 기능을 배운 후 바로 응용할 수 있는 실습 과제들을 제시한다면 효과적으로 기능을 익힐 수 있다.
설계도 수정하기	○ 지난 시간에 만든 1차 설계도를 함께 검토한다. - 마인크래프트라는 공간의 특성에 알맞게 개선한다. - 마인크래프트 에듀케이션 프로그램과 가상현실의 특성을 고려하여 설계도 내용을 새롭게 구상한다. 가상현실에서 활용할 설계도 만들기(이미 만든 부분) 그림(설계도) 설계의 목적 / 특징 마인크래프트 공간을 고려해 수정할 부분(2차) 수정할 부분 그림(설계도)	◇ 활동지

		◇ 개인용 컴퓨터, 마인크래프트 에듀케이션 활동지
프로토 타입 제작하기	○ 1차 프로토타입(시제품)을 제작한다.(60분) - 함께 만든 설계도를 바탕으로 2인 1팀으로 가상현실에서 프로토타입을 제작한다. ○ 2팀씩 그룹이 되어 상호 피드백을 제공한다.(10분) - 맡은 부분을 잘 만들고 있는지 피드백을 제공한다. - 교사는 만든 내용에 대해 적절한 피드백을 제공한다. - 얻은 피드백을 바탕으로 구성한 공간을 수정, 개선한다.	✓ 기존의 설계도에 맞춰 정확한 모형을 제작하는 것보다 창의적이고 유연한 설계 및 제작에 중점을 둘 수 있도록 피드백을 제공한다.
	정리	
정리하기	○ 만든 작품을 전체에게 간단히 소개한다. ○ 서로의 작품을 감상하고, 상호 피드백을 주고받는다. - 좋은 점, 보완할 점을 중심으로 피드백을 주도록 한다. - 활동한 내용을 사진 찍고 정리하여 온라인 커뮤니티에 공유한다. ○ 오늘 만든 작품은 이후 메이커 페어 행사까지 끊임없이 수정 및 보완하도록 안내한다.	◇ PPT, 활동지 ✓ 설계 목적, 특징 등을 간단히 소개한다. ✓ 앞서 제공된 피드백을 반영하여 프로토타입을 수정한다.

5~8차시에는 본격적으로 마인크래프트 에듀케이션을 익히고, 이를 바탕으로 프로토타입을 만들면서 문제를 해결하는 활동을 진행합니다. 학생들이 스스로 메이커 활동에 참여하려면 기본적인 사용 방법을 익히는 것이 매우 중요합니다. 이는 기본 환경 설정하기, 기본 기능 학습하기, 코드 작성기를 이용한 코딩(에이전트 활용하기) 등으로 접근하는 것이 좋습니다. 학생이 여러 실습 과제들을 통해 기본적인 내용을 습득한다면 학생의 흥미뿐 아니라 자신감도 올릴 수 있습니다. 이는 학생이 수업 시간은 물론 수업 외 시간(점심시간, 방과 후 시간 등)에도 메이커 프로젝트에 적극 참여할 수 있는 힘이 됩니다.

프로젝트 과제는 학급 상황에 따라 다양한 규모(보통 4명 내외)로 팀을 구성할 수 있지만, 실습 과제는 2명이 짝을 지어 서로 도움을 주고받을 수 있도록 하는 것이 좋습니다. 교사가 실습을 안내하는 중간에 막히는 경우가 많아 도와 달라는 요청이 생길 때 짝에게 도움을 받을 수 있기 때문입니다. 더불어 미리 과정을 익힌 학생이 도우미 역할을 해준다면 보다 효과적으로 수업을 진행할 수 있습니다.

① 기본 환경 설정하기

본격적인 메이킹 활동에 앞서 기본적인 설정을 해봅시다. 원하는 월드를 선택해 게임플레이를 누르고, 학생들이 조작할 수 있는 환경을 설정한 후에 메이킹 활동을 진행합니다. 마인크래프트는

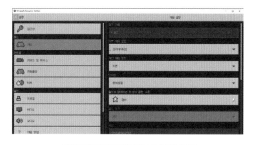

마인크래프트 기본환경 설정 화면

시간대가 끊임없이 변경되므로 원활한 조작을 위해서는 기본 환경 설정이 필수적입니다. 보통 기본적인 세팅은 게임 모드는 '크리에이티브', 난이도는 '평화로움', 월드 유형은 '평면'으로 지정합니다. 또 클래스룸 설정 보기(빨간 상자 표시)를 활성화하여 '완벽한 날씨', '몹 허용 해제', '플레이어 대 플레이어 데미지 해제' 등을 지정한 후 플레이를 누릅니다.

② 기본 기능 학습하기
– 좌표 개념 이해하기

❶ 좌표 알아보기 : 기본 환경 설정에서 좌표 보기 상태를 활성화합니다.

❷ 영어, 숫자만 사용 가능합니다.

❸ 화면에서 플레이어를 앞뒤좌우로 움직여 좌표 변화를 확인(처음에는 0,4,0 상태)합니다.

❹ 절대 좌표(월드 좌표) : 동서남북 방위처럼 화면의 플레이어가 어떤 방향으로 움직이건 코딩 작업의 해당 위치가 절대 바뀌지 않습니다.

❺ 상대 좌표(플레이어 위치가 기준인 좌표) : 플레이어의 위치에 따라 좌표가 달라집니다. 상대 좌표는 앞에 '~' 표시가 있습니다. 오른쪽 이미지처럼

시점 전환 키를 눌러 플레이어가 보이게 한 화면
(① 좌표(절대 좌표) ② 도움말 ③ 핫바(소지품-인벤토리에서 가져옴) ④ 플레이어 ⑤ 에이전트)

화면에 표시된 절대 좌표(동쪽/서쪽, 위/아래, 북쪽/남쪽)

화면에 표시된 상대 좌표

상대 좌표 ~0,~2,~0에 보라색 테라코타를 놓는 코드를 입력한 후 명령어를 입력하면 플레이어의 위치를 기준으로 2칸 위에 블록이 놓입니다.

❻ 위치(절대 좌표) 0, 4, 0에 플레이어를 위치하고 채팅 명령어 "1"을 누르면 ~0, ~2, ~0, 즉 플레이어가 있는 위치 위쪽에 돌이 놓이고, 플

코딩 명령어 입력 시 주의점

코딩 명령어를 입력할 때는 최대한 간단한 숫자나 알파벳 등을 활용하는 것이 좋습니다. 그래야 플레이를 할 때 명령어 입력 시간을 줄일 수 있습니다.

레이어를 위치(절대 좌표) 2, 4, 0으로 움직여 "1"을 누르면 2, 4, 0 위치 위에 돌이 놓입니다. 즉 상대 좌표를 활용해 물건을 놓을 경우 플레이어의 절대 좌표(위치)에 따라 돌이 놓이는 위치도 달라집니다.

절대 좌표 0,4,0과 2,4,0 위치에서
채팅 명령어 "1"를 누른 화면

- 공간에 블록 채우기

'블록 채우기'를 이용하면 정육면체를 만들 수 있습니다. 아래 이미지처럼 블록 채우기를 이용하기 위한 명령어를 a로 설정합니다. 키보드 a를

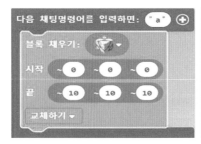

'블록 채우기' 코드

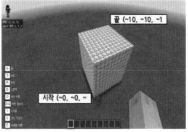

코드를 실행해 얻은 정육면체

누르면 플레이어의 위치(~0, ~0, ~0)를 기준으로 가로 10, 세로 10, 높이 10 크기의 정육면체가 앞의 오른쪽 이미지처럼 만들어집니다.

– 공 모양 블록 만들기

블록을 이용해 공(구 형태) 모양을 만듭니다.

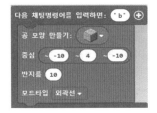

'공 모양 블록 만들기' 코드

코드를 실행해 얻은 공 모양

기본 기능을 익히기 위해서는 프로젝트 성격에 맞는 예제들을 많이 제시해야 합니다. 그래야만 학생이 다양한 성격의 공간을 만들어낼 수 있다는 자신감을 얻습니다. 따라서 입체를 구성하는 기본 도형인 정육면체와 구를 만드는 연습을 통해 코드 구성에 익숙해지도록 유도하는 것이 좋습니다. 교사의 이러한 노력을 바탕으로 학생들은 여러 형태의 입체로 구성된 공간을 구성하려는 도전에 나설 것입니다.

③ 코드 작성기와 에이전트를 활용한 코딩 다루기

화면에서 C키를 눌러 코드 작성기를 실행한 후 원하는 블록형 코딩을 활용하여 다양한 작업을 할 수 있습니다. 자바스크립트(JavaScript)는 텍스트 코딩으로 초등학생에게 적절하지 않습니다. 코드 작성기를 실행하면 에이전트가 생깁니다. 에이전트는 코드 작성기에 코드를 입력하면 수행하는 로봇이고, 에이전트 블록에는 에이전트를 사용자 쪽으로 텔레포트시키거나 이동 혹은 회전시키는 명령 블록 등이 있습니다. 에이전트를 활용한 실습 과제들을 학생과 함께 해보면서 코딩과 에이전트 활용이 익숙해지도록 안내합니다.

코드 작성기에서 에이전트 코딩 블록을 이용해 코딩을 하면 코딩한 대로 에이전트가 작업을 수행합니다. 아래 이미지는 에이전트(코딩 블록)와 함께 수행한 작업 예시입니다. 이런 작업을 실습하

코드 작성기 기본 화면

코드 작성기 - 에이전트 코딩 블록

나를 바라보는 에이전트

코드 작성기에 입력한 코드

왼쪽 코드를 구현한 화면

는 과정에서 학생들은 메이커 활동에 대한 자신감과 흥미를 얻고, 다양한 시도를 통해 원하는 방향으로 설계와 제작을 할 수 있습니다.

　마인크래프트의 기본 조작 방법을 익히고 나면 1차 설계도를 제작하는 활동을 진행합니다. 제공된 재료들을 살펴보고 자신이 만들 수 있는 것이 무엇인지 확인하면서 설계도를 제작합니다. 이때 프로젝트를 함께하는 팀원들이 모여 가장 효과적인 메이킹 아이디어를 내도록 합니다. 학생들은 함께 만든 설계도를 바탕으로 1차 프로토타입을 만듭니다. 설계도를 완벽하게 옮기는 것에 치중하기보다는 설계도를 기초로 하여 만들어보고, 이를 바탕으로 끊임없이 소통하면서 창의적인 생각을 구체화하는 것에 집중하도록 유도합니다.

　마지막으로 간단한 형태의 1차 프로토타입이 제작 완료되면 다른 팀과 결과물을 공유하는 시간을 가집니다. 좋은 점, 보완할 점을 서로 공유하면서 더 나은 작품을 만들기 위한 조언과 피드백을 얻습니다. 얻은 피드백을 바탕으로 메이커 페어까지 끊임없이 수정합니다. 이때 수정할 시간은 1주 이상 제공합니다. 이 수업에서는 1차 프로토타입을 수정한 2차 프로토타입을 메이커 페어에서 발표하는 것으로 했습니다.

■ 프로젝트 산출물

1차 프로토타입 : 더 나아진 우리 도시 프로토타입의 기초적인 모습을 설계하고, 필요한 조형물을 생각나는 대로 배치한 모습

1차 프로토타입 예시

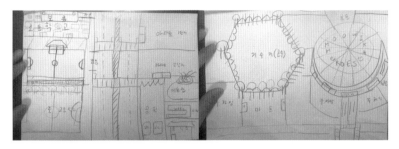

1차 프로토타입 설계도 화면

2차(최종) 프로토타입 : 1차 프로토타입에 대한 협의와 피드백을 바탕으로 구체적인 건축물을 올린 모습

1차 프로토타입을 수정한 2차 건축물 프로토타입 예시(출처: M:EE 라이브러리)

수업 2. 우리가 꿈꾸고 준비하는 통일 한국! 만들기

■ 수업의 개요

최근 한반도를 둘러싼 정세가 빠르게 변화하면서 통일에 대한 인식 또한 새롭게 변하고 있습니다. 분단된 상태에서의 안보적인 위협과 경제적인 비용 등을 고려했을 때, 미래 지향적인 남북 관계로의 변화가 필요합니

다. 세계 속 통일 한국의 모습을 정치, 경제, 문화적인 측면 등 여러 방면에서 고려하여 상상해 만들어보는 경험은 학생들에게 막연한 통일에 대해 새로운 방향으로 생각해볼 수 있는 계기가 될 것입니다.

대상 학년	6학년		
수업 주제	우리가 꿈꾸고 준비하는 통일 한국! 만들기		
관련 교과 및 차시	사회, 도덕, 국어, 실과, 미술	총 차시 : 16차시	소요기간 : 2~3주
관련 교육과정 성취기준	사회	[6사08-02] 남북통일을 위한 노력을 살펴보고, 지구촌 평화에 기여하는 통일 한국의 미래상을 그려본다.	
	도덕	[6도02-02] 다양한 갈등을 평화적으로 해결하는 것의 중요성과 방법을 알고, 평화적으로 갈등을 해결하려는 의지를 기른다.	
	국어	[6국01-05] 매체 자료를 활용하여 내용을 효과적으로 발표한다.	
	실과	[6실04-08] 절차적 사고에 의한 문제해결의 순서를 생각하고 적용한다.	
	미술	[6미02-03] 다양한 자료를 활용하여 아이디어와 관련된 표현 내용을 구체화할 수 있다.	
프로그램 학습 목표	○ 남북통일이 필요한 까닭을 친구들에게 설명할 수 있다. ○ 남북통일을 위한 다양한 노력을 조사하고, 통일됐을 때 한국의 모습을 상상하고, 구체적인 형태로 표현할 수 있다. ○ 상상한 통일 후 한국의 모습을 마인크래프트를 활용해 만들 수 있다. ○ 프로젝트를 통해 친구들과 협력하고, 의견을 조율할 수 있다.		
평가 기준 및 방법	평가 기준		평가 방법
	마인크래프트의 기본 기능을 사용할 수 있는가?		관찰 평가
	구상한 공간을 위해 필요한 재료를 넣을 수 있는가?		
	모둠원들과 협동하며 배려할 수 있는가?		상호 평가
	마인크래프트를 활용한 만들기 활동을 통해 자신의 아이디어를 구체화할 수 있는가?		체크리스트 평가
	만든 결과물이 문제를 해결하는 데 어떤 도움이 되는가?		산출물 평가

■ 학습의 흐름

디자인 씽킹 모형 단계	차시별 프로젝트 수업 내용
공감	■ 1~2차시 – 매년 분단으로 인한 비용 발생 관련 자료와 뉴스 자료를 통해 통일 한국의 필요성에 대해 깊이 공감한다. [활동 1] 분단된 한국의 모습은?(제시 자료를 바탕으로 한 자료 분석) [활동 2] 이 상황이 지속된다면?(생겨날 문제, 사람들의 마음 등을 예측)
정의	■ 3~4차시 – 현재 불안한 한반도 정세와 관련하여 통일을 가로막는 문제 중 가장 큰 문제는 무엇인지 정확히 파악하고 국민들이 바라는 요구가 무엇인지 분석해본다. [활동 1] 가장 큰 문제가 무엇인지 파악하기(브레인스토밍) [활동 2] 사람들의 요구 분석하기-사다리 활동
구상	■ 5~6차시 – 요구를 바탕으로 우리가 바라는 통일 한국의 모습을 정치, 경제, 사회, 문화 분야에서 생각해보고, 다양한 아이디어를 꺼낸다. (브레인스토밍 활동 + 설계도 그리기 활동)
프로토 타입	:: 마인크래프트를 활용한 메이커 활동 ■ 7~8차시 – 마인크래프트의 주요 기능을 익히고, 기본 공간을 설계해본다. ■ 9~10차시 – 마인크래프트를 활용한 메이킹 활동을 통해 모둠별로 생각한 '통일 한국'의 모습을 만들어 문제를 해결한다. ■ 12~14차시 – 11차시 평가 활동에서 얻은 피드백을 바탕으로 모둠이 만든 공간을 개선한다.
평가	:: 발표 혹은 메이커 페어 활동 ■ 11차시 상호 평가 활동 – 1차 프로토타입을 살펴보고, 모둠 간 피드백을 제공한다. ■ 15차시 발표 준비 활동 – '통일 한국'의 의미, 특징 등을 설명할 수 있도록 발표를 준비한다. – 프로그램에 접속해 최종적인 오류를 점검한다. ■ 16~17차시

학급 내 발표 활동
- '새로운 통일 한국' 프로토타입을 학급 내에서 발표한다.
- 다른 모둠과 교수자로부터 피드백을 얻고 공간을 개선한다.
- 공간을 만들면서 자신의 역할과 느낀 점, 알게 된 점을 함께 공유한다.
학급 외 메이커 페어 활동
- 메이커 활동으로 만든 '새로운 통일 한국'의 모습을 다른 반 또는 다른 학년 학생들에게 공개하고, 직접 마인크래프트 공간에서 조작해볼 수 있는 기회를 제공한다.
- 메이커 페어에 참여한 외부 학생의 피드백을 수렴해 얻은 최종 결과물을 사진 혹은 영상으로 찍어 교실에 전시한다.

1~2차시에는 학생들이 분단으로 인한 사람들의 어려움을 들여다보고, 분단 상태를 평화적으로 극복할 필요성에 대해 충분히 공감하도록 합니다.

[활동 1]에는 분단 상태가 지속됨으로 인한 경제적 비용(분단, 통일 비용)과 이산가족 문제에 대해 집중적으로 살펴봅니다. 통일 비용을 다룬 뉴스 자료와 이산가족 문제를 다룬 인터뷰 영상이나 영화 등을 함께 살펴보면서 통일의 필요성과 우리가 통일 이후를 준비해야 하는 이유에 대해 깊이 공감하도록 합니다.

[활동 2]에는 분단 상황이 지속된다면 생겨날 수 있는 문제에 대해 의견을 충분히 나눕니다. 학생들이 어려워한다면 정치, 경제, 사회, 문화 등 분야별로 생각해볼 수 있도록 가이드 라인을 제시하는 것이 효과적입니다. '통일은 필요하다'라는 당위적 결론으로 흐르지 않도록 독일과 예멘의 통일 과정을 제시함으로써 학생이 문제에 대해 좀 더 신중하게 생각할 수 있도록 지도합니다. 이 과정을 통해 학생은 프로젝트를 통한 문제해결 의지를 다질 수 있습니다.

■ 프로젝트 산출물

통일 한국이 건설할 우주정거장과 통일 한국에서 맞이하는 크리스마스(출처: M:EE 라이브러리)

3. 가상현실에서의 메이킹

가상현실(VR)은 빠른 프로토타이핑과 수정이 가능한 만들기 환경으로, 가상현실에서의 메이킹은 학생의 실질적 어려움을 줄여줄 수 있습니다. 특히 안전 문제나 습득한 기능의 한계 때문에 메이킹 수업에 부담을 느끼는 학생에게 더욱 그렇습니다. 만들기 능력이 부족한 학생도 가상현실에서는 자신 있게 만들면서 더 많은 도전과 실패를 경험하고 또 개선하는 과정을 거치며 만들기 능력을 빠르게 향상시킬 수 있습니다. 가상현실에서의 메이킹은 학습자의 실제 아이디어와 가깝게 구현할 수 있어 메이커 교육이 얻고자 하는 바를 실현하는 데 최적의 환경입니다. 활용할 수 있는 도구로는 360도 카메라 등의 VR 도구, 가상현실 기반 메이킹 도구(코스페이시스 에듀, 마인크래프트 등)가 대표적입니다.

1) 코스페이시스 에듀 활용 수업
　－ 난민 샤크타르 구하기 대작전

■ 수업의 개요

이 수업은 디지털 도구와 가상현실에서의 메이킹 도구인 코스페이시스 에듀(CoSpaces Edu)를 활용하여 지구촌 문제 중 하나인 난민 문제를 해결하는 것을 목적으로 합니다. 학생들은 몰입할 수 있는 360도 유튜브 영상과 카드보드를 이용해 어려움에 처해 있는 사람들의 문제와 마음에 깊이 공감합니다. 이후 문제해결이 필요한 사람들의 요구를 이해하고, 다양한 문제해결 아이디어를 모둠원과 함께 생각합니다. 문제해결에 필요한 아이디어를 정하고, 디지털 메이킹 도구인 엔트리 프로그램과 메이키 메이키, 가상현실 만들기 도구인 코스페이시스 에듀를 활용해 적극적으로 문제를 해결합니다. 동료 학습자와 협업을 통해 구체적인 결과물을 만들어 문제를 해결하고 결과물을 많은 사람을 대상으로 개방하고 공유합니다. 이 과정에서 학생들은 진정한 메이커가 되어갑니다.

대상 학년	5~6학년		
주제	코스페이시스 에듀를 활용해 난민 문제 해결하기(난민 샤크타르 구하기 대작전)		
관련 교과 및 차시	사회, 도덕, 미술, 국어	총 차시 : 16차시	소요기간 : 약 2~3주
관련 교육과정 성취기준	사회	[6사02-02] 생활 속에서 인권 보장이 필요한 사례를 탐구하여 인권의 중요성을 인식하고, 인권 보호를 실천하는 태도를 기른다. [6사08-03] 지구촌의 평화와 발전을 위협하는 다양한 갈등 사례를 조사하고 그 해결 방안을 탐색한다.	
	도덕	[6도03-04] 세계화 시대에 인류가 겪고 있는 문제와 그 원인을 토론을 통해 알아보고, 이를 해결하고자 하는 의지를 가지고 실천한다.	
	국어	[6국01-05] 매체 자료를 활용하여 내용을 효과적으로 발표한다.	

미술	[6미02-03] 다양한 자료를 활용하여 아이디어와 관련된 표현 내용을 구체화할 수 있다. [6미02-06] 작품 제작의 전체 과정에서 느낀 점, 알게 된 점 등을 서로 이야기할 수 있다.
프로그램 학습 목표	○ 지구촌 문제 중 하나로 소개된 '난민' 문제를 디지털 메이킹 활동과 가상현실 내 메이킹 활동을 통해 해결할 수 있다. ○ 문제해결이 필요한 사람들의 상황에 깊이 공감하고, 직접 문제해결에 필요한 다양한 아이디어를 생각하고 구체화할 수 있다. ○ 프로젝트를 통해 친구들과 협업하고 의견을 조율할 수 있다. ○ 디지털 메이킹 도구와 가상현실 기반 메이킹 도구를 활용해 만든 결과물을 메이커 페어에서 설명하고, 그 가치를 다른 사람에게 소개할 수 있다.

	평가 기준	평가 방법
평가 기준 및 방법	코스페이시스 에듀의 기본 기능을 사용할 수 있는가?	관찰 평가
	구상한 공간을 위해 필요한 재료로 만들 수 있는가?	
	문제 상황에 대해 깊이 공감하고, 원하는 학교 공간을 함께 설계할 수 있는가?	상호 평가
	모둠원들과 협동하며 만들고, 배려할 수 있는가?	
	코스페이시스를 활용한 만들기 활동을 통해 아이디어를 구체화할 수 있는가?	체크리스트 평가
	메이커 페어에서 공유한 산출물은 계획대로 완성되었는가?	산출물 평가

■ 수업 전 준비해야 할 것

① 메이키 메이키

블록형 소프트웨어 교육 도구인 스크래치를 만든 MIT 미디어랩에서 만든 아두이노 기반 보드로 피지컬 컴퓨팅 도구의 한 종류입니다. 메이키 메이키의 사용 방법은 다음과 같습니다.

- 엔트리 또는 스크래치와 같은 소프트웨어를 이용해 코딩합니다.
- 제공된 USB 케이블을 이용해 메이키 메이키 보드판과 컴퓨터를 연결합니다.
- 우선 내 손에 접지 효과(마치 마우스나 키보드처럼 전기가 흐르게 하려면)를 위해 제공된 악어 클립(과학 시간에 쓰는 집게 선으로 양쪽에 하나씩 집게가 있음) 하나를 이용합니다.
- 한쪽의 집게를 벌려 아래 2개의 구멍(총 여섯 쌍, EARTH 부분)을 집고, 나머지 한쪽은 내 손으로 잡습니다.
- 이제 다른 악어 클립 하나를 꺼내 한쪽은 보드판 두 쌍의 구멍들(방향 화살표, SPACE, CLICK)에 꽂습니다. 나머지 집게는 전기가 통하는 전도성 물체를 집습니다. 예를 들어 한쪽은 SPACE에 꽂고, 다른 하나는 클립을 집습니다.

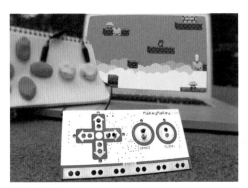

집게로 연결한 메이키 메이키 보드와 전도성 찰흙

- 엔트리, 스크래치 등을 실행하여 SPACE를 눌렀을 때 '펑' 소리가 나게 코딩합니다.
- 집게로 접지한 한쪽 클립을 손으로 잡은 내가 클립을 누르기만 해도 '펑' 소리가 납니다.
- 집게 외에 제공된 다른 형태(철사 느낌의 가는 선과 작은 블록으로 구성되어 있는)의 선도 집게와 마찬가지로 보드판 뒤쪽의 알파벳 구멍에 연결

하고, 전도성 물체에 꽂으면 같은 기능을 합니다.

– 코딩 과정에서 해당 알파벳을 누르면 해당 동작이 일어나게끔 설정한 후라면 동일하게 전도성 물체와 연결하고 누르기만 하면 됩니다.

② 구글 크롬 설치

학생의 원활한 영문 사이트 이용을 위해 크롬(Chrome) 설치는 필수입니다. https://www.google. com/chrome 에 들어가 윈도용 크롬을 다운로드 후 설치합니다.

구글 크롬 홈페이지 다운로드 화면

③ 코스페이시스 에듀 사이트 크롬 브라우저로 접속

코스페이시스 에듀는 가상현실을 만드는 웹 기반 프로그램입니다. 독일 기업인 Delightex에서 만들었고, 사용자가 원하는 가상현실을 컴퓨터, 태블릿, 스마트폰의 VR 기기에서 경험할 수 있도록

크롬 브라우저에서 코스페이시스 에듀 사이트 접속 화면

해주는 프로그램입니다. 기존에 만들어진 프로그램들이 가상현실 콘텐츠를 경험하는 것에 그쳤다면, 코스페이시스 에듀는 사용자가 원하는 가상현실을 쉽게 만들 수 있는 환경을 제공하므로 어린 학생이 활용하기에도 좋은 프로그램입니다.

- 결제하기

❶ Basic(무료) : 최대 29명 학생 초대, 최대 2개 Cospace 생성, 1개 수업, 1개 과제 만들기, 최대 10개 외부파일 업로드, 기본 Coblock 코드 사용이 가능합니다.

❷ Pro(유료) : 모든 기능 및 3D 오브젝트 사용, 학생과 교사 초대, 수업에 공동 교사 추가, 코스페이시스 에듀 갤러리에 게시, 다른 사람의 작품을 재가공하는 리믹스 기능, 모든 CoBlock-스크립트 언어 코드화, 내장된 물리 엔진 사용이 가능합니다. 운영할 수 있는 좌석 수에 따라 가격이 달라지는데, 5좌석은 약 75달러이고, 30좌석은 약 180달러, 400좌석은 약 1,500달러입니다.

- 학급 개설 및 학생 계정 만들기

❶ 학급 개설하기

가장 아래 계정을 만들지 않았나요 클릭 → 선생님 클릭 → 이용약관 동의 → 정보 입력-계정 만들기 클릭 → 입력한 이메일로 인증 → 이메일 확인 → 새 학급 만들기-방문 코드 생성(학생에게 부여)

❷ 학생 계정 만들기

학급 개설하기 첫 화면

오른쪽 위 'sign up' 클릭 → 학생 클릭 → 선생님이 제
공하는 방문 코드 입력 → 생일 입력 → 정보 입력—계
정 만들기 클릭 → 계정 만들기 완료

학생 계정 만들기 첫 화면

④ 구글 카드보드 구매하기

가상현실에서 만든 산출물을 충분하게 경험하기 위해서는 클릭 가
능한 카드보드(구글 카드보드 2.0 이상)가 필요합니다. 구글 카드보드
(Cardboard)는 구글이 규격을 정한 저가형 가상현실 플랫폼으로, 규격대
로 카드보드를 접은 후 렌즈를 부착하고 스마트폰을 끼워 넣어 머리에
착용하는 디스플레이 방식입니다. 제조 회사마다 카드보드 디자인은 다
양하며 가격 또한 2,000원 내외부터 다양합니다.

■ **학습의 흐름**

디자인 씽킹 모형 단계	차시별 프로젝트 수업 내용
공감	■ 1~2차시 - 지구촌 곳곳에서 갈등을 겪고 있는 난민 문제의 심각성을 이해하고, 사람들이 겪는 아픔에 대해 깊이 공감할 수 있다. 〔활동1〕 가상현실 다큐멘터리(Youtube 360° 영상)를 통해 문제에 접근하기 〔활동2〕 영상을 통해 발견한 내용을 정리하고 공유하기
정의	■ 3차시 - 공감한 문제 상황과 관련하여 어떤 것이 가장 큰 문제인지 파악하고, 문제를 겪고 있는 사람들의 요구가 무엇인지 파악할 수 있다. 〔활동1〕 워드 클라우드와 다큐멘터리 영상을 통해 가장 큰 문제 확인하기 〔활동2〕 4개의 짧은 상황극까지 본 후, 가장 필요한 요구부터 끄집어내는 사다리 활동 진행하기

구상	■ 4차시 – 문제해결을 위해 다양한 아이디어를 많이 내고, 실천 가능한 아이디어를 선택할 수 있다. [활동1] 브레인스토밍 활동으로 아이디어 최대한 많이 끌어내기(포스트잇 활용) [활동2] 모은 아이디어 크게 4개의 키워드로 분류하기(큰 종이 활용)
프로토 타입	:: 디지털 도구를 활용한 메이커 활동 ■ 5~6차시 – 엔트리에서 기본 기능을 활용해 코딩하고, 메이키 메이키와 연결 방법을 숙지하여 준비한 물건과 연결할 수 있다. ■ 7~8차시 – 실제 재료와 디지털 도구를 활용한 메이킹 활동을 통해 시리아 난민인 '샤크타르'의 주거 문제를 해결할 수 있다. :: 가상현실에서의 메이커 활동 ■ 10~11차시 – 코스페이시스 에듀 프로그램의 기본 기능을 익히고, 기초적인 오브젝트를 만들어보는 연습을 할 수 있다. ■ 12~14차시 – 코스페이시스 에듀를 활용해 가상현실에서 시리아 난민인 '샤크타르'의 주거 문제를 다양한 방법으로 해결할 수 있다.
평가	:: 발표 혹은 메이커 페어 활동 ■ 9차시, 15차시 – 메이커 페어 준비 활동 [활동1] 서로의 작품을 공유하여 문제점을 개선한다. [활동2] 만든 프로토타입을 살펴보고 제대로 실행되는지 확인한다. [활동3] 체험 공간의 동선을 확인하고 산출물을 설명하기 위해 준비한다. ■ 16~17차시 – 학급 내 발표 활동 [활동1] 프로토타입을 쉽게 체험할 수 있도록 설명을 제공한다. (체험과 설명의 역할을 나누거나 인터뷰, 이동 보조 등의 역할을 추가할 수 있다.) [활동2] 관람객의 피드백을 수집하고, 소감을 공유한다. (역할, 느낀 점, 알게 된 점 등) – 학급 외 메이커 페어 활동 [활동1] 프로토타입('난민을 위한 공간')을 다른 반, 다른 학년에 공개하고 쉽게 체험할 수 있도록 설명 활동을 진행한다. [활동2] 관람객의 피드백을 수집하고, 소감과 활동 과정 등을 공유한다.

전도성 물체의 실제 재료는 무엇이 있을까?

메이키 메이키를 효과적으로 활용하려면 전기가 통하
는 전도성 물체를 사용하는 것이 가장 좋다. 대표적인
전도성 물체 하면 철, 구리, 알루미늄, 금, 은 등과 같
이 금속으로 된 물체가 떠오른다. 우리 주변에서 찾을
수 있는 물체 중에는 클립, 연필심, 압정, 사람의 몸,
쿠킹호일, 은박지, 그리고 오렌지, 방울토마토와 같은
과일류 등이 있다.

구리 테이프

그러나 학생들이 구해오는 재료는 주변에서 쉽게 볼 수 있는 재활용품인 경우
가 많은데 이는 모두 전도체가 아니다. 이런 제약을 극복할 수 있도록 돕는 것
이 전도성 테이프다. 비교적 가격이 저렴한 구리 테이프 등을 이용하면 학생들
이 가져온 재료를 쉽게 메이키 메이키와 연결할 수 있다.

1~2차시는 문제의 심각성을 이해하고, 대상의 아픔에 적극적으로 공감
하는 단계입니다. 자연스러운 수업 도입을 위해 다양한 방식의 스토리텔
링 방법을 사용하면 효과적입니다. 파워포인트 등을 활용한 가상의 편

가상현실 다큐멘터리 〈Refugees〉

가상현실 다큐멘터리 〈Clouds over Sidra〉

지도 좋지만, 교실 우편함 등에 실제 편지를 넣는 것이 더 효과적입니다. 학생은 시리아 난민 '샤크타르'가 보낸 사연을 읽으며 수업을 시작합니다. 그리고 유튜브에서 제공하는 360도 영상으로 제작된 가상현실 다큐멘터리와 카드보드를 활용해 문제 상황을 이해합니다. 학생은 난민의 아픔에 공감한 내용을 활동지에 정리합니다. 교사는 활동지에 What(무엇이 일어났나?), How(어떻게 대응하고 있는가?), Why(왜 일어났나?) 등의 질문을 담아 학생의 내용 정리를 도울 수 있습니다.

3차시에는 공감 단계에서 관찰한 내용을 모아 모둠에서 워드 클라우드(빈도에 따라 크기, 색을 다르게 표시)로 핵심어를 뽑아내 문제 상황의 주요 내용을 시각화합니다. 또 문제를 담은 짧은 상황극을 준비해 제시하는 것도 영상을 통해 문제를 파악하지 못한 학생의

육각판을 이용한 사다리 활동

이해를 도울 수 있습니다. 그리고 난민에게 어떤 것이 가장 필요한지를 분석하는 사다리 활동을 진행합니다. 사다리 활동은 가장 기본적인 필요부터 시작하여 그와 관련된 요구들을 적어 올라가는 활동입니다.

4차시에는 난민들의 요구와 문제를 해결하기 위한 방안을 최대한 많이 끌어낼 수 있도록 브레인스토밍을 진행합니다. 15~20분 동안 다양한 아이디어를 내도록 하며, 주제를 심하게 벗어나지 않는 아이디어라면 최대한 수용합니다. 다음으로 그 아이디어들을 3~4가지 기준으로 분류

합니다. 기준은 교사가 다양하게 제
시할 수 있습니다. 예를 들어 경제성
(비용은 저렴한가?), 신속성, 실현 가능
성 등입니다.

디지털 메이킹 도구를 활용한 분수 프로토타입

5~14차시에는 두 종류의 프로토
타입을 만듭니다. 하나는 디지털 메
이킹 도구를 이용해 만든 프로토타입
이고, 다른 하나는 가상현실 기반의
메이킹 도구를 활용해 만든 프로토타
입입니다. 우선 디지털 메이커 활동
은 프로토타입에 활용할 코딩 작업을

가상현실에서 만든 분수 프로토타입

위해 엔트리의 기본 기능과 메이키 메이키 보드와의 연결 방법을 교사의
설명과 시범을 보며 실습을 통해 익힙니다. 이어 실제 재료와 디지털 도
구를 활용해 직접 프로토타입을 제작합니다.

가상현실 기반의 메이커 활동은 코스페이시스 에듀라는 웹 기반 가상
현실 제작 프로그램을 활용합니다. 교사는 코스페이시스 에듀 프로그램
을 소개하고 시범과 실습을 통해 기본 기능을 알려줍니다. 학생들이 배
운 기능을 활용해 자신만의 공간을 꾸며보는 활동을 하고 코스페이시스
에듀 활용에 익숙해지도록 합니다. 이어 심화된 기능을 익혀 활동 중 설
계한 설계도를 바탕으로 낮은 수준의 프로토타입을 제작합니다.

평가 단계의 메이커 페어 때까지 두 종류의 프로토타입을 끊임없이
개선하고 발전시킵니다.

코스페이시스 에듀의 실습 방법

학습자가 빠르게 코스페이시스 에듀 프로그램 조작에 익숙해질 수 있도록 실습 예제 등을 적극 활용해 활동지로 제시하여 실습을 진행하면 효과적입니다.

1. 오브젝트를 화면에 넣기(라이브러리 클릭 후 다양한 오브젝트 넣기)
2. 오브젝트에 다양한 애니메이션 효과 주기(오브젝트에 대고 마우스 오른쪽 클릭)
3. 오브젝트에 간단한 코드 넣기(오른쪽 상단의 플레이를 눌러야 코딩한 것이 작동함)

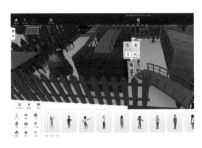

화면에 배치한 오브젝트   오브젝트에 애니메이션 효과 주기

오브젝트에 동작, 형태 등의 코드 넣기

메이커 페어에서 디지털 도구를
활용해 만든 프로토타입 체험

메이커 페어에서 가상현실을 활용해
만든 프로토타입 체험

9차시, 15~17차시는 크게 2개로 구분할 수 있습니다. 첫째, 프로토타입을 공유하고 상호 평가와 피드백을 통해 개선하는 과정입니다. 둘째, 메이커 페어 활동으로 메이커 페어 준비, 관람객의 프로토타입 체험을 돕는 설명 활동, 체험 후 피드백을 바탕으로 함께 소감을 나누는 활동을 포함합니다.

■ **교수학습과정안**

10~14차시

– 주제 : 가상현실 기반 메이킹 도구를 활용해 지구촌 문제 중 하나인 난
  민 문제 해결하기

– 수업 목표

  10~11차시 : 코스페이시스 에듀 프로그램의 기본 기능을 익혀 가상
  현실에서 기초적인 오브젝트를 제작할 수 있다.

  12~14차시 : 코스페이시스 에듀 프로그램을 활용하여 가상현실에서
  난민 '샤크타르'의 주거 문제를 해결할 수 있다.

10~11차시 교수학습과정안

주요 활동	각 단계별 설명	교수·학습 자료(◇) 및 지도상 유의점(✓)
	도입	
전 차시 학습 상기 하기	○ 디지털 메이커 활동을 하면서 시간, 공간(메이커 스페이스), 재료와 도구 측면에서 어려웠던 점을 살펴본다. ○ 실제 메이커 활동에서 하기 어려운 문제해결 활동을 가상현실에서는 원하는 대로 할 수 있다는 점을 강조한다.	
	전개	
코스페이시스 에듀 소개하기	○ 가상현실에서의 메이커 활동과 코스페이시스 에듀를 소개한다. - 디지털 메이커 활동에서 만든 해결 방안, 설계도 등을 활용해 가상현실에서 문제를 해결할 것임을 안내한다. - 코스페이시스 에듀 소개 동영상으로 흥미를 유발한다.	◇PPT, 소개 동영상, 컴퓨터, 기초 기능 활동지 ✓유튜브 영상은 한글 자막 기능을 활용해 제공하도록 한다.
기본 기능 익히기	○ 코스페이시스 에듀의 기본 기능을 실습을 통해 익힌다. - 가입, 메뉴 설정에 대한 안내 - 오브젝트 넣기 및 배경 바꾸기 - 오브젝트에 다양한 효과 주기(애니메이션 효과 등) - 오브젝트의 기본적인 코딩 넣기(동작, 형태 등)	◇PPT, 개인용 컴퓨터, 코스페이시스 에듀, 개인 이어폰, 활동지 ✓쉬는 시간을 이용해 미리 코스페이시스 에듀 애플리케이션을 설치한다.
자신만의 공간 만들기	○ 코스페이시스 에듀의 기본 기능을 활용해 자신이 생각한 공간을 만들어본다. - 기본 기능(소리, 전광판, 코딩 등)을 충분히 활용할 수 있도록 개별 피드백을 제공한다. ○ 만든 작품을 구글 카드보드와 연결하여 감상해본다. - 만든 작품을 코스페이시스 에듀 앱을 통해 실행한다. - 구글 카드보드로 감상해본다.	◇구글 카드보드
	정리	

| 정리하기 | ○ 오늘 활동한 내용에 대한 성찰일지를 작성한다.
○ 다음 시간에는 오늘 배운 기능을 바탕으로 모둠 친구들과
　함께 가상현실에서 프로토타입을 만들 것임을 안내한다. | ◇PPT, 활동지 |

10~11차시에는 코스페이시스 에듀라는 프로그램을 소개하고 학생들은 실습을 통해 교사가 프로그램에 개설한 학급에 가입합니다. 학급에 가입하면 학생들끼리 작품을 실시간으로 복사하는 등 공유가 가능해 원활하게 협업할 수 있습니다. 이때 교사가 개설한 학급 코드는 헷갈릴 수 있기 때문에 미리 활동지에 적어주어야 혼란을 줄일 수 있습니다.

코스페이시스는 처음 접하는 가상현실 환경이기 때문에 기본 기능을 모두 정확하게 익히는 것이 필요합니다. 단계별 활동지를 제공하는 것이 유용하고, 꼭 2명 이상 짝을 지어줘 학생들이 서로 도움을 주고받을 수 있도록 하는 것이 좋습니다. 기본 기능을 익힌 후에는 모든 기능(소리, 전광판, 코딩 등)을 활용하여 원하는 것을 마음껏 만들어봅니다. 이 과정을 원활히 하는 학생에게는 추가적으로 장면과 장면을 연결하는 코드를 넣게 하는 등 도전적인 과제를 제시하면 효과적입니다. 스마트폰에 코스페이시스 에듀 앱을 다운받아 구글 카드보드와 연결하면 만든 작품을 감상할 수 있습니다.

모든 과정을 교사 혼자 진행하는 것은 어려우므로, 학생 중 잘하는 친구가 있다면 다른 학생들을 도울 수 있도록 유도하여 수업 진행의 효율성을 확보하는 것도 좋습니다.

구글 카드보드 구입 및 사용 시 주의점

1. 카드보드를 구매할 때는 일체형 터치 버튼이 있는 2.0 버전을 구매합니다. 그 이유는 다양한 코딩과 설정이 이뤄진 가상현실 공간을 실감 나게 체험하기 위해서는 마우스 역할을 하는 터치 버튼이 반드시 필요하기 때문입니다.

2. 카드보드를 구매한 후 가장 먼저 터치 버튼이 잘 눌리는지 확인합니다. 너무 세게 누르면 쉽게 고장 날 수 있으므로 주의를 줍니다.

터치 버튼

구글 카드보드 2.0

3. 카드보드 사용은 사용자에 따라, 사용하는 스마트폰의 성능에 따라 어지럼증을 느끼는 정도가 다릅니다. 보통은 5~10분 이상 사용할 경우 어지러우므로 적절한 시간을 정해 체험하도록 합니다.

12~14차시 교수학습과정안

주요 활동	각 단계별 설명	교수 · 학습 자료(◇) 및 지도상 유의점(✓)
도입		
동기유발	○ 학생 작품을 통해 활용한 코스페이시스 에듀의 기본 기능을 복습한다. ○ 유튜브 360도 영상과 편지를 통해 가상현실에서의 문제 해결을 유도하고, 오늘의 학습 문제를 자연스럽게 안내한다.	◇ PPT, 동영상, 컴퓨터, 활동지
전개		
	○ 디지털 메이커 활동에서의 설계도를 다시 검토한다. ○ 가상현실 특성에 알맞은 표현 방식으로 구상한다. - 코스페이시스 에듀 프로그램과 가상현실의 특성을 고려하여 설계도 내용을 새롭게 구상한다.	

가상현실 에서의 설계도 만들기	가상현실에서 활용할 설계도 만들기	◇PPT, 활동지, 개인 이어폰 ✔모둠 안에서 공간 설계의 목적, 특성 등을 논의하여 하나의 설계도를 만든다.
	소모둠 1.	소모둠 2.	
	설계의 목적 / 이유	
	가상현실을 고려한 설계의 특징 (공간, 해결 방안, 신경 쓴 부분 등)	
코스페이 시스 에듀 심화 기능 익히기	○ 메이커 활동에 필요한 심화 코딩 기능을 익힌다. ○ 교사의 시범, 실습으로 심화된 코딩 과정을 학습한다. 펜을 활용하여 소품을 만든다. ○ 기본 코딩보다 더 다양한 기능을 활용한다.(이벤트, 제어, 변수 등을 활용) ○ 공간과 공간을 연결하는 코딩을 넣어 무한대로 공간을 확장한다. ○ 만든 공간을 실행해보고 코딩을 수정한다.	◇활동지 ✔가장 쓰임새가 많은 기능을 중심으로 학습한다.
	○ 1차 프로토타입을 제작한다. - 함께 만든 설계도를 바탕으로 가상현실에서의 프로토타입을 제작한다. - 공유 기능을 활용해 모둠원과 함께 프로토타입을 수정하고 업데이트하는 방식으로 협업하는 것이 가능하다. 리믹스 기능을 활용할 수 있다. 링크 공유 설정	◇개인용 컴퓨터, 코스페이시스 에듀, 활동지

프로토 타입 제작하기	 자신이 만든 공간의 리믹스 허용 여부 설정  자신이 만든 공간 리믹스를 위한 링크 및 QR코드 공유 (동료의 공간을 수정 및 가공할 수 있음) ○ 공유 후 모둠원 간 상호 피드백을 제공한다. - 맡은 부분을 잘 만들고 있는지 피드백을 제공한다. - 교사는 만든 내용에 대해 적절한 피드백을 제공한다. ○ 1차 프로토타입 완성 후 구글 카드보드로 감상한다. - 피드백을 바탕으로 구성한 공간을 수정한다. - 만든 작품을 구글 카드보드를 통해 감상한다.	✓기존의 설계도에 맞춰 정확한 모형 을 제작하는 것보 다 창의적이고 유 연한 설계 및 제작 에 중점을 두도록 피드백을 제공한 다.

정리

정리하기	○ 제작된 1차 프로토타입에 대한 내용을 학급 내에서 공유 한다. - 코스페이시스 에듀의 실시간 공유 기능을 활용하여 만든 작품의 설계 목적, 특징 등을 간단히 소개한다. ○ 서로의 작품을 감상하고, 상호 간에 피드백을 주도록 한 다. ○ 활동한 내용을 사진 찍고 정리하여 온라인 커뮤니티에 공유한다.	◇PPT, 활동지 ✓앞서 제공된 피 드백을 반영하여 프로토타입을 수정 한다. ✓1차 프로토타입 은 이후 메이커 페 어 행사까지 끊임 없이 개선하도록 안내한다.

12~14차시에서는 기존 디지털 메이킹 활동에서 사용한 설계도를 검토
한 후, 가상현실에 맞게 설계도를 구상합니다. 소모둠이 모여 설계의 목
적을 확인하고 가상현실 프로그램의 특성을 고려하여 공간을 구성합니

다. 특히 그동안 현실적인 제작의 어려움으로 구현하지 못했던 공간이나 중점적으로 표현하고 싶은 부분을 중심으로 설계합니다. 설계가 마무리 되면 공간과 공간을 연결하는 심화 코딩 기능을 안내하여 무한한 크기의 공간을 구성할 수 있도록 합니다.

함께 만든 설계도를 바탕으로 1차 프로토타입을 제작합니다. 이때 2인 이상의 팀을 구성해 프로그램에서 제공하는 공유(리믹스) 기능을 적극적으로 활용해 협업합니다. 특히 공간 구성 및 제작 등의 작업과 코딩을 통해 사물의 움직임을 표현하는 등의 작업을 나누어 맡아 작업한다면 좀 더 빠른 공간 제작이 가능합니다. 완성한 1차 프로토타입을 구글 카드보드를 이용해 감상합니다. 이 과정을 통해 모둠 구성원 간 피드백과 교사의 피드백을 받아 수정 보완한 1차 프로토타입은 학급 내에서 공유합니다. 이후 메이커 페어 일정이 정해질 때까지 학습자들은 1차 프로토타입을 2차, 3차 프로토타입으로 끊임없이 개선합니다.

기차가 이동할 수 있도록 코딩을 넣은 화면

〈심화 코딩 사례 1〉 기차를 경로 따라 이동시키기

이벤트, 제어 기능 등을 추가로 활용하면 플레이를 눌렀을 때 기차가 자동으로 경로를 따라 이동합니다. 기차 오브젝트가 하얀색 경로를 따라 움직여 원래 위치로 돌아옵니다.

실제 플레이를 눌렀을 때 기차가 이동하는 장면

〈심화 코딩 사례 2〉 장면과 장면 연결시키기

2개 이상의 화면을 만든 후 옆에  표시를 누르면 장면이 나열됩니다. 여기서 장면과 장면을 코딩을 이용해 연결시킬 수 있습니다. 기본 공간인 도시에서 플레이하다 학교 입구(문에 코딩)를 클릭하면 학교 장면으로 연결됩니다. 이는 이벤트, 제어 기능을 활용하여 할 수 있습니다.

도시에 있는 학교 입구
(문 오브젝트)

문을 학교 입구로 이름 붙이고 학교 장면과 연결한 코딩

학교에 들어갔을 때 화면

■ 수업 결과물

가상현실 메이커 활동으로
샤크타르가 행복하게 살 수 있도록 만든 공간

간단한 코드 적용으로
공간 속 오브젝트들이 움직이는 모습

Part 5

메이커 교육
학습 리소스

애플리케이션

1
Chapter

1. 코딩 애플리케이션 – 메이크

- 활용 연령대 : 7세 이상

- 특징

① 컴퓨터가 없어도 스마트폰과 메이크(MAKE) 앱만 있으면 언제 어디서나 수업이 가능하다.

② 블록 코딩을 사용한 직관적 코딩, 미션 해결을 통해 코딩의 개념과 문제해결 방식을 익힌다.

③ 애플리케이션 화면과 비교하며 아두이노 회로도 조립할 수 있고,

메이크 (구글 플레이 스토어)

앱 코딩과 키트를 연결한 사진

다양한 키트(메이크랩, 설리번 프로젝트, 메이킷올, 아두이노맘 등)들과
호환이 가능하다.

2. 앱 제작 애플리케이션 - 스케치웨어

- 활용 연령대 : 12세 이상
- 특징

① 스크래치와 흡사한 블록
형 언어를 이용하여 안드
로이드 앱을 제작하는 앱
이다.

스케치웨어 (구글 플레이 스토어)

② 드래그 & 드래그 방식으
로 손쉽게 화면을 만들고
로직을 작성할 수 있다.

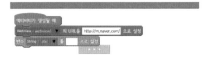

③ 모든 소스 코드가 자동으
로 생성된다(Java & Xml).

④ 별도의 PC 없이 설치 파
일(APK)을 만들 수 있다.

⑤ 다양한 라이브러리 사용
이 가능하다.

앱에서 코딩 작업 중인 화면

3. 레고 활용 프로그래밍

1) 레고 마인드스톰 EV3

　－ 활용 연령대 : 초등학교 고학년~대학생

　－ 특징

① 한글화되어 프로그래밍이 상대적으로 더 쉽다.

② 와이파이 무선 연결도 지원하고, 2개 단말기를 양방향으로 유선 연결해 싱크를 맞추는 데이지 체인 시스템이 있다.

③ 브릭 자체에서 좀 더 세세한 움직임까지 프로그래밍 가능하다. 물론 더 정밀한 움직임을 위해선 프로그래밍 툴을 써야 한다.

④ 초중고뿐 아니라 대학에서도 종종 사용한다.

⑤ 가격은 약 40~50만 원 내외이다.

레고 마인드스톰 EV3

2) 레고 부스트

　－ 활용 연령대 : 초등학교 1학년 이상(유치원생도 가능)

– 특징

① 만든 작품을 조종하고 움직일 수 있
는 무브 허브(컨트롤러), 작품을 움직
이는 데 도움을 주는 모터, 센서 등이
들어 있다. 레고 부스트 앱을 다운받
으면 외부에서도 제어할 수 있다.

② 마인드 스톰과는 달리 안드로이드 또
는 iOS가 탑재된 스마트폰이나 스마
트 태블릿으로 제어 가능하다. 블루
투스 지원되는 PC라면 윈도 10으로
도 제어할 수 있다.

③ 기본으로 5가지 디자인이 제공되지
만, 레고라서 원하는 대로 만들 수 있
고 직접 프로그래밍해서 사용하는 것
도 가능하다. 다만 마인드 스톰보다
는 제한적인 기능만 제공한다.

④ 기초 수준에 적합한 단계별 과제를
통해 한 걸음씩 코딩 기술을 배울 수
있다.

⑤ 17101 레고 부스트 크리에이티브 툴
박스에 들어 있는 5가지 레고 부스트
모델의 디지털 레고® 조립 설명서가 모두 지원된다.

레고 부스트 부품

레고 부스트 작동 원리

4. 가상현실 애플리케이션

1) V 360

– 활용 연령대 : 초등학교 3학년 이상

– 특징

① 360도 영상을 제작, 편집하는 애플리케이션이다.

② 무료 이용 시 워터마크가 강제적으로 포함된다.(유료 결제 시 제거 가능)

③ 초보자는 샘플 영상을 편집할 수 있다.

④ 찍은 360도 영상을 분할, 앞뒤 자르기, 자막 넣기, 전환, 날짜 순 배열 등을 할 수 있다.

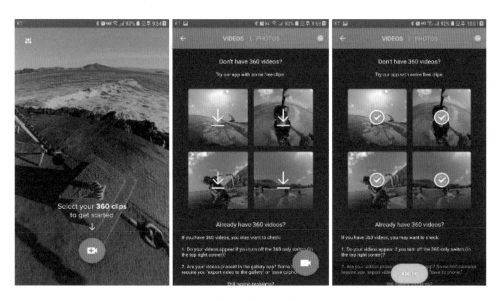

V 360 앱 구성 화면

2) 코스페이시스 에듀

- 활용 연령대 : 초등학교 3학년 이상
- 특징
① 가상현실 기반 메이커 활동이 가능한 애플리케이션이다.
② VR, AR을 제작할 수 있다.
③ 컴퓨터나 태블릿을 이용해 다양한 3D 오브젝트와 환경을 만들 수 있다.
④ 만든 작품을 모바일 VR 헤드셋으로 몰입하여 감상할 수 있다.
- 활용 정보
① 기본 기능을 연습할 수 있도록 활동지 또는 과제 제시가 필요하다.
② 공유 기능을 안내하여 함께 제작하도록 유도한다.

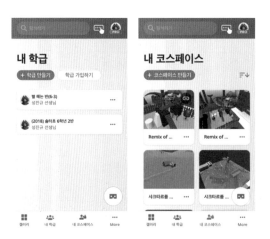

코스페이시스 에듀 앱 접속 시 사용자 화면

3) 마인크래프트

- 활용 연령대: 7세 이상

- 특징

① 가상현실에서 자유로운 메이커 활동이 가능한 게임 애플리케이션
   이다.

② 크리에이티브, 서바이벌 모드 등 다양한 모드로 플레이가 가능하다.

③ 마켓플레이스를 이용해 최신 커뮤니티 제작 콘텐츠를 확인할 수
   있다.

④ 멀티 플레이–개인 서버인 Realm에서 최대 10명의 플랫폼 친구와
   함께 플레이할 수 있다.

⑤ 수많은 무료 멀티 플레이 서버에 참여해 수천 명 플레이어들과의
   플레이가 가능하다.

마인크래프트 앱

마인크래프트 서버 접속 화면

인터넷 사이트

1. 메이크올 _https://www.makeall.com

– 특징

2019년 창업진흥원에서 전담
운영하는 기관이다.

– 활용 정보

① 각종 메이커 프로젝트와 모
　임 등의 커뮤니티를 만날 수
　있다.

메이크올 홈페이지

② 메이커 관련 소식이나 펀딩 등의 소식을 알 수 있다.

③ 다양한 메이커 이벤트를 찾아볼 수 있다.

④ 전국의 메이커 스페이스의 검색과 예약이 가능하다.

2. 메이커 교육 실천 _http://www.makered.or.kr

– 특징

2015년 국내의 올바른 메이커
교육을 실천하기 위해서 시작
된 비영리 단체다.

– 활용 정보

현재 50여 명의 회원들이 자발
적으로 실천하고 있는 메이커
교육 봉사활동을 소개한다.

메이커 교육 실천 홈페이지

3. 마이크로소프트의 메이크코드 _https://makecode.com

– 특징

① 메이크코드는 마이크로비
트나 마인크래프트 등 다양
한 종류의 실제 프로그래밍
도구의 실습 과정을 제공하
는 매력적인 컴퓨터과학 학
습 경험을 위한 무료 오픈소
스 플랫폼이다.

메이크코드 홈페이지

② 마이크로소프트에서 만든 코딩 교육 플랫폼으로, 하나의 플랫폼에
서 다양한 하드웨어 또는 앱을 제어할 수 있다.

③ 한글이 지원되고, 튜토리얼 등이 잘 되어 있어 처음 접하는 학습자

도 어렵지 않게 활용할 수 있다.

– 활용 정보

① 따로 프로그램 설치가 필요 없는 웹 기반 플랫폼이기 때문에 인터넷만 연결되어 있으면 언제, 어디서나 이용이 가능하다.

② 함께 소개하고 있는 마이크로비트는 메이크코드 홈페이지에서 회원가입 없이 누구나 블록에디터를 사용해 알고리즘을 짤 수 있다. 윈도 10이라면 마이크로비트 앱 사용이 가능하다.

③ 피지컬 컴퓨팅 관련하여 코딩을 해볼 수 있다. 하드웨어와 직접 연결해볼 수도 있고, 시뮬레이터가 있어서 하드웨어 없이 코딩을 하고 결과를 확인할 수도 있다.

4. 3D 프린터 모델 파일 공유 사이트

문화재청 국가문화유산포털	문화재청 국가문화유산포털 [http://heritage.go.kr] 무료이며, 문화재 186건 1196점이 탑재되어 있다.
Thingiverse	씽기버스 [https://www.thingiverse.com] 무료이며, 가장 많은 STL 파일을 보유하고 있다.
YM	유매진 [https://www.youmagine.com] 무료이며, 오픈소스 3D 프린터 회사인 얼티메이커에서 운영한다. 운영체제 윈도 64비트에서만 설치 가능하다.
A	오토데스크 온라인 갤러리 [https://gallery.autodesk.com] 개인 사용에 한해 무료이며, 엔지니어에게도 도움이 된다.

5. 메이커 교육 실천 사례를 공유하는 블로그

1) 훌륭한 정보들 in Digital – Creative Education

라보 메이커 교육, 마인크래프트 에듀, 교실 SW 교육, 교실 IT 교육, 교실 교육 APP 등 다양한 메이커 교육 사례를 공유하고 있다.

훌륭한 정보들 블로그

2) 오리씨네 블로그

마이크로비트 활동 사례, 실과 SW 단원별 추천 자료 등 소프트웨어 교육과 메이커 교육과 관련된 다양한 자료가 공유되어 있다.

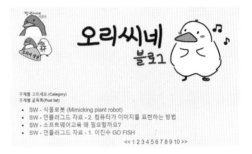

오리씨네 블로그

3
Chapter

메이커스 – 새로운 수요를 만드는 사람들

크리스 앤더슨, 알에이치코리아(RHK), 2013년 5월

크리스 앤더슨은 메이커 운동이 향후 경제를 바꿔 놓을 새로운 3차 산업혁명의 전조가 될 것이라고 말한다. 현재 불고 있는 메이커 운동은 거대 자본이나 권력이 없는 일반인도 디지털 기술을 사용해 거대 공장을 원하는 만큼 이용하고 제품을 판매할 수 있다는 점에서 제품 제작 및 유통의 민주화를 촉진시키고 있다.

시민 메이커 교육 가이드북

메이커 교육 실천, 한국과학창의재단, 2019년 1월

메이커 교육 실천은 2015년 국내의 올바른 메이커 교육을 실천하기 위해

서 시작된 비영리 단체로 현재 50여 명의 회원들이 자발적으로 메이커 교육 봉사를 실천하고 있다. 『시민 메이커 교육 가이드북』은 메이커 운동의 올바른 이해와 메이커 문화, 메이커 교육 확산을 위한 6개 파트, 파트별 3~4개 소주제, 총 18차시로 구성되어 있다. 웹에서 다운로드가 가능하다.

메이커 혁명, 교육을 통합하다

실비아 마르테니즈, 게리 스태거, 홍릉과학출판사, 2015년 6월

메이커 운동의 배경이론, 구체적 절차, 다양한 재료와 도구 등을 소개한다. 교육 분야 전문가뿐만 아니라 가정에서 아이들과 만들기 활동을 하며, 과학, 예술, 공학을 함께 공부하고자 하는 학부모, 메이커 스페이스 운영자들에게 좋은 가이드가 될 것이다. 외국의 상황이라 모든 것이 딱 들어맞는 것은 아니지만, 기본적인 학습 자원과 수업에 대한 실용적인 아이디어를 제공해주는 책이다.

메이커 운동 선언

마크 해치, 한빛미디어, 2014년 5월

메이커 운동은 차세대 발명과 혁신의 원동력이고, 이 책은 독자를 메이커 운동의 심장부로 안내한다. 저자는 우리가 사용할 수 있는 기술과 도구에 대해

설명하고, 평범한 사람들이 평범하지 않은 제품을 기획하여 성공적인 벤처 기업을 창업한 사연을 소개한다. 물건을 만드는 방법, 즉 '만들기'의 성격이 변하고 있다. 새로운 만들기가 세계 각지에서 활발하게 벌어지면서 메이커 운동의 원동력이 되고 있는데, 이것이 바로 이 책의 주제다. 이 책은 변화하는 만들기의 성격과 그것이 우리 삶에 미치는 어마어마한 영향에 대해 다룬다.

우리는 모두 메이커다

데일 도허티, 아리안 콘래드, 인사이트, 2018년 10월

『Make:』를 창간하고 메이커 페어를 시작한 데일 도허티는 전 세계적인 현상이 된 메이커 운동의 현장으로 독자들을 안내한다. 이 책은 어떻게 개인이 메이킹을 통해 배우고 성장하며 일하는 능력을 키우고 나아가 사회발전에 영향을 미쳤는지 탐색한다. 또 메이킹을 통해 우리가 어떻게 수동적인 소비문화에서 벗어나 삶의 주도권을 되찾을 수 있는지 설명한다. 도허티는 지난 십 년간 인터넷의 발전, 디자인과 생산 기술(3D 프린터와 소형 마이크로 콘트롤러 등)의 대중화로 메이킹이 어떻게 성장할 수 있었는지 기술한다.

미첼 레스닉의 평생 유치원

미첼 레스닉, 다산사이언스, 2018년 10월

30년간 추적 연구를 통해 창의적 학습의 네 기둥 4P–프로젝트, 열정, 또

래집단, 놀이-로 정의되는 새로운 교육론을 제시한다. 이 책은 창의적 학습의 특징을 알려줌과 동시에 실제 교육 현장에 적용할 수 있는 방법과 기대되는 결과를 예시를 통해 직접 보여준다. 어린이들이 스스로 프로그래밍한 게임, 새로운 발명 사례들과 함께 이를 가능하게 한 재조합, 외부자원의 활용, 대규모 프로젝트를 위한 협업 등 구체적인 방법을 함께 제시하면서, 장기간의 추적을 통해 이와 같은 교육을 받은 다음 세대가 어떤 삶을 살아갈 수 있을지를 미리 확인하고 있다.

즐거운 메이커 놀이 활동 – 마이크로비트

홍지연, 영진닷컴, 2019년 4월

학생들이 다루기 쉬운 SW 교구인 마이크로비트와 교과를 연계한 쉽고 간단한 메이커 활동을 제공한다. 각 섹션마다 사진과 일러스트를 단계별로 설명하여 아이들이 쉽게 따라 할 수 있도록 구성했다. 제작에 필요한 활동지를 부록으로 제공하여 좀 더 편리하게 언제 어디서든 메이커 놀이 활동을 할 수 있게 했다.

초등코딩 엔트리/스크래치 무작정 따라하기

에이럭스 코딩교육연구소, 곽혜미, 길벗, 2019년 9월.

학생 혼자서도 충분히 소프트웨어의 개념을 익히고 코딩 문법을 익힐 수

있도록 설계된 책으로, 초등학교 소프트웨어 교육과정에 맞춰 17주로 구성됐다. 실생활에서 만날 수 있는 사례를 중심으로 코딩 개념을 익히면, 게임처럼 재미있는 예제를 한 단계씩 따라할 수 있다. 쉬운 내용으로 예복습이 가능해 학습자들의 코딩에 대한 자신감과 함께 디지털 사고력을 키워준다.

학생 주도 수업을 위한 메이커 교육 사용 설명서

전상현, 테크빌교육, 2019년 10월.

교과 내용과 연계하여 종이, 건축, 각종 사건과 사물, PBL, 소프트웨어를 주재료로 다양한 형태의 메이커 수업을 제시했다. 디딤 영상을 보고 왜 이 수업을 하는지 스스로 생각하고, 재료를 준비하고, 제작 방법에 대해 다른 아이들과 논의하며 제작 활동을 한다. 이론적인 공부와 함께 실제 문제를 해결하거나 무언가 만드는 활동이 연계된 수업 과정도 쉽게 풀어냈다.

상상하고 만들고 해결하고

김승, 강지훈, 유정윤, 미디어숲, 2019년 8월.

『상상하고 만들고 해결하고』는 청소년들에게 전 지구적 문제를 제시하며 이를 어떻게 해결할 수 있는지를 묻는다. 책의 배경은 2060년 미래, 책에서는

2030년까지 진행된 전 지구적 프로젝트 'SDGs(지속가능발전목표)'를 성공적으로 완료했고, 이후 지구의 성공 사례를 바탕으로 우주의 행성들이 자신이 겪고 있는 비슷한 환경, 사회, 경제 문제를 해결하기 위한 주니어 원정대를 파견한다는 설정이다. 문제해결 과정에 디자인 씽킹과 메이커 교육이 필수적으로 요구된다.

메이크코드& 마인크래프트 에듀케이션 에디션
-입문편/활용편

나상호, 백순훈, 신윤철, 이상민, 최성권, 테크빌교육,
2018년 5월.

'메이크코드 & 마인크래프트 에듀케이션 에디션'은 입문편과 활용편으로 구성되어 있다. 입문편에서는 사용환경 설정과 M:EE의 기본 기능을 익힌 후, 농장을 만들거나 광물을 수집하고 간단한 건축물을 만드는 코딩 방법을 학습할 수 있다. 활용편에서는 컴퓨터 과학의 원리를 활용해 미로를 만들어 탈출하거나 복잡한 건축물을 짓고 직접 미니 게임을 만들어 체험하는 활동을 해볼 수 있다.

유튜브

1. 메이커 다은쌤

– 특징

3D 모델링과 3D 프린팅에 대한 정보 및 국내외 다양한 메이커 문화를 공유하는 다은쌤의 창작활동에 관한 영상을 볼 수 있다.

메이커 다은쌤 유튜브

– 활용 정보

① 메이커 다은쌤의 3D 모델링 강의 및 FDM 3D 프린터에 관한 사용 팁을 얻을 수 있다.

② 국내외 다양한 메이커 페어를 경험한 다은쌤의 생생한 메이커 교육 이야기를 들을 수 있다.

2. 태지쌤

– 특징

로봇과학과 코딩에 관한 다양
한 영상을 볼 수 있다.

태지쌤 유튜브

– 활용 정보

① 코딩과 로봇을 접목시킨 콘
  텐츠가 많다. 언플러그드 코

딩 등 코딩의 기초부터 심화된 내용까지 자세히 다루고 있으며, 다
양한 코딩로봇을 소개한다.

② 태지쌤 블로그(https://blog.naver.com/scienleader)에도 관련 학습자
  료가 제공된다.

3. 케리스와 SW 친구들

– 특징

한국교육학술정보원(KERIS)에
서 운영하는 SW 교육 채널로,
코딩 및 메이커 교육과 관련된
다양한 영상 자료가 탑재되어
있다.

케리스와 SW 친구들 유튜브

– 활용 정보

엔트리, 메이키 메이키, 햄스터 로봇, 마이크로비트, SW 교육용 보드
게임, 3D 프린터, 아두이노, 인공지능, 코스페이시스 등 코딩 및 디지

털 메이킹을 활용한 다양한 수업 사례를 볼 수 있다.

4. 마이크로소프트 에듀케이션 코리아

－ 특징

마이크로소프트 교육 채널인
마이크로소프트 에듀케이션
코리아 내에 마인크래프트에
관한 교육용 실전 영상강좌가
탑재되어 있다.

마인크래프트 교육용 강좌 목차

－ 활용 정보

① 마인크래프트를 활용한 교
육 사례들을 보여준다.

② 교육용 마인크래프트를 활용할 때 주의점 및 활용팁 등을 사례 중
심으로 제공한다.

③ 메이크코드의 기초에서부터 에이전트 활용하기, 반복문, True문
등 체계적인 코딩 학습이 가능하도록 상세히 안내하고 있다.

5. 스티브 코딩

－ 특징

마인크래프트를 활용한 코딩 교육을 위한 다양한 영상 자료를 제공
한다.

－ 활용 정보

① 채널 내 〈마인크래프트 코
딩 튜토리얼 강좌〉에서는
마인크래프트 코딩을 시작
하는 초보자들을 위한 10부

스티브 코딩 유튜브

작 튜토리얼이 탑재되어 있다. 코딩을 시작할 때 필요한 것을 설명
하고, 가장 많이 쓰는 기본 명령에서부터 몹 명령블록, 빌더 명령블
록, 모양 명령블록, 논리/변수 명령블록 등의 기능을 기초부터 따라
할 수 있도록 단계적으로 영상 자료를 제공한다.

② 채널 내 〈마인크래프트 가이드 영상〉에서는 마인크래프트 학습을
시작하는 학습자를 위한 가이드 영상이 탑재되어 있다.

6. 북리지의 취미생활을 위한 삼디 프린터

– 특징

① 3D 모델링 및 3D 프린팅
관련 자료가 탑재되어 있다.

② 직접 3D 프린터를 사용하
여 여러 가지 작품을 제작해
본 경험을 토대로 초보자들

북리지의 취미생활을 위한 삼디 프린터

에게 도움이 되는 팁들을 영상으로 소개한다.

– 활용 정보

3D 프린터 운영에 관련한 팁과 노하우, 3D 프린터 출력물 개선 방법,
집에서 쉽게 할 수 있는 3D 출력물 제작 이야기 등을 볼 수 있다.

부록

메이커 교육을 위한 연간 운영 계획서 작성 사례

다음은 학교에서 메이커 교육을 추진할 때 수립할 수 있는 연간 운영 계획서의 예시입니다. 메이커 교육을 새롭게 실시하고자 하는 학교를 기준으로 작성됐으며, 각 학교의 실정에 맞게 변형하여 사용할 수 있습니다.

Ⅰ. 운영 계획

1. 운영 주제

실생활 문제해결을 위한 메이킹 활동 경험을 통해 고차적 사고능력 함양하기

2. 추진 배경 및 필요성

가. 미래형 인재에게 강조되고 있는 고차적 사고능력과 핵심역량

○ 2015 개정 교육과정에서 길러내야 할 미래형 인재상으로 창의융합형 인재를 제시하고 있다. 창의융합형 인재는 인문학적 상상력, 과학기술 창조력을 갖추고 바른 인성을 겸비하여 새로운 지식을 창조하고 다양한 지식을 융합하여 새로운 가치를 창출할 수 있는 사람을 의미한다. 이는 교육의 패러다임이 무엇을 알고 있는지 확인하는 것에서 한 걸음 더 나아가 알고 있는 것을 활용하여 무엇을 할 수 있는지에 초점을 맞추게 된 것을 의미한다.

○ 전 세계적으로 교육 분야에서 창의성(Creativity), 비판적 사고력(Critical Thinking), 협업능력(Collaboration) 그리고 의사소통 능력(Communication)의 4C로 대변되는 고차적 사고능력이 강조되고 있고 2015 개정 교육과정에서도 핵심역량으로서 자기관리역량, 지식정보처리역량, 창의적사고역량, 심미적감성역량, 의사소통역량, 공동체역량을 제시하면서 학생들에게 함양시켜주어야 할 핵심 요소로 제시되고 있다.

○ 이러한 고차적 사고능력, 핵심역량은 기존의 교사가 중심이 되어 지식을 일방향으로 전달하는 강의식 수업, 무엇을 알고 있는지 확인하는 데 초점을 맞춘 시험 위주의 평가방식으로는 함양하기 어렵다.

나. 미래형 인재를 기르기 위한 교육 방법으로서 메이커 교육 주목

○ 학습자 중심 교육과 구성주의적 접근에 기반하고 있는 메이커 교육은 학습자들이 디지털 도구, 공구 및 재료를 활용하여 개인적, 사회적으로 유의미한 산출물을 만들고, 해당 산출물과 더불어 제작 과정에서 축적된 경험을 온, 오프라인을 통해 공유하는 교육을 의미한다. 메이킹 활동(making) 속에서 학습자들은 지식, 기술을 체계화하고 구성해나가면서 문제해결 경험으로 연결한다.

○ 1990년대 이후 메이커 교육에서는 테크놀로지를 활용한 윤리적 해킹과 프로그래밍 등을 통해 다양한 종류의 수준 높은 산출물을 만들어낼 수 있는 3D 프린터, 레이저 커터, 피지컬 컴퓨팅 도구 등 디지털 제작 도구 활용에 주목하게 됐다. 이러한 추세에 따라 최근에는 컴퓨팅 사고력, 문제해결을 중심으로 한 메이커 교육이 강조되고 있다. 이는 컴퓨팅 사고력을 포함한 다양한 종류의 고차적 사고를 가능하게 할 뿐만 아니라 실용적, 조작적 문제해결 활동에 참여하도록 도움을 준다.

다. 메이커 교육을 위한 환경 구축 및 조성의 필요성

○ 학습자 중심의 메이커 교육을 수행하기 위해서는 메이커 교육을 위한 환경 구축 및 조성이 필요하다. 교과에서 배운 지식을 바탕으로 실생활에서 문제를 탐색하고 메이킹을 통해 해결하기 위해서는 이를 지원할 수 있는 시설 및 장비가 마련되어야 한다.

○ 학생들이 자신의 문제해결 아이디어를 메이킹을 통해 창의적으로 구현하기 위해서는 메이킹 활동을 지원하고 수행할 수 있는 공간인 메이커 스페이스 조성, 메이킹 산출물을 만들 때 참고할 수 있는 충분한 학습 자원, 자유롭게 선택할 수 있는 재료 및 도구가 구비되어 있어야 한다.

3. 추진 목표 및 계획

3-1 추진 목표

본교의 메이커 교육 추진 목표는 창의융합형 인재상을 기반으로 하는 미래형 인재를 기르고 창의력, 비판적 사고력, 의사소통 능력, 협업능력의 고차적 사고능력과 핵심역량을 함양시키기 위해 메이커 교육을 수행하는 데 있다. 이를 위한 구체적인 하위목표는 다음과 같다.

가. 고차적 사고능력과 핵심역량 함양을 위하여 메이킹을 통한 실생활 문제해결 경험을 제공한다.

나. 전통적 메이킹과 디지털 메이킹을 포괄하는 프로젝트 중심의 메이커 교육을 통해 교과를 통해 배운 지식, 기능을 실제로 적용할 수 있는 기회를 제공하여 미래형 인재로 기른다.

다. 현 교육과정 분석을 통해 교과별로 메이커 교육과 융합, 활용할 수 있는 성취기준과 주제를 도출하여 체계적 교육이 이루어지도록 한다.

라. 메이커 교육이 효과적으로 이루어지도록 교사, 학생뿐만 아니라 학부모와 지역사회 사람들이 활용할 수 있는 메이커 스페이스를 구축한다.

마. 교사와 학생뿐만 아니라 학부모와 지역 사회 자원을 활용한 메이커 교육 수행 및 메이커 페어 개최를 통해 메이커 교육 확산 분위기를 조성한다.

추진 목표는 어떻게 세워야 하나요?

크게 단기, 중기, 장기적인 목표로 접근합니다. 예를 들어 1년차 / 2년차의 초기 정착을 위한 단기 중점 목표와 중장기 중점 목표 계획을 학교 특성에 맞춰 제시하면 좀 더 탄탄한 계획서를 빠른 시간에 완성할 수 있습니다.

3-2 이론적 배경

1) 메이커 교육

메이커 교육(Maker Education)이란 학습자들이 주제, 활용 도구 및 테크놀로지, 재료, 결과물을 선택하여 수행하는 만들기 활동을 의미한다. 학생들은 결과물에 대한 평가를 받지 않기 때문에 활동 자체에 몰입할 수 있다. 따라서 구성주의를 특징으로 하는 대표적인 학습자 중심, 과정 중심의 교육이다. 또한 만드는 과정을 반복적으로 수행하면서 학습자들은 다른 사람과의 협업, 공유의 과정을 거치고 자연스럽게 지식, 기술을 체계화하며 문제해결을 경험한다. 이렇게 학습자들이 무엇인가를 만들고 활동하는 과정에서 학습이 이루어지기 때문에 Learning by Doing, Making to Learn, Hands-on Learning으로 표현될 수 있다.

2) 메이킹 산출물 제작 과정과 결과물 공유의 장 메이커 페어

메이커 페어(Maker Faire)는 메이킹 활동을 통해 만든 산출물, 제작 과정에서의 경험, 지식 및 기술을 적극적으로 공유하는 축제의 장을 이야기한다. 이러한 공유는 온라인, 오프라인 모두에서 이루어질 수 있으며 사람들의 자발성을 바탕으로 한다. 이를 통해서 메이킹 활동의 의미와 결과물이 가지는 기능 및 가치를 개인적 차원에서 사회, 문화적 차원으로 확산시킬 수 있다. 현재 서울특별시교육청에서는 매년 학생, 일반인들을 대상으로 메이커괴짜축제를 개최하여 메이킹 활동을 통해 만들어진 산출물과 경험을 공유하는 축제의 장을 마련하고 있다.

3) 효과적 메이커 교육을 위한 메이커 스페이스

메이커 스페이스(Maker Space)는 메이커 교육이 이루어지는 물리적인 공간 및 장소를 의미한다. 다양한 학습 목표를 포함하여 설계된 일련의 학습활동을 수행하기 위하여 갖추어진 최적의 공간을 의미하기 때문에 메이커 스페이스는 반드시 독립된 공간으로 구축할 필요는 없다. 따라서 메이커 교육과 메이킹 활동을 지원할 수 있는 공간이라면 교실, 박물관, 도서관, 집 등 다양한 형태의 공간을 포함할 수 있다. 뿐만 아니라 메이킹 활동을 수행할 수 있는 재료 및 도구를 싣고 이동하는 메이커 교육 카트 또는 이동식 메이크 버스 같은 고정되지 않은 공간도 메이커 스페이스로서 기능을 수행할 수 있다.

4) 메이킹을 통한 실생활 문제해결 경험

학생들이 생활 주변에서 접할 수 있는 실생활 문제를 메이킹 활동을 통해 해결함으로써 실제적인 과제를 경험하고 흥미와 관심을 바탕으로 질 높은 메이킹 산출물을 도출해낼 수 있다.

3-3 추진 조직 구성

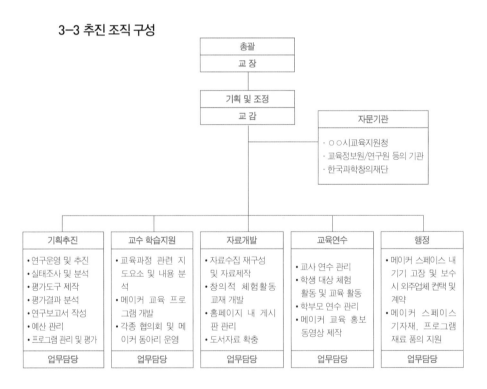

업무 분장을 어떻게 구성하여야 하나요?

메이커 스페이스 구축 시 사업을 주도한 교사가 학교를 떠나면 메이커 스페이스를 관리, 활용할 사람이 없어 활용도가 점차 감소되는 사례가 많습니다. 이를 방지하기 위해서는 메이커 스페이스 구축 후 교사들의 메이커 스페이스 활용 역량 향상 및 업무 분장을 명확히 할 필요가 있습니다. 즉 학기 초 메이커 스페이스 활용 계획을 세울 때 추진조직과 업무 분장을 포함하여야 합니다. 메이커 스페이스 구축 초반에는 행정실과의 협조가 꼭 필요하므로 행정실과 협조하여 업무 분장을 구성합니다. 또한 기기 보수 및 관리를 위해 실무자의 업무 분장에 메이커 기기 관리를 포함할 것을 권장합니다.

3-4 추진 계획 및 전략

[운영과제 1] 메이커 교육 운영을 위한 물리적 여건 조성

1) 메이커 교육 운영을 위한 교실 및 기자재 확보

메이커 스페이스는 본관 유휴 교실 2개 교실을 활용한다. 3층의 컴퓨터실과 인접하게 배치하여 보다 다양한 학습이 가능하도록 하거나, 실과실과 인접하게 배치하여 목공 수업을 가능하게 한다.

메이커 스페이스를 어디에 구축하면 좋을까요?

유휴 교실이 없다면 학교에 이미 구축된 실과실이나 컴퓨터실을 활용하여 메이커 스페이스를 구축하거나 이동식 메이커 스페이스를 구성하는 것을 고려할 수 있습니다.

유휴 교실을 확보할 수 있다면 그 자리 선정에 있어서 다른 교과와의 융합이 잘 이루어질 수 있는 위치에 배치하는 것이 좋습니다. 예를 들어 컴퓨터실이나 실과실 등에 인접하게 배치합니다.

o 현재 활용 가능한 본교 시설의 도구와 장비

영역	규격	수량	비고
데스크톱 PC	5세대 i5 프로세서 이상	4	2018년 구입
언플러그드 보드게임	엔트리 부품 찾기 대모험	12	2018년 구입

o 추가로 구축할 시설의 도구와 장비

영역	품명
안전 장비	보안경, 안전장갑, 목공 앞치마
전기 영역	전선 커넥터, 모터, 전선, 인두기
목공 - 수공구	수공구 세트(펜치, 니퍼, 렌치), 망치, 톱, 타카
목공 - 전동공구	로터리툴, 드릴 프레스, 오비탈 샌더, 유니머신 키트, 테이블 쏘, 레이저 커터
측정 영역	자, 연귀자, 마킹나이프, 버니어캘리퍼스
패브릭 공구	컴퓨터 자수기, 무선 다리미, 재봉틀
피지컬 컴퓨팅	마이크로비트, 네오봇, 아두이노
PC	학생용 태블릿 PC, 노트북, 프린터 등
디지털 제도 장비	3D 프린터, 3D 펜, 3D 스캐너
영상 장비	짐벌 카메라, 스마트폰용 짐벌, 고프로

화학	접착제, 풀, 스프레이 등
작업 테이블	워크벤치, 수공구 월, 공구박스, 메이커 재료 카트 등

어떤 도구와 장비를 마련하는 것이 좋을까요?

메이커 교육을 위한 장비를 구매할 때 어떤 도구나 장비를 살지 고민이 많을 겁니다. 예산의 한계나 공간의 제약 등을 고려해 이를 선정해야 하기 때문입니다. 그러나 무엇보다도 중요한 것은 학생들로 하여금 어떤 활동을 경험하게 할 것인지, 어떤 교육 프로그램을 중심에 두고 운영할 것인지에 따라 도구와 장비를 마련하는 것입니다. 예를 들어 창의성 증진을 위한 공방형 프로그램, 3D 프린팅 교육 프로그램 2개를 운영할 경우를 생각해보면, 안전장비와 목공 수공구 세트, 측정 도구 그리고 초등 저학년을 위한 3D 펜, 고학년에게 필요한 PC와 3D 프린터를 구매해야 합니다.

아래는 처음 메이커 교육을 수행할 때 구비해두면 좋은 도구 및 장비 목록입니다.

안전 : 보안경과 앞치마, 장갑은 어떤 활동을 하든 꼭 필요한 도구입니다.

전기 영역 : 전선과 인두기는 각종 부품을 연결하고 납땜 작업 시 꼭 필요한 도구입니다.

목공 : 망치와 수공구 세트, 톱은 기본적인 목공 활동을 할 때 꼭 필요한 도구입니다.

측정 : 버니어캘리퍼스와 자는 기본적인 목공 활동을 할 때 꼭 필요한 도구입니다.

패브릭 : 기본적인 바느질 세트와 재봉틀은 패브릭 활동을 할 때 꼭 필요한 도구입니다.

피지컬 컴퓨팅 : 마이크로비트는 손쉽게 피지컬 컴퓨팅 활동을 수행하는 데 필요한 도구입니다.

PC : 노트북은 휴대성이 좋아 각종 활동에 활용하기 쉬운 도구입니다.

디지털 제도 : 3D 펜은 디지털 제도 활동을 할 때 손쉽게 활용할 수 있는 도구입니다.

3D 프린터는 학생들의 메이킹 수준이 어느 정도 향상된 후 마련해도 늦지 않습니다.

영상 : 영상장비는 스마트폰을 활용해도 충분하기 때문에 마련하지 않아도 됩니다.

화학 : 접착제, 풀은 어떤 활동을 하든 꼭 필요한 도구입니다.

작업 테이블 : 이동식 메이커 재료 카트나 공구 박스는 별도의 메이커 스페이스를 마련하지 않아도 메이커 교육에 활용할 수 있어서 좋습니다.

2) 메이커 교육 인적 역량 강화

○ 교원 역량 신장

– 학기별 1회 이상 전문강사 초빙을 통한 교사 연수 실시

– 메이커 교수 설계 모형에 대한 연수 실시, 학교 및 학생 특성을 반영한 수업 설계

– 메이커 관련 원격 연수(기초) 80% 이상 이수, 고학년 담임교사의 경우 SW 교육 심화 연수 권장

전문적 학습 공동체 어떻게 운영하나요?

메이킹을 주제로 교사로 구성된 전문적 학습 공동체의 역량 강화를 위한 연수를 수시로 진행할 수 있습니다. 이때 전문적 학습 공동체 예산을 활용하여 메이킹 활동을 활발하게 진행하는 교사나 전문가를 초청할 수 있습니다. 혹은 유튜브나 지역 교육청에서 배포하는 자료를 활용하여 메이킹 활동을 살펴보고 실천하여 발전된 형태로 산출물을 구성해 볼 수 있습니다. 전문적 학습 공동체 운영 시 활용할 수 있는 활동 계획은 다음과 같습니다. 이는 메이킹 활동이 처음인 초보 교사를 대상으로 구성한 것이며 메이킹 활동 경험이 있는 집단의 경우 1~3차시를 제외하고 활동을 심화해서 활용할 수 있습니다.

전문적 학습 공동체 활동 계획

■ 목적

소프트웨어 관련 콘텐츠를 활용한 교육을 주제로 디지털 패브리케이션을 활용한 메이킹 활동 중심 교육과정 재구성 및 공동수업 실천을 통한 학생 중심, 배움 중심 교육과정 운영 및 수업 실현을 목적으로 한다.

■ 연수 개요

연수 과정명	2021 학교 안 전문적 학습 공동체 직무연수		
연수 주제	디지털 패브리케이션으로 배움이 즐거운 학생 참여 수업 만들기		
연수 장소	학년연구실, 컴퓨터실	연수 기간	2021.03.01. ~2021.12.31.
연수 종별	직무연수	연수 시간	33
연수 대상	0학년 교사, 과학전담	연수 인원	5

■ 연수교육과정

차시	일정	영역	활동내용	시간	강사 또는 진행자 (소속기관)	장소
1	1차시	주제탐구	메이커 교육에 대한 문헌 조사	2	-	학년 연구실
2	2차시	주제탐구	메이커 교육의 필요성 및 교수 학습 모형 탐구	2	-	학년 연구실
3	3차시	주제탐구	메이커 교육 우수 사례 탐구	2	-	학년 연구실
4	4차시	공동연구	SW 만나기- 언플러그드 학습	2	-	컴퓨터실
5	5차시	공동연구	SW 만나기- 블록형 코딩 언어	2	-	컴퓨터실
6	6차시	공동연구	SW 만나기- 블록형 코딩 언어	2	-	컴퓨터실
7	7차시	공동연구	피지컬 컴퓨팅 도구를 활용한 SW 적용	2	-	컴퓨터실
8	8차시	공동연구	SW와 친해지기- 색(Color)으로 코딩하는 로봇 '오조봇' 또는 마이크로비트 활용 실생활 문제해결 도구 만들기	2	-	컴퓨터실
9	9차시	공동연구	SW와 친해지기- 색(Color)으로 코딩하는 로봇 '오조봇' 또는 마이크로비트 활용 실생활 문제해결 도구 만들기	2	-	컴퓨터실
10	10차시	공동연구	SW와 친해지기 - 3D 모델링 익히기	2	-	컴퓨터실
11	11차시	공동연구	SW와 친해지기 - 3D 모델링 익히기	2	-	컴퓨터실

12	12차시	공동연구	SW와 친해지기 – 3D 프린터로 작품 출력하기	2	–	컴퓨터실
13	13차시	공동실천	공동수업안 설계 및 공동수업 자료 작성	2	–	학년 연구실
14	14차시	공동실천	동료 컨설팅 및 수업 분석 공유	2	–	학년 연구실
15	15차시	공동실천	공동수업안 수업 공개	2	–	학년 연구실
16	16차시	연구결과 공유	교육과정 운영 나눔	1	–	과학실
17	17차시	공동실천	주제 관련 지도안 작성, 교육과정 설계	2	–	학년 연구실
연수시간 계				33		

주제 예시

- 디자인 씽킹, 메이커 교육 교수 학습 모형
- 언플러그드, 교육용 프로그래밍 언어, 피지컬 컴퓨팅 활용의 디지털 패브리케이션
- 학교 메이커 스페이스에서의 운영과 안전
- 메이커 교육 사례 및 실천 방안 공유
- 메이커 교육을 위한 도구와 장비의 활용법

ㅇ 학생 메이커 교육

- 자율 동아리 운영을 통해 학생 스스로 메이커 활동에 참여하여 동기를 진작시킬 수 있도록 한다.
- 메이커 페어, 메이커 중점주간 운영을 통해 학생 체험 중심 참여를 증대시킨다.
- 메이커 교실 점심시간 개방으로 메이커 생활화를 이룬다.

학생의 메이커 교육 어떻게 운영하나요?

■ 메이커 페어 프로그램 예시

 2019 서울 메이커 페어의 카트 어드벤처. 직접 만든 전동 카트로 트랙에서 경주를 펼치는 DIY 전동 카트 레이싱 대회

 2019 서울 메이커 페어의 오조봇 크리에이티브 챌린지. 순차, 선택 알고리즘을 통하여 미션을 해결하는 대회

■ 학생 자율 동아리 운영

학생 자율 동아리로 메이커 활동을 운영할 수 있습니다. 학교에 과학 동아리, 탐구 동아리 등이 있으면 연합하여 운영할 수 있습니다. 동아리 활동 지원 교사와 함께 점심시간에 메이커실을 개방하여 간단한 공작활동을 진행하여 메이킹 활동이 실생활 속에서 지속될 수 있도록 합니다.

― 대구 소재 D 초등학교 I · Maker

SW, 영어, 메이커 교육 융합 학생 자율 동아리로 다양한 상상과 창의적인 아이디어를 바탕으로 메이킹 산출물을 직접 제작하는 것을 목표로 합니다. 1학기는 목공 활동 중심, 2학기는 3D 프린터 및 3D 펜을 활용하는 것에 집중하여 활동이 이루어집니다. 제1회 대구 메이커페스타 행사에 참여하여 지구온난화로 북극곰 생태계가 위협받는 문제를 인식하여 '지구를 살리는 키링'을 만드는 목공 체험 부스를 운영했습니다.

― 경기 소재 O 중학교 유니어스

중학교 1~3학년 모두 참여할 수 있는 동아리로 조명이 설치되지 않아 사고가 종종 발생하던 오산천 변에 학생들이 직접 조명 시설을 설치하는 프로젝트를 성공적으로 마무리했습니다. 이후 학교 앞 어두운 화장실 담벼락에 조명 설치, 오산시 하천 공원과의 협업을 통한 조명시설 설치 등 메이킹 활동을 지속적으로 이어가고 있습니다.

― 경남 소재 M 초등학교 Little Newton

진주 남강에 있는 민물고기 종류, 서식지 및 생태를 직접 관찰한 뒤 3D 펜을 활용한 메이킹 활동을 통해 진주 남강의 민물고기를 만드는 활동을 진행했습니다. 이를 통해 멸종위기에 처한 민물고기와 남강 수질환경 보호에 대한 관심을 불러일으켰습니다.

ㅇ 학부모 교육

- 학년 초 학부모 총회, 설명회를 통한 메이커에 대한 인식을 제고한다.

- 학부모 연수 실시를 통한 메이커 역량을 증진한다.

- 지역 사회 협력을 위해 학부모회와 협력하여 메이킹 도우미제를 운영한다.

 학부모의 참여가 필요할까요?

메이킹 활동의 경우 지속적인 활동이 중요합니다. 하지만 메이커 스페이스에 교사가 상주하기에는 어려움이 있으므로 학부모의 도움을 받아 점심시간이나 방과 후에도 사용하도록 지원할 수 있습니다.

학부모 연수는 체험식으로 운영하여 참여율을 높이되 연수 앞에 메이커 교육의 의미와 효과에 대한 내용을 포함하는 것이 좋습니다.

[운영과제 2] 교육과정과 연계한 메이커 교육 실시

 예산 확보를 위해 사업을 따려면 어떤 내용이 들어가야 할까요?

예산 확보를 위해 사업을 따야 한다면 다양한 활용 가능성을 제시하는 것이 좋습니다. 예를 들어 아래와 같이 교과 시간 외에도 메이커 교육 공간을 적극 활용할 수 있음을 보여주는 것입니다.

- 동아리 : 창의적 체험활동 연계형-희망 동아리를 신청받아 운영

- 방과 후 학교 : 학부모&학생 대상/ 지역 사회 일반인 대상 운영

1) 메이커 중점 주간의 운영

○ 메이커 중점 주간을 통한 메이킹 체험활동 실시

    – 6월 중 메이커 페어 실시

    – 10월 중 학년별 메이킹 프로젝트 수행 및 결과물 전시 활동

2) 메이커 교육을 위한 정규 교과시간 확보

○ 교과시간 확보 : 5~6학년 실과 및 창의적 체험활동 시간 30시간 확보

○ 교과시간 확보 : 1~4학년 교과와 연계한 시간 2~10시간 확보

○ 수학, 과학, 미술 교과 등과 융합하여 추가 시간 확보

3) 학년별 중점 메이킹 활동

○ 1~2학년 : 간단한 공작 활동 중심으로 시제품 제작하기

○ 3~4학년 : 제시된 문제를 해결하기 위한 제품 제작하기

○ 5~6학년 : 실생활의 문제를 발견하고, 이를 해결하기 위한 제품 설계, 제작하기

교과와 연계한 메이킹 활동을 어떻게 구성하나요?

메이커 교육은 학습자들이 디지털 도구, 공구 및 재료 등 높은 수준과 낮은 수준의 테크놀로지의 복합적인 활용이 필요하기 때문에 저학년, 고학년의 학년 특성에 맞추어 메이킹 활동을 진행해야 합니다. 각 교과와 연계하여 유의미한 산출물의 제작 과정을 반복적으로 수행하는 경험을 통해 학습자들은 자기 주도적으로 지식과 기술을 체계화하고, 문제해결 경험을 쌓을 수 있습니다.

교과 연계 메이킹 활동 구성 시 메이커 스페이스 내에 활용할 수 있는 기자재를 점검한 후 적합한 활동을 선정하여야 하며 여러 교과의 성취기준을 융합하여 프로젝트 방식으로 운영할 수 있습니다.

예를 들어 1~4학년은 수학, 과학, 미술 교과와 연계하여 2~10시간, 5~6학년은 실과, 미술, 창의적 체험활동 시간을 활용해 30시간을 확보할 수 있습니다.

관련 영역 (차시)	소단원(소주제)	학습 주제	해당 교과
1	1-02. 가족의 요구 살피기와 돌봄	우리 가족의 꿈을 담은 드림 하우스 만들기 -1-	실과
2		우리 가족의 꿈을 담은 드림 하우스 만들기 -2-	실과
3	4-01. 발명과 문제해결	발명의 의미와 중요성 알아보기	실과
4		창의적인 제품 만들기 -1-	실과
5		창의적인 제품 만들기 -2-	실과
6		창의적인 제품 만들기 -3-	실과
7	8. 자연과 함께하는 건축	재활용품을 활용하여 자연환경과 어울리는 집 만들기 -1-	미술
8		재활용품을 활용하여 자연환경과 어울리는 집 만들기 -2-	미술
9		재활용품을 활용하여 친환경 에너지 주택 모형 만들기 -1-	미술
10		재활용품을 활용하여 친환경 에너지 주택 모형 만들기 -2-	미술

(관련 영역: 메이커 교육 (30), 차시 1~10)

[운영과제 3] 메이커 교육 성과 사례 나눔

1) 프로그램 성과 사례 홍보

○ 메이커 교육 자료집을 제작하여 자료 탑재 및 공유 활동

○ 메이커 공유 사이트를 통한 작품 탑재 및 공유

○ 학부모 연수 및 가정통신문을 통한 사례 나눔

2) 메이커 교육 나눔

○ 학교 밖 부스 운영을 통한 메이커 사례 홍보 및 성과 나눔

○ 학부모 대상 연수 실시

○ 메이킹 대회 및 학교 밖 메이커 축제 참여

○ 메이킹 활동 과정을 동영상 형태로 제작하여 유튜브 탑재

3-5 추진 일정

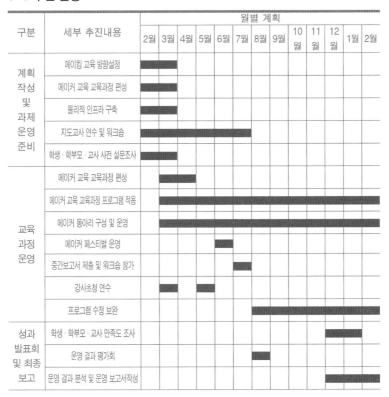

구분	세부 추진내용	월별 계획												
		2월	3월	4월	5월	6월	7월	8월	9월	10월	11월	12월	1월	2월
계획 작성 및 과제 운영 준비	메이킹 교육 방향설정	■	■											
	메이커 교육 교육과정 편성	■	■											
	물리적 인프라 구축	■	■											
	지도교사 연수 및 워크숍	■	■	■	■	■	■							
	학생·학부모·교사 사전 설문조사	■	■											
교육 과정 운영	메이커 교육 교육과정 편성		■	■										
	메이커 교육 교육과정 프로그램 적용		■	■	■	■	■	■	■	■	■	■		
	메이커 동아리 구성 및 운영		■	■	■	■	■	■	■	■	■	■		
	메이커 페스티벌 운영					■								
	중간보고서 제출 및 워크숍 참가						■							
	강사초청 연수		■		■									
	프로그램 수정 보완							■	■	■	■	■		
성과 발표회 및 최종 보고	학생·학부모·교사 만족도 조사										■	■		
	운영 결과 평가회								■					
	운영 결과 분석 및 운영 보고서작성										■	■		

4. 학교 인프라 현황

4-1 메이커 스페이스 기존 교구재

교구재명	구입 연도	개수	용도	비고
데스크톱 PC	2018	4	학생 교육용	컴퓨터
언플러그드 게임	2018	12	학생 교육용	
엔트리	2018	15	소프트웨어 교육용	전 PC 설치 완료

4-2 메이커 스페이스 기자재 현황

분류	물품명	보유 수/구입 예정 개수	구입 연도
환경 구성	진공청소기	2	구입 예정
	공기청정기	4	구입 예정
	환풍시설	2	구입 예정
	캐리어(카트)	1	구입 예정
	정리함	20	구입 예정
	책상	10	구입 예정
	의자	40	구입 예정
	공구 월	2	구입 예정
	보관장	1	구입 예정
안전장비	보안경	50	구입 예정
	장갑	50	구입 예정
	목공 앞치마	50	구입 예정
디지털 장비	데스크톱	4	2018
	TV 65인치	2	구입 예정
	태블릿 PC	30	구입 예정
	3D 프린터	5	구입 예정
	3D 펜	30	구입 예정
	3D 스캐너	2	구입 예정

목공장비	쇠자	20	구입 예정
	버니어캘리퍼스	5	구입 예정
	마킹나이프	5	구입 예정
	연귀자	2	구입 예정
	드레멜 & 드릴 프레스	1	구입 예정
	유니머신 키트	5	구입 예정
	수공구 세트	5	구입 예정
	목공용 끌 세트	10	구입 예정
	톱 세트	10	구입 예정
	각종 공구	20	구입 예정
	레이저 커터	1	구입 예정
	테이블 쏘	1	구입 예정
패브릭 관련	무선 다리미	1	구입 예정
	재봉틀	1	구입 예정
공작 및 전자기계 관련	무선 글루건	10	구입 예정
	우드록 커터기	10	구입 예정
	인두기	10	구입 예정
피지컬 컴퓨팅	마이크로비트	30	구입 예정
	네오봇	15	구입 예정
영상 콘텐츠	짐벌 카메라	2	구입 예정
	스마트폰 용 짐벌	5	구입 예정
	고프로	1	구입 예정

4-3 메이커 스페이스 구성도

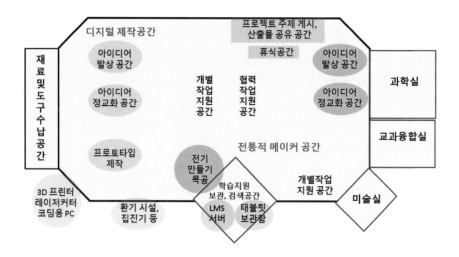

- ○ 회의 공간과 메이킹 공간의 구별 : 아이디어 도출 및 정교화를 위한 회의 공간과 아이디어를 실현할 수 있는 메이킹 공간을 따로 마련하여 메이킹 프로세스에 따라 공간을 구성한다.
- ○ 교과 융합을 위한 공간 설계 : 과학실 및 사회교과실과 연계하여 교과 간의 융합이 수월하도록 한다.
- ○ 디지털 메이킹 공간과 전통적 메이킹 공간의 구획화 : 전통적 도구를 활용하는 메이킹 공간과 디지털 도구를 활용하는 메이킹 공간을 구별하여 마련한다.
- ○ 학습자 주도적 재료, 도구 선택을 위한 환경 조성 : 재료 및 도구 수납공간을 따로 마련하여 교사가 체계적으로 관리하고 학생들이 학습활동에 필요한 재료 및 도구를 자기 주도적으로 선택할 수 있는 환경을 조성한다.
- ○ 메이킹 결과물 공유 공간 구획화 : 메이킹 결과물을 공유하고 게시할 수 있는 공간을 따로 마련하여 학생들 간 협력 및 공유가 적극적으로 이루어질 수 있는 환경을 조성한다.

4-4 메이커 스페이스 안전 점검 체크리스트

메이커 스페이스 안전 점검 체크리스트

□ 점검일자:　년　월　일　　□ 점검책임자:　　　(인)

확인 사항	점검 결과	특이 사항
공간 내부에 출입구, 비상구가 표시되어 있으며 암전 시에도 잘 보이는가?		
전체 공간 구성도에 작업 범위, 작업 공간별 기계, 안전구역, 위험 물질 등이 표시되어 있는가?		
기계나 기구를 사용하기 위해서 학생들이 안전교육을 이수했는가?		
기계나 목공의 특성과 작업에 적절한 복장을 착용했는가?		
메이커 스페이스 내부의 조명은 충분히 밝게 유지되어 안전성을 높이고 있는가?		
기계나 기구 주변에 안전 매뉴얼이 배치되어 있는가?		
기계나 기구에서 발생하는 파편, 부스러기 등 작업 폐기물을 주기적으로 청소하여 화재의 위험을 방지하고 있는가?		
기계나 기구가 고장 났을 경우 고장 표시를 하고, 청소/점검/수리 등을 할 때도 해당 내용을 표시하는가?		
메이커 스페이스 내에 소화기가 적절한 위치에 비치되어 있는가? (소화기 날짜 확인, 육안으로 어디서든 잘 보이는 곳에 위치하여야 한다.)		
메이커 스페이스 이용자와 방문자는 비상구와 탈출구의 위치를 숙지하고 있는가?		
주기적으로 메이커 스페이스 내부를 환기하고 있는가?		
전열기구 및 전기기구 사용 후 전원이 차단되어 있는가?		

메이커 스페이스의 안전수칙 예시

〈일반 수칙〉

1. 메이커 스페이스 내의 모든 공구과 기계는 반드시 안전교육을 이수한 후 사용하여야 한다.
2. 모든 공구와 기계는 사용 방법과 특성을 숙지한 후 지도교사의 허락을 받고 사용한다.
3. 기계나 기구의 특성과 작업에 복장이 적절해야 하고 바른 자세로 작업한다.
4. 기계를 사용할 때에는 안전을 위하여 정신을 집중해야 하며, 절대 장난을 치거나 산만하게 행동하지 않도록 한다.
5. 기계나 기구의 주요 작동 부분을 함부로 만지지 않는다.
6. 작업자의 주위는 항상 정리정돈이 잘되어 있어야 하며 청결해야 한다.
7. 공작기계 사용 중 작동에 이상이 있을 경우는 기계를 정지시키고 즉시 지도교사에게 보고하여 작동 이상에 대한 조치를 받은 후 사용해야 한다.
8. 기계의 성능 및 특성 등을 무시한 무리한 작업을 하지 않도록 하며, 다른 용도로 기계를 개조하거나 변경하여 사용하지 않는다.
9. 공작기계 및 공구를 사용한 후에는 반드시 처음 상태대로 모든 공구를 정해진 위치에 정리 정돈하여 분실을 방지하며 다음 사용자에게 불편함이 없도록 한다.
10. 작업이 끝났을 때는 사용한 기계 및 주변을 반드시 깨끗하게 청소하여 기계의 청결을 유지한다.
11. 메이커 스페이스의 사용이 끝났을 때는 전원의 코드를 빼놓거나 공간 내 모든 전원을 차단하도록 한다.
12. 기계의 유지보수 및 A/S는 기계를 공급한 전문업체에 의뢰한다.

〈목공 활동 시〉

1. 목공 작업을 할 때 옷이나 장신구 등이 기계에 끼지 않도록 안전한 옷차림을 하고 보안경과 앞치마를 착용한다.
2. 날카로운 공구를 사용한 뒤에는 헝겊으로 싸서 보관하고 위험 표식이 부착된 곳에 보관한다.
3. 목공 활동 이후 발생한 톱밥이나 나무 조각을 잘 폐기하여 화재의 위험을 방지한다.

〈전동기구 작업 시〉

1. 전동기구를 다룰 때는 젖은 손이나 맨발로 접촉하지 않는다.
2. 전동기구의 콘센트가 잘 꽂혀 있는지 확인하고 지정된 순서에 따라 작업한다.
3. 사용을 마친 후에는 반드시 스위치를 내려 전원을 차단한다.

5. 운영성과 공유 및 확산 방안

가. 메이커 교육 공유 및 확산 활동

○ 학교 홈페이지 및 유튜브 채널, 지역 신문 등을 이용해 메이커 교육과정 운영계획 및 교육자료를 공유한다.

○ 지역 사회 축제에 부스 형태로 참가하여 메이킹 활동 결과물을 공유한다.

○ 학생 스스로 자신이 개발한 작품을 온라인에 탑재하여 피드백을 받을 수 있도록 하고, 오픈소스 형태의 결과물을 보완, 발전시키는 경험을 통해 교육 이후에도 스스로 학습이 가능한 환경을 구축하도록 한다.

나. 메이커 교육 확산을 위한 교사 및 학부모 대상 연수 및 워크숍 실시

○ 학부모들의 메이커 교육에 대한 인식 제고를 위해 학부모 총회 시 메이커 교육에 대하여 소개하고 학부모 대상 연수를 기획한다. 예를 들어 온 가족이 함께하는 창의공방 교실을 운영(방학 중 캠프 프로그램)한다.

○ 메이커 교육 지역 거점 학교로서 잘된 사례를 공개수업을 통해 소개하여 성과 확산에 이바지한다.

6. 기대 효과

○ 고차적 사고능력과 핵심역량 함양을 통한 창의융합형 인재를 양성한다.

○ 전통적 메이킹, 디지털 메이킹을 포괄하는 메이킹 교육을 통해 미래형 인재로의 발돋움을 가능하게 한다.

○ 메이커 교육 거점 학교로서 메이커 페어 개최, 메이커 교실 개방 등을 통한 메이커 문화 확산에 기여하고 나아가 지역 사회 거점 무한상상실로서 역할을 수행한다.

Ⅱ. 운영비 집행 계획

1. 메이커 스페이스 구축을 위한 필요 기자재 목록

영역	품명
안전 장비	보안경, 안전장갑, 목공 앞치마
전기 영역	전선 커넥터, 모터, 전선, 인두기
목공 – 수공구	수공구 세트(펜치, 니퍼, 렌치), 망치, 톱, 타카
목공 – 전동공구	로터리툴, 드릴 프레스, 오비탈 샌더, 유니머신 키트, 테이블 쏘, 레이저 커터
측정 영역	자, 연귀자, 마킹나이프, 버니어캘리퍼스
패브릭 공구	컴퓨터 자수기, 무선 다리미, 재봉틀
피지컬 컴퓨팅	마이크로비트, 네오봇,
PC	학생용 태블릿 PC, 프린터 등
디지털 제도 장비	3D 프린터, 3D 펜, 3D 스캐너
영상 장비	짐벌 카메라, 스마트폰용 짐벌, 고프로
화학	접착제, 풀, 스프레이 등
작업 테이블	워크벤치, 수공구 월, 공구박스, 메이커 재료 카트 등

2. 운영비 집행 계획 예시

다음은 운영비 집행 계획의 예시다. 각 학교의 메이커 스페이스의 특징, 추구하고자 하는 메이킹 방향에 따라 다르게 구입할 수 있다. 예를 들어 목공 활동 위주의 메이커 스페이스라면 목공 관련 공구 및 집진장치를 비롯한 환경 구성에 치중하고, 디지털 패브리케이션 중심이라면 3D 프린터와 같은 디지털, 피지컬 컴퓨팅 장비를 구비해야 한다. 다음 표의 분류에 따라 각 학교의 실정에 맞게 취사 선택하여 예산을 구성할 수 있다.

1) 사업장비 · 환경구축비

분류	항목	금액	산출 근거
환경구성	진공청소기	329,120	164,560원*2대
	공기청정기	1,556,000	389,000원*4대
	환풍시설	2,000,000	1,000,000원*2대
	캐리어(카트)	50,000	50,000원*1개
	정리함	1,000,000	50,000원*20세트
	책상	1,700,000	170,000원*10개
	의자	1,000,000	25,000원*40개
	공구 월	600,000	300,000원*2개
	보관장	500,000	500,000원*1세트
	각종 목수작업	2,000,000	2,000,000원*1건
안전 장비	보안경	50,000	1,000원*50개
	장갑	50,000	1,000원*50개
	목공 앞치마	250,000	5,000원*50개
디지털 장비	TV 65인치	3,000,000	1,500,000원*2대
	태블릿 PC	7,500,000	250,000원*30대
	3D 프린터	9,500,000	1,900,000원*5대
	3D 펜	2,700,000	90,000원*30대
	3D 스캐너	1,200,000	600,000원*2대
목공 장비	쇠자	200,000	10,000원*20개
	버니어캘리퍼스	50,000	10,000원*5개
	마킹나이프	50,000	10,000원*5개
	연귀자	20,000	10,000원*2개
	드레멜 & 드릴 프레스	210,000	210,000원*1대
	유니머신 키트	1,050,000	210,000원*5세트
	수공구 세트	200,000	40,000원*5세트
	목공용 끌 세트	80,000	8,000원*10세트
	톱 세트	80,000	8,000원*10세트
	각종 공구	1,000,000	50,000원*20개
	레이저 커터	2,700,000	2,700,000원*1대
	테이블 쏘	500,000	500,000원*1대
패브릭 관련	무선 다리미	50,000	50,000원*1대
	재봉틀	100,000	200,000원*1대

공작 및 전자기계 관련	무선 글루건	200,000	20,000원*10대
	우드록 커터기	150,000	15,000원*10대
	인두기	200,000	20,000원*10대
피지컬 컴퓨팅	마이크로비트	750,000	25,000원*30대
	네오봇	1,500,000	10,000원*15대
영상콘텐츠	짐벌 카메라	400,000	200,000원*2대
	스마트폰용 짐벌	400,000	80,000원*5대
	고프로	400,000	400,000원*1대

2) 사업 활동비

비목	세목	항목	금액	산출 근거
교육 운영비	행사용품 구입	행사 운영비	3,000,000	메이커 페어 및 메이커 산출물 전시: 1,500,000×2회＝3,000,000
교육 운영비	학습 준비물 구입	교육 활동 재료비	400,000	메이킹 활동을 위한 소모품비: 200,000×2종 ＝ 400,000
교육 운영비	운영비	동아리 활동 지원비	600,000	메이커 동아리 지원: 100,000×2회×3개 ＝ 600,000
교육 운영비	행사용품 구입	현수막 및 배너 제작비	300,000	현수막 및 홍보물 제작 : 100,000×3회 ＝ 300,000
운영 수당	강사비	전문가 초청 강의료	400,000	강의료 : 200,000×2회 ＝ 400,000
운영 수당	강사비	내외부 강사 수당	3,200,000	40,000×4시간×20회 ＝ 3,200,000

3) 사업추진비

비목	세목	항목	금액	산출 근거
일반 업무 추진비	간담회비	회의 및 워크숍 비	500,000	워크숍 식비 : 300,000×1회＝300,000 협의회 준비비: 100,000×2회＝200,000

참고 문헌

강인애, 윤혜진, 황중원, 『메이커 교육-4차 산업혁명 시대에 다시 만난 구성주의』, 서울, 내하출판사, 2017.

광주광역시교육청, 「2019 학생중심 공간혁신 『아.智.트』 프로젝트 추진계획」, 2019.

교육부, 「초 · 중등학교 교육과정 총론, 교육부 고시 제 2015-74 호」[별책 1], 2015.

교육부, 『미래교육에 대응하는 학교시설 개선방안』, 세종, 교육부, 2019.

김광범, 박선경, 김남길, 하재명, 「참여디자인 기법을 이용한 학교 계획에 관한 연구―중학교 재건축의 사례를 중심으로」, 『대한건축학회 논문집-계획계』 15(5), p45~52, 1999.

김동환, 배성환, 이지현, 『스토리텔링으로 풀어보는 UX 디자인』, 서울, 에이콘, 2011.

김근재, 임철일, 「초등학교에서의 피지컬 컴퓨팅 도구를 활용한 메이커 교육 수업모형 개발」, 『교육공학연구』 35(1), p799~837, 2019.

김자인, 「디스쿨(d. School)의 디자인사고 교육」, 『디지털디자인학연구』 15(4), p97~108, 2015.

김정아, 오인균, 「디자인 씽킹을 활용한 디자인 프로세스 방법론 연구」, 『Journal of Integrated Design Research』 15(3), p9~18, 2016.

나일주, 『교육공학 관련 이론』, 서울, 교육과학사, 2007.

남텍진, 「협동적 디자인 기법을 활용한 사용자 중심 디자인: 참여적 디자인 워크숍에서 컨셉 도출 툴킷의 활용을 중심으로」, 『한국디자인학회 2002 춘계학술대회논문집』,

p20~21, 2002.

박성한, 성가현, 성진규, 「구성주의적 관점에서 본 메이커 스페이스 환경 구성의 원리」, 『한국교육공학회 학술대회발표자료집』 2017(1), p73, 2017.

박우장, 「커뮤니티 참여디자인의 접근방법에 관한 연구: 노인회관의 사례연구를 중심으로」, 『한국실내디자인학회 논문집』 13(4), p45~55, 2004.

박우장, 박준영, 「유치원 놀이터의 참여디자인 기법 및 도구에 관한 연구」, 『대한건축학회 논문집—계획계』 24(4), p97~105, 2008.

백영균, 『가상현실 공간에서의 교수—학습』, 서울, 학지사, 2010.

부산광역시교육청, 『Make? Make!』, 2018.

서동수, 「피지컬 컴퓨팅의 개념과 기술적 기초」, 『한국디자인학회 국제학술대회 논문집』, p270~271, 2006.

서울연가초등학교, 「2018 융합인재교육(STEAM) 교사연구회 결과보고서」, 2018.

서울특별시교육청, 「메이커 교육(미래공방교육) 중장기(18~22) 발전계획」, 2017.

서울특별시교육청, 「MAKERS 꿈을 담은 메이커 교실—교육과정편」, 2019.

서울특별시교육청 과학전시관, 「메이커 교육의 이해와 활용 원격직무연수」, 2019.

성남정자초등학교, 「2016년 융합인재교육(STEAM) 교사연구회 결과보고서」, 2016.

성순아, 오후, 황희연, 「도시재생사업에서 주민참여활동이 지속적 참여 동기에 미치는 영향 분석: 청주시 사직 2동을 중심으로」, 『대한지리학회지』 50(4), p393~406, 2015.

성진규, 「메이커 교육 공간의 확장으로서 가상현실 활용에 대한 탐색 연구」, 서울대학교 석사학위논문, 2019.

소요환, 「몰입형 기어 VR 기반 가상현실 학습의 매체적 특성과 교육적 효과와의 관계」, 『커뮤니케이션 디자인학연구』 54, p226~237, 2016.

신곡초등학교, 「2016년 융합인재교육(STEAM) 교사연구회 결과보고서」, 2016.

이경진, 김경자, 「통합교육과정 접근으로서의 융합인재교육(STEAM)의 의미와 실천 가능성 탐색」, 『초등교육연구』 25(3), p55~81, 2012.

이영범, 「사용자 참여 디자인을 통한 열린 놀이터 만들기:서울 삼양초등학교 옥외공간을 중심으로」, 『한국교육시설학회지』12(3), p22~32, 2005.

이영수, 「가상현실 플랫폼에서의 다큐멘터리 스토리텔링에 관한 연구」, 『한국콘텐츠학회논문지』17(3), p523~531, 2017.

인천마장초등학교, 「2016년 융합인재교육(STEAM) 교사연구회 결과보고서」, 2016.

임윤진, 「주니어 공학교육을 위한 메이커 스페이스 구축 방안과 사례:기술교육을 중심으로」, 『공학교육동향』25(2), p14~19, 2018.

임철일, 연은경, 「기업교육 프로그램 개발을 위한 사용자 중심의 래피드 프로토타입 방법론에 관한 연구」, 『기업교육연구』8(2), p27~50, 2006.

임철일, 김성욱, 한형종, 서승일, 「창의적 문제해결을 위한 스마트지원 시스템의 수업 적용: 미술대학 수업 사례」, 『아시아교육연구』15(2), p171~201, 2014.

최목화, 최병숙, 「사용자 참여디자인에 의한 'A' 유치원 놀이터 계획과정에 관한 연구」, 『한국주거학회논문집』15(4), p87~97, 2004.

최용혁, 박승조, 「참여형 공공디자인 실행 프로세스 개발 전략 연구」, 『Journal of Integrated Design Research』16(4), p115~126, 2017.

Bamodu, O., & Ye, X. M., Virtual reality and virtual reality system components, In Advanced Materials Research, 765, p1169~1172, 2013.

Blikstein, P., Digital fabrication and 'making'in education: The democratization of invention, FabLabs: Of machines, makers and inventors, 4, p1~21, 2013.

Burdea, G. C., & Coiffet, P., Virtual reality technology (Vol. 1), John Wiley & Sons, 2003.

Chris, A., Makers: The new industrial revolution, New York: Crown Business, 2012.

Dalgarno, B., & Lee, M. J., What are the learning affordances of 3-D virtual environments?, British Journal of Educational Technology, 41(1), p10~32, 2010.

Dougherty, D., The Maker Mindset. In M. Honey & D. E. Kanter(Eds.), Design, make, play: growing the next generation of STEM innovators, p7~11, NY, Routledge, 2013.

Flores, C., Alternative assesments and feedback in a "Maker" classroom. In P.

Blikstein, S. L. Martinez, & H. A. Pang (Eds.), *Meaningful making: Projects and inspirations for fab labs and makerspaces*, p53~56, Torrence, CA, Constructiong Modern Knowledge Press, 2016.

Glazewski, K. D., & McKay, C. S., Designing Maker–Based Instruction. In Reigeluth, C. M., Beatty, B. J., & Myers, R. D. (Eds.), *Instructional-design theories and models, Volume IV: The learner-centered paradigm of education*, p161~188, NY, Routledge, 2016.

Halverson, E. R., & Sheridan, K., The maker movement in education, *Harvard Educational Review, 84(4)*, p495~504, 2014.

Hatch, M., *The maker movement manifesto: rules for innovation in the new world of crafters, hackers, and tinkerers*, McGraw Hill Professional, 2013.

Kafai, Y. B., Burke, Q., *Connected code: Why children need to learn programming*, MA, Mit Press, 2014.

Martinez, S. L., & Stager, G., *Invent to learn: Making, tinkering, and engineering in the classroom*, 237, Torrance, CA, Constructing modern knowledge press, 2013.

Peppler, K., Halverson, E., & Kafai, Y. B. (Eds.), *Makeology: Makers As Learners* (Vol. 2), NY, Routledge, 2016.

Sheridan, K., Halverson, E. R., Litts, B., Brahms, L., Jacobs–Priebe, L., & Owens, T., Learning in the making: A comparative case study of three makerspaces. *Harvard Educational Review, 84(4)*, p505~531, 2014.

Treffinger, D. J., Isaksen, S. G., & Dorval, K. B., *Creative Problem Solving: An Introduction (3rd Ed.). Waco*, TX, Prufrock Press, 2000.